大学1年生のための経営学

芦澤成光 [編著]

神谷　渉・立木デニス・永井一志
長谷川英伸・文　載晧・山田雅俊 [著]

創成社

まえがき

　高校生の進学学部として，最も比率が高いのは，経済学部や経営学部，さらに法学部という社会科学系学部であると言われています。中でも経営学部は，多くの大学で設置されるようになっています。しかし，経営学部で学ぶ「経営」や「企業」について，高等学校までの教育課程には入っておらず，普通高校では学習は行われていないのが現状です。そのため大学受験する時点でも，具体的に何をするのかを十分に理解せず，「受験してとりあえず合格したので入学する」という人も多いのではないかと推測できます。

　さらに，入学後の学部教育でも，経営学関連の科目名の意味，教育内容について，シラバスが作られていますが，それを読んで具体的イメージを持つことが困難なのも，実情といえるでしょう。

　それでも多くの大学では，1年生から，入門段階の経営学関連科目を，いくつか履修することが求められます。わからないまま，言われるままに履修がされているのが現実ではないでしょうか。その1年次の専門科目には経済学，会計学，そして経営学も含まれることが多くなっています。初めて聞く専門用語に自身のイメージが無く，なんとなく漠然とした印象だけで終わっている学生諸君が多いのではないでしょうか。

　本書は，このような状況を前提に，1年次で経営学を履修する学生諸君を対象に，使用テキストとして作成されたものです。

　経営学は，企業を中心とした組織的活動を対象としています。組織的活動を効率的に実現するための方法を生み出すことが，学問の目的とされています。さまざまな問題を解決し，より優れた経営方法を生み出すには，実際の現場で，状況に適した方法を考えなければできないといえるでしょう。実践の中でしか，問題を生み出す状況，その解決の必要性を認識できないからです。その個別具体的状況に適した方法を考えるには，実際の企業活動に関与していなければで

きません。

　日本の大学教育では歴史的な経緯から，学部として経営学部や商学部が設置されています。しかし，北米では，経営学教育は学部レベルではなく，大学院レベルのビジネススクールで教育が行われるのが一般的です（ただし例外はカナダです）。ビジネススクールの入学条件の１つは，実務経験３年以上が挙げられています。その理由は，実務経験をしていないと，どんなに優れた授業でも，授業内容が十分には理解できないからです。

　日本では経営学部の教育として，経営学を含め，多くの関連科目が設けられています。その授業内容で使用される専門用語，そして科目の意義について説明をされても，自身が置かれている状況と企業内での状況が異なるため，理解するのが困難であることが想像できます。

　さて，大学に入学した諸君が，１年生で学ぶ経営学の授業を想定し，作成されたテキストが本書です。『大学１年生のための経営学』というタイトルになっているのは，そのためです。

　本書では，経営学部や商学部以外の学生で，選択科目の１授業として履修する学生諸君も対象としています。そのため，以下の特徴を持つテキスト内容になっています。

（１）各章の最初に「本章のポイント」を明記し，記述内容の概要を最初に確認できます。
（２）記述内容は，経営学部１年次生だけでなく，専門以外の学生でも，理解しやすいように記述されています。
（３）本書の巻末に，重要語句の簡潔な説明が入れてあり，本文を読む中で，必要に応じて重要語句説明を参照し，理解を容易にできます。
（４）各章には「課題」が設けられ，自身での復習の際に積極的にチャレンジし，内容理解に役立てられます。
（５）13章と14章の２章だけではあるが，あえて英文での説明にしてあります。平易な英文ですので，自身で辞書を引いて内容の理解に取り組んでいただくか，あるいは授業内で，ご担当される先生方の積極的利用を期待し

たいと思います。経済のグローバル化，そして企業のグローバル化は大きく進展しています。それに対応する努力が，それぞれの授業でも必要になっています。1年次の経営学でも，基礎内容の理解にとどまらず，積極的に英語に慣れ，親しむ必要があります。そのため，あえて2つの章を英文で記述しています。これをきっかけに，英文の専門書にも親しみ，取り組んでいただきたいと思います。

（6）本書の内容構成は，「経営学検定試験」初級レベルに対応することも目的としています。本書で学んだ諸君は，その学習内容の理解度を確認するためにも，積極的に，経営学検定試験を受験することをお勧めします。

本書全体の構成について，以下のように14章から構成されています。

第1章では，経営学の特徴点が説明されています。一般的な科学である自然科学とは異なる独自な特徴点が説明されています。企業や経営の基礎的な語句，そして経営学生成期の2人の人物，ファヨールとテイラーの取り組みについて説明がされています。

第2章から第4章までは，主に企業の形態，特に代表的な株式会社形態の特徴，課題が明らかにされています。さらに中小企業とベンチャーの経営について，詳細に説明がされています。

第5章から第8章までは，経営，もしくは経営管理という企業全体にわたって利用可能な経営方法について説明がされています。その中には経営戦略，組織，そして他企業との関係である組織間関係，サプライチェーンも含まれています。

第9章から第12章にかけては，個別部門の管理に関して説明されています。企業活動は分業と協業によって，さまざまな活動が行われ，それに伴い個別部門で独自の管理方法も必要とされています。生産部門，マーケティング部門，そして研究開発部門が取り上げられ，管理方法と経営科学の説明がされています。

そして最後の13章と14章では，それまでの企業内部での経営管理とは異なり，企業外部との関係に視線を向けて，企業の国際化と社会との関係が説明されて

います。13章では企業活動のグローバル化における，企業本社と進出先子会社との関係について説明がされています。また，最後の14章では，企業と社会との良好な関係の形成について，その具体的方法について説明がされています。グローバル化によって，企業の社会的責任も一国の範囲を超えるまでに重要な問題になっています。今後さらに，経営上の重要な課題になっていくテーマです。

　最後に，経営学を学ぶ上で，重要な予習と復習について，説明しておきたいと思います。大学の授業でも，予習と復習は重要な意味を持っています。あらかじめ授業内容の概要をテキストで理解しておくことは，授業での教員の説明をより正確に理解するうえで重要です。特に大学の授業では，高校時代以上に複雑な内容が取り上げられます。その理解をする上でも，予習として該当するテキストの部分を読み，あらかじめその内容を確認しておくことをお勧めします。授業の後には，授業内容の確認のため，ノートを整理し，さらにテキストの「課題」に挑戦してみてください。自ら主体的に考える姿勢こそ，学習するうえで大切です。

　予・復習と並んで，経営学には，他の科目とは異なる努力も必要です。それは，社会で日常的に生まれる経済関連の問題に目を向けることです。具体的には企業内での問題は社会問題として，大きな話題になり，新聞をはじめとするマスコミでも大きく取り上げられます。例えば「企業の買収・統合」，「過労死問題」，「ブラック企業問題」，「人手不足問題」，そして今，国会で審議されている「働き方改革」という問題も，重要な経営上の問題と関係します。こうした多くの問題が，日常的に企業で生まれています。すべての詳細を理解することは困難かもしれませんが，自身の関心のある問題だけでも理解し，自らその解決方法を考えることはできます。そのためには，マスメディアである新聞，経済雑誌，テレビでの報道番組や経済番組を見ることを勧めます。

　本書を有効に活用し，経営学を学ぶことで，さらに上級学年で，経営学関連の授業を積極的に学ばれることを期待します。

2018年3月吉日

執筆者を代表して　芦澤成光

目　次

まえがき

第1章　経営学とは何か ——————————— 1
1．身近な存在の企業と経営 …………………………………… 2
2．経営活動の必要性 …………………………………………… 5
3．改めて経営とは何か ………………………………………… 9
4．一般の科学（Science）とは異なる経営学の独自性 ………… 13

第2章　企業の諸形態 ——————————— 18
1．法人格と企業 ………………………………………………… 18
2．企業形態を区分する基準 …………………………………… 21
3．企業結合 ……………………………………………………… 27

第3章　株式会社と企業ガバナンス ——————————— 31
1．株式会社の意義 ……………………………………………… 31
2．コーポレート・ガバナンスの意義 ………………………… 34
3．株式会社と支配の問題 ……………………………………… 35
4．株主資本主義から利害関係者資本主義への動向 ………… 39
5．日本のコーポレート・ガバナンスの改革 ………………… 41

第4章　中小企業とベンチャー ——————————— 50
1．中小企業の役割 ……………………………………………… 50
2．中小企業の定義 ……………………………………………… 51

3．中小企業と地域経済 …………………………………………… 52
　4．中小企業の経営革新（第二創業） …………………………… 54
　5．中小企業の海外事業展開 ……………………………………… 55
　6．ベンチャー企業について ……………………………………… 58
　7．中小企業とベンチャー企業の今後 …………………………… 62

第5章　経営管理の諸理論 ———————————— 65
　1．ホーソン工場実験と人間関係論の登場 ……………………… 66
　2．行動科学的研究の発展 ………………………………………… 72
　3．リーダーシップの研究 ………………………………………… 73
　4．内発的動機づけの理論 ………………………………………… 78

第6章　経営戦略 ———————————————— 85
　1．経営戦略とは何か ……………………………………………… 86
　2．企業成長の方向性 ……………………………………………… 87
　3．企業成長の外部要因と内部要因 ……………………………… 90
　4．現代の経営戦略 ………………………………………………… 98

第7章　経営組織とは何か ——————————— 104
　1．経営組織を捉える2つの視点 ………………………………… 105
　2．経営組織の構造 ………………………………………………… 106

第8章　組織間関係とサプライヤー
　　　　　マネジメント ——————————————— 122
　1．日本企業（大企業視点）のネットワークとは ……………… 122
　2．サプライヤーの役割 …………………………………………… 125
　3．中小企業の企業間ネットワークの形成と効果 ……………… 131
　4．集積地を活かした連携事業 …………………………………… 134

第9章 人事管理・人的資源管理 ―――――― 142
1. はじめに ……………………………………………… 143
2. アメリカ企業の人材マネジメント …………………… 143
3. 日本企業の人材マネジメント ………………………… 153
4. 日本企業の人材マネジメントの課題 ………………… 161

第10章 生産管理 ―――――――――――――― 165
1. 生産管理とは何か,生産管理の機能 ………………… 166
2. 大量生産とフォード生産システム …………………… 169
3. テイラーによる科学的管理とギルブレスによる動作研究 … 171
4. トヨタ生産システム …………………………………… 173
5. IoT(internet of things)と生産管理 ………………… 176

第11章 マーケティング ――――――――――― 179
1. マーケティングとは何か ……………………………… 180
2. マーケティング発想 …………………………………… 182
3. マーケティングの基本コンセプト …………………… 185
4. 市場環境とマーケティング …………………………… 190
5. マーケティング計画の策定 …………………………… 192

第12章 研究開発と知識創造 ―――――――――― 195
1. 企業における研究開発の位置づけ …………………… 195
2. 製品開発の形態とマネジメント ……………………… 198
3. イノベーションによる顧客価値創造 ………………… 202
4. 知識創造理論 …………………………………………… 206

第13章　企業の国際化　Internationalization of a Firm and Management ── 210

1. WHAT IS INTERNATIONAL BUSINESS？
   （国際ビジネスとは？）……………………………………… 210
2. MULTINATIONAL CORPORATION（多国籍企業）………… 213
3. BUSINESS ENVIRONMENT（ビジネス環境）……………… 217
4. MARKET ENTRY（市場参入）………………………………… 220
5. REGIONALISM and REGIONALIZATION
   （地域統合と生産ネットワーク）……………………………… 223

第14章　企業と社会　Company and Society
CSR, CSVによる持続可能な企業活動 ── 232

1. COMPANY and SOCIETY（企業と社会）…………………… 232
2. ACCOUNTABILITY（責任（のあること））：
   Company and Stakeholders……………………………………… 233
3. TRANSPARENCY（透明性）：
   Social Contract and Social Responsibility ……………………… 239
4. SUSTAINABILITY（持続可能性）：
   Outcomes and Strategies ………………………………………… 244
5. SOCIAL RESPONSIBILITY in JAPAN………………………… 248

用語解説　253
索　　引　261

第1章

経営学とは何か

本章のポイント

① 企業や経営は身近な存在であり，日常生活の中で絶えず利用している。また，必要不可欠な存在になっている。その企業には多くの側面が存在するが，特に5つの側面がある。それは，経済財を生産・販売するという側面。社会的制度になっているという側面。人の協働によって活動が行われているという側面。知識の創造と蓄積をするという側面。そして利害関係者との関係の側面である。

② 経営もしくは管理活動の研究は百年前に，ヨーロッパとアメリカで始められている。その2人は，ファヨールとテイラーという人物である。この2人に共通する点がある。

③ 経営の機能は，3つの次元に分けて理解できる。第1の次元は情報・知識の次元。第2の次元は人の次元。そして第3の次元は行動の次元である。第1の次元では，情報・知識の伝達，それに基づいたコントロールの側面である。第2の側面が人への働きかけによる企業活動の実現という側面である。第3の行動の次元では，経営者・管理者は自ら行動するとともに思考することが行われ，戦略の形成も行われる。

④ 経営学独自の特徴は，自然科学とは異なり，一般的な法則性を明らかにすることが困難な点である。経営という行為を実験室では再現実験できない。そして，経営学を大学で学ぶ意義は，卒業後に社会のさまざまな企業や組織体で，経営の出発点に立てる能力を形成することである。

1. 身近な存在の企業と経営

❶ 初めて出会う経営学

　大学に入学して初めて，経営学という科目が存在することに気づかされる人は多いと思います。あるいは，高等学校時代に大学受験でなんとなく，経営とかマネジメントという表現の学部の存在に気付く皆さんも多いことでしょう。高等学校までの教育課程では，経営，管理という事項については，商業科を除き教育対象には含まれていないのが現状です。そのため，大学受験の際，経営学部や学科で何を勉強するのかをあまり意識せず，漠然とした期待と不安を持って経営学部に入学してくる諸君がほとんどではないかと思います。多くの新入生にとって，経営や企業という言葉は初めて聞く言葉であり，その内容の理解がされていないのは未だに改善されないままです。ちなみに，日本では「経営」や「管理」という言葉は英語ではManagementやAdministrationに該当します。本書では，経営，管理，経営管理を同一の意味を持つ言葉として使用しています。

　この経営や企業は，皆さんにとって，比較的身近な存在であることはおわかりいただけることと思います。日常的に買い物をしているコンビニ店，通学に使う電車やバスという交通機関も企業であり，そこでは経営が日常的に行われています。我々の日常生活の身のまわりには，このように，さまざまな企業活動があり，企業，経営が存在し，それによって我々の生活が支えられていることは理解できることと思います。

　別の視点から捉えてみましょう。企業活動に我々の生活が支えられながらも，また，皆さんの両親の多くも企業で働くことで，収入を得て生活していることも理解できることと思います。このような身近に存在し，意識することなく接してきた企業について，改めてその活動を捉えなおし，その実態を理解することは，社会生活をすることになる皆さんにとって不可欠なことです。しかし，このように身近な存在である企業活動ですが，意外とその実態は理解されてい

ません。本教科書は，身近な存在の企業と経営について必要不可欠な事項に絞って，体系的な理解を目的に作成されています。本章では，企業と経営の認識の出発点となる考えを，以下で説明しています。

❷　企業活動の5つの側面

まず，企業の活動がどのような活動であり，何をしているのか，以下で簡単に見ておくことにしましょう。企業活動を理解する視点は多く存在します。企業を捉える視点が多いということは，企業がそれだけ社会に大きな影響を与える存在になっていることの現れといえるでしょう。そのすべてを指摘し説明することは意味がないといえます。本教科書では，経営学で特に取り上げられている以下の5つの側面を指摘するのに留めます。

第1に，企業は経済活動として製品やサービスを顧客に提供することを行っています。原材料を購入し，その原材料を加工し製品・サービスへと転換し，それを顧客へ提供する主体となっています。このような行為は，経済的な価値を転換し，付加価値をつけて製品やサービスを作り社会に提供するという社会に不可欠な活動を行っていることを意味します。

個人でも，そのような行為は，ある程度の製品・サービスではできるものもあります。規模の小さな，高価でわずかな工芸品のような製品であれば，個人でも可能です。しかし個人だけで作り，付加価値の高い製品を提供することだけでは，社会の必要とする製品・サービスの提供は困難です。人の生活に不可欠な製品やサービスについては，規模を拡大し，個人では不可能な大規模な企業活動を実現することで，社会に供給が可能になります。その組織的な制度が，企業と言われる存在です。企業の存在が，社会で必要とする財・サービスの開発から製造・販売・供給までの広範囲にわたる活動を担当することになります。企業活動では，特定の製品やサービスの提供を専門的に行うことになります。専門的に行うことで，より優れた提供ができるようになるからです。

第2の側面として挙げなければならないのは，企業が重要な社会制度になっていることです。企業の存在は社会の存在が前提になっている点です。社会の

存続と成長を促進し可能にすることが，企業の存在理由として社会から求められています。社会の中でも，まず顧客の存在が前提となります。顧客が求める製品・サービスを提供することが企業の最大の機能であり，社会の制度になっています。社会の存在は，企業活動の前提となるものです。

　第3に個人ではなく，複数の人の協働によって企業が構成されている点が指摘できます。企業活動は，多くの人の協働に支えられて，初めて存在できることになります。こうして，人が企業活動を担当し，組織としての側面を企業は持つことになります。そのため企業は，社会に対して雇用を生み出すという側面も持つことになります。モノやサービスを作り社会に提供するだけでなく，雇用を作り出すことで，また安定的な雇用を実現するという社会的責任も生まれます。雇用の安定は，社会の持続的な存続に不可欠であることから，企業はその責任を担わなければなりません。

　人の協働によって企業活動が行われることは，さらに重要な企業活動の特徴を生み出すことになります。それは人によって生み出される知識・情報の創造と蓄積という側面です。これが第4の側面になります。企業活動では，モノやサービスが製造され，社会に供給されます。その活動に伴い，多くの情報が集められ，またその情報に基づき企業内でも知識の創造が行われることになります。その知識の創造の基盤になっているのは，人の持つ希望や，夢です。さらに価値観と言われるものです。それを実現するため，優れた知識が生み出されることになります。そのため企業では，知識を生み出すための研究開発活動に，多くの人と資金を投入することが行われています。多い企業では，売上高の5％近い金額を投入しています。そこまでして知識の創造を行うのは，未来の社会が求めるものを，前もって準備することが，企業の社会的役割になっているからです。また，製品やサービスに係る知識の創造だけではなく，それに付随する製造や販売の現場でも，人が持っている知識を機械に移し替えて，自動化・ロボット化が進められています。しかし，人の持つ知識が機械やロボットに移されても，新たな知識を生み出せるのは人である点に，変わりありません。

第5の側面は，主に企業とそれに関連する利害関係者との関係になります。ここで言う利害関係者とは，主に，顧客，従業員，金融機関，取引先企業，出資者，地域住民，そして政府・行政機関を挙げることができます。これらの利害関係者との調整は，企業にとって重要事項になっています。特に従業員と顧客との利害調整は，直接的に企業活動に影響することになります。さらに，会社の法律的形態として株式会社形態を採用する企業では，株主との利害関係の関係で，企業統治のあり方が重要な課題として取り上げられるようになっています。株主以外の多くの利害関係者との間にも，一定の責任ある企業活動が求められています。

2．経営活動の必要性

　企業について，その5つの重要な側面を見てきましたが，企業活動に伴う経営の意味を改めて考えてみましょう。組織的に企業活動を実現するには，組織としての秩序ある活動を実現する必要があります。企業で雇用される人が，勝手な考えで活動をすることからは，秩序ある組織的活動は実現できないのは当然です。秩序ある経済活動を実現する経営者，管理者の行為が経営と言われるものです。経営の具体的な内容は，本書の各章で詳しく説明がされますが，ここでは，経営をより広い視点から捉えて，その意味を考えてみましょう。まず，経営を意識的に重要な問題として認識した2人の人物が，なぜ経営問題を認識し，その解決に取り組んだのか，簡潔に見ておきましょう。

❶　ファヨール（Fayol, Henri,）の経営に対する認識

　経営という言葉の意味は多様な考えから，定義されています。100年ほど前，フランスの企業経営者であるアンリ・ファヨールは，経営とは「計画し，組織し，指揮し，調整し，統制すること」と述べています。この考えは，経営を考える際の出発点として，多くの経営学者や実務家に捉えられてきました。確かに，組織的な企業活動を実現するには計画，組織などの行為は不可欠な行為と

考えられます。また，実務的なマニュアル等にも，このファヨールの経営の考えが，強く反映されています。

　ファヨールは，1841年に生まれ，フランスの鉱山学校で勉学し，その後，鉱山会社に入社して，鉱山技師として6年間働き，その後で同炭鉱の支配人となり，1872年には炭鉱の所長に昇進しています。さらに，1888年に鉱山会社の取締役社長に就任しています。このように，現場の技師として，さらに現場の管理者，そして企業のトップ経営者という経験の中から彼の管理に関する考えが形成されています。特に1888年の社長就任以降は，管理の実務に携わり企業の経営上の諸問題にその関心が向けられていました。その後の30年間に，管理の経験からその諸問題の解決のために管理研究所を設立して，政府機関の問題解決のために公企業や行政機関の管理の合理化に努力しています（ファヨール邦訳，訳者あとがき参照）。この経営についての考えは，19世紀末に生まれ後に書籍になったのが1925年でした。ファヨールの経営問題に対する関心は，企業の経営だけでなく行政機関にもその関心が向いていました。またファヨール自身は，鉱山学校での技術教育を受けており，その経営問題に対する考え方に，工学的な考えが強く反映するようになっていました。こうして，工学的な考えを応用し，経験に基づく経営から，実証的方法に基づくことを重視した経営の科学化が考えられ，さらに経営教育の実現を目的とするようになっていました。

❷　テイラー（Taylor, Frederic Winslow）の経営に対する認識

　経営に関しファヨールとは異なる考えは，アメリカのテイラーによっても示されています。その考えも約100年以上前に生まれたものです。

　テイラーの管理法はアメリカで生まれ，その時期は，19世紀末から20世紀初頭と言われています。アメリカは建国の歴史からわかるように，国の歴史は浅く，多くの国々からの移民が流入し，複雑な社会を構成するようになっていました。言語も文化も大きく異なる人々が大量にアメリカに流入し，未開地の開拓を行い国家が形成されています。その中で，人々が必要とする衣食住に係る製品・サービスを顧客へ提供する企業が発展することになりました。大量の移

民が必要とする製品を提供するために，企業は従来の家内手工業での徒弟制度（作業の熟練に基づいた，親方と弟子との雇用関係）に基づく生産だけでは不可能になり，**内部請負制度**（subcontracting system）が考えられ，普及するようになります。

　19世紀に入って生まれたアメリカの産業革命は，徒弟制度に大きな影響を与えることになりました。熟練が機械に移転されるに伴い，企業内で経営の中心的機能を果たしてきた内部請負制度は必要とされないことが多くなっていきました。内部請負制度に取って代わる新たな経営の仕組みを必要とする状況が生まれることになります。企業側の経営者や管理者が，企業活動を直接に経営・管理する必要性が生まれることになったのです。

　当時のアメリカは，資本主義経済の急速な成長に伴い，機械制工業が大きく発展し熟練を必要としない多くの未熟練労働者が生まれるようになっていました。企業の急速な成長に伴い，企業間の競争も激しさを増していき，多くの無駄をなくし，効率的な作業の実現が求められるようになっていました。その一方で，機械制工業での未熟練者の過酷な作業が発生し，また賃金が下げられる事態が生まれるようになっていました。そのような中で，労働者による対抗策としてとられたのが，**組織的怠業**（systematic soldiering）という行為です。

　組織的怠業は，対抗手段のない労働者が仕事を適切に行っているように表面上見せながら，実際は適正な作業量より少なく仕事を行うことです。しかも組織的に行うことで賃金の基になる賃率の切り下げを阻止しようとする行為です。このような組織的怠業が多くの企業の生産現場で広まり，社会問題になる中，それに対応するための経営上の方法としてさまざまな賃金制度が提案されました。しかし，いずれも十分な成果をもたらすことはありませんでした。その一方で，現場の経営を行う管理者からもさまざまな経営方法が提案されていました。それらの提案の中でも，テイラーの提唱した**科学的管理法**（Scientific Management）が代表的な管理法として多くの企業で採用されるようになって行きます。彼の管理法はテイラーシステムとも称され，「近代経営学の基礎を築いた人物」と称されるようになっています。

この科学的管理法の特徴は，動作研究，時間研究という方法で，1作業で必要な作業時間と作業動作を特定し，それによって，1つの作業に必要な作業時間と動作の基準を確定することがされます。これによって，作業の**標準化**（standardization）がすすめられ，標準化された作業が作業員に求められることになりました。旧来の経験に基づく管理法と異なるのは，作業時間と方法が動作研究と時間研究によって客観的に決められている点です。客観的な時間と最速の作業方法によって，1つの作業の時間が決められています。これによって，組織的怠業の基になっていた賃率切り下げを防ぐことができると理解されていました。ここでは，動作研究と時間研究という当時の工学的な方法が利用されていたと理解できます。このような客観的な理論・方法は，企業の経営・管理とは異なる分野での知識でした。テイラーは，技師として，工学的な知識を持ち，その知識を利用したといえます。当時の混乱する現場の企業活動の管理に対し，一定の科学的な知見を加えたと考えられます。19世紀から20世紀初頭に，このように経営学が限定的ですが，一定の科学的な知見を持つことができるようになったことは注目に値します。科学的管理法の影響は大きく，その後のアメリカ資本主義経済の発展を，企業活動レベルで大きく推進する役割を担うことになります。

　他方で，科学的管理法は大きな社会問題も生み出すことになりました。科学的管理法は，1作業の方法と時間については，工学的方法によって客観的に決めることができました。しかし1日の作業時間と賃金額を決めることはできなかったのです。さらに1つの作業時間の設定では，一流労働者を基準に決められるため，一般の労働者には大きな負担が強制されることになっていました。また，作業を機械の動きに合わせることから労働上の単調化・機械的化が進展する事態が生まれるようになっていました。このような事態が多くの企業で明らかになるのに伴い，労働組合からの科学的管理法に対する反対運動が深刻化する事態が生まれていました。この問題はアメリカ議会下院で取り上げられ，科学的管理法に関して政治の場からの検討が加えられることになります。この検討の中で，科学的管理法の多くの問題点が明らかにされています。一方では

優れた管理上の方法としての有効性を持っていますが，問題も生み出していることが明らかにされました。

科学的管理法は，多くの問題も持っていたわけですが，経営方法に関する多くの優れた知見も生み出すことになりました。その結果は，20世紀の経済発展を支える多くの企業で採用され，その後の企業活動を支える重要な役割を果たすようになります。

以上ファヨールとテイラーの2人の経営について，彼らが経営方法を生み出す状況を見てきました。2人の状況は異なりましたが，共通するのは2人とも経営者もしくは管理者として実際の企業内での経験をし，その経験の中で自身が直面する問題を認識し，それへの対応策として経営方法を考え出したことです。さらにその際に，両者ともに自身が学んだ工学上の知識を利用していました。また2人には，それぞれがその経営方法によって目指す目的がありました。ファヨールの場合には，管理の教育を実現することでした。テイラーの場合は，働く者と使用する者，双方が満足する利益の提供でした。このような共通する特徴を持った2つの経営方法が，経営学の初期の段階で生まれていました。

3．改めて経営とは何か

改めて，経営もしくは管理とはどのようなものでしょうか。この点について，見てきたように企業の側面のどこを捉えるかにより，異なる考えが存在するといえます。広い意味では，「人の組織的な活動を維持・存続する行為」として理解することができます。この経営の理解についてミンツバーグ（Mintzberg, H.）という経営学者は，経営の機能として3つの次元（plane）を指摘しています。この3つの次元は，経営を理解する上で重要な指摘と考えられます。

❶　情報・知識の次元

まず，最初に指摘できるのは情報・知識の側面から捉えた経営の次元です。これは，企業の最も基本的な機能である経済財に価値を付加して，社会に提供

する機能の実現に伴って求められる機能です。付加価値を追加するに当たり，その担当者に情報を提供し，仕事を分担し，スケジュールを伝える，そして行うべき仕事を命令することが行われます。基本的な行為として，まず挙げられるのは，経営者が命令をすることで仕事の担当者に仕事を行わせ，それが命令通りの内容かどうかを確認するという活動が存在します。また，仕事をする間ではコミュニケーションをそれぞれの担当者との間で取り合い，経営者は組織全体をコントロールすることで組織的な活動を実現することができることになります。

　経営者は，企業内外で必要な情報を集め，それを利用して計画を作ることになります。経営を担当する経営者は，広い範囲の仕事に関して情報を得ることができます。特定の業務については担当者ほど詳しくないが，誰よりも，全体の業務内容に関しては詳しい情報を持っています。情報を得るには，多くの情報が流れる位置にいることが必要になります。その情報を獲得するためには，一定の工夫がされています。仕事担当者からの報告，連絡だけでなく経営者が自身で仕事の現場をまわり必要な情報を収集することも行われます。

　さらに，経営者は，新製品の発売や発表会，あるいは計画を，企業を代表して社会や株主に発表をするという役割も果たしています。企業という社会的な機関を代表するという機能といえます。この発表を公の場で行う際に，文章化された情報を発表するだけではありません。言葉だけではなく，表情，身振り手振りという態度も重要な情報として伝えることになります。

　一方的に，経営者が情報を発信するだけではなく，情報を収集するという行為も行わなければなりません。そのためには文章化された情報を読むだけでなく，現場の情報を自身の五感を通じて収集する必要もあります。相手の声の調子，顔の表情や雰囲気を感じ取ることが重要な情報になることもあります。例えば顧客の声を聴く際に，この五感による情報収集は重要な機能を発揮することになります。顧客の発言を聞き取ることと並行して，顔の表情や雰囲気から何が求められているのかを判断することで，優れた製品やサービスを提供することが可能になります。

❷ 人に関係する次元

　第2に経営は，人にさまざまな影響を与える行為でもあります。企業活動は人が担当し，その活動の効率性，そして正確性を規定するのは担当する人です。担当する仕事を通じて，人は企業活動に影響を与えることになります。さらに，優れた知識を生み出すことができるのも人が行うからです。ロボット化が進み，多くの企業活動でもAIの導入が進められています。従来は生産や流通の現場での機械化の進展が進められていましたが，それ以外のサービス業の現場でもロボット化が進められています。自動車の自動運転走行も遠くない時期に導入されることが明らかになっています。しかし，新たな知識を創造することができるのは，人しかありません。

　人に関して，経営はその感情，欲求，そして人としての特性を重要な要因として注目しなければいけません。人の社会的感情（social sentiment）に注目した人間関係論（Human Relations Approach）という経営学は，1930年代に米国で注目されました。この経営学は，職場において仕事を行う機能的な関係だけに注目し，命令したり，連絡事項の伝達を行うという経営だけでは，十分な企業活動の成果を実現できないことを明らかにしました。各職場では，人と人との社会的な感情が存在し，その社会的な感情を友好的に維持することで仕事の能率を高めることが検討され，多くの企業でこの考えが導入されました。

　人間関係論が生まれたのとほぼ同時期に，米国では，人の欲求（Needs）の側面に注目し，それに影響を与え，経営を行う考えも生まれています。人の多様な欲求を充足することで，仕事の能率を上げようという経営の考えが生まれています。欲求には多くのものがあり，多様な欲求を充足することで，人の仕事への取り組みへの意欲を高めることを企図するものです。その考えは，今日でも賃金のベースアップやボーナスの増額，さらには勤務時間の適正化による政府の言う「生産性向上」という考えにも反映しています。人の欲求には多様なものがありますが，国によって，また人によって異なることが考えられます。その違いを考えて，経営を行う必要があるのは言うまでもありません。先進国では金銭的な面での欲求充足で，人に作用することでは十分な結果を生み出す

ことはできないでしょう。逆にアジア，アフリカの新興国では，金銭面での欲求充足は大きく，仕事を行う意欲に作用することは想像できるでしょう。

　人に作用するという点で，次に取り上げる考えは，企業の文化もしくは風土 (Corporate Culture or Climate) による人への作用という考えです。企業はそれぞれ独自の文化という価値観を持っており，その価値観が人の仕事の取り組みに作用する側面を捉えた経営学です。企業独自の文化の基になっているのは，その企業の創業者や経営者の理想とする事業のあるべき姿であり，具体的には経営理念として存在します。経営理念は，人の価値観との間に共感を生み出すことが指摘されています。共感が仕事への意欲を引き出すことで仕事の効率性を高くすることが可能になります。したがって経営者としては，多くの社員が共感する経営理念を作り上げることが重要になります。

　最後に，人の側面に作用する経営として取り上げなければならないのは，リーダーシップ（Leadership）と企業の文化による経営です。一般によく使われる言葉ですが，その具体的意味は時と場合によって異なります。経営学でもこのリーダーシップに注目し，人に作用する経営として検討がされてきました。リーダーシップに関しても異なる定義はあります。企業は人の協力関係によってその活動が維持されています。そのチームとしての活動を実現する経営として理解することができます。影響力の基盤になっているのは，企業の中で，経営者が持つ権力がその１つです。経営者個人の知識や能力も含まれます。仕事に取り組む人への影響は，リーダーシップの中では，その多くをコミュニケーションが占めることになります。コミュニケーションの仕方，その内容によって人の仕事の効率性が変化することになります。リーダーシップを経営者が行使し，人に影響を与えるのはそのコミュニケーションの内容，仕方の両方があることになります。

❸　行動の次元

　第３に取り上げなければいけないのは，経営者は自ら行動するという次元です。行動するために，具体的な方法を考え，ビジョンを描くことが行われます。

行動しながら限られた時間と情報で，さまざまな決定をしなければならないことになります。決定の多くは，部屋の机の前で考えられるのではなく，動きながら行われることがミンツバーグによって明らかにされています。どのような市場の誰を顧客とするのか。また，製品の特徴の決定，従業員への給与の決定もあります。これらの事柄は，絶えず変化する状況に対応して行動する中で思考されています。こうして経営者・管理者は，行動と並行して意思決定を日常的に行うことになります。その意思決定は，客観的なデータを集めて行うものもありますが，データを集めず，過去の経験則から行うものもあります。これらの意思決定の場合には，決定する経営者・管理者の価値観と経験が大きく影響することになります。また，客観的データを集めても何が客観的データかは，経営者・管理者によって異なることになります。

4．一般の科学（Science）とは異なる経営学の独自性

　経営・管理方法は，既述の通り企業の発展の中で，その必要性から生まれてきたものです。企業の経営者・管理者の実践の中で，さまざまな経営方法と言われるものが生まれてきています。その例が，ファヨールやテイラーの経営方法であったといえるでしょう。ファヨールは経営者としての経験から，またテイラーは技術者としての経験から，直面する問題を解決して，優れた企業活動を実現する中で経営方法が生まれていました。その目指す目的は，ファヨールの場合には，「経営の科学化による管理教育の実現」でした。テイラーの場合は，「労使双方に利益を実現することで社会の繁栄を実現する」ことでした。つまり明確な目的の実現を目指した実践での試行錯誤の中で，経営方法が考えられていました。繰り返し実際の企業活動を観察し，管理者として経営活動の現場に臨むことで，その経営方法を改善しながら，徐々に完成度を上げていったものと考えられます。

　さらに，ファヨールの場合には，工学的な方法がその際に利用されていました。テイラーの場合も，自身が学び修得した工学の知識を積極的に取り入れて

いました。時間を基準として動作研究と時間研究という方法を，管理の基準として利用することが考えられていました。工学的な知識を利用することで，従来は曖昧だった作業の時間，方法，手段について確定し，作業の管理を行うことが可能になると考えられていました。

さらに忘れてはいけないのは，テイラーが科学的管理法の目的としていたことが，「労使双方への利益の実現」ということでした。働く者には高い賃金を与え，企業側には費用を低くすることが目的とされた点です。この目的を達成することを目的に，科学的管理法は生まれていました。

このことは，科学的管理法にだけ該当するわけではありません。多くの経営方法と言われるものが，このような経緯から生まれていることがミンツバーグという経営学者によって明らかにされています。ミンツバーグは以下のように述べています。「マネジメントはサイエンスでもなければ，専門技術でもない。マネジメントは実践の行為であり，主として経験を通じて習得される。したがって，具体的な文脈と切り離すことができない」（ミンツバーグ著，邦訳書，14頁）。ミンツバーグは，科学の目的は研究を通じて体系的な知識を獲得することで，経営が目指す目的とはまるで違うと主張しています。ここで言われているサイエンスもしくは科学（science）は，自然界に存在する法則性を明らかにすることを目的とします。すでに見てきたように，経営は組織的な企業活動を通じて物事を実現することを目的とします。また，経営は実践の行為であり，経験の中で経営方法が考えられ，それが試行錯誤を通じて徐々に形作られることになります。その際には，あらゆる知識が総動員され，科学的成果も活用されることになります。また，物事を分析する際にも科学に基づく方法が欠かせないと述べています。

さらにミンツバーグは，経営の優れた方法を実現するうえでは，アート（art）の要素が重要であることを指摘しています。アートとは，価値観を意味します。この価値観はファヨールの場合には，「管理の科学化による管理教育の実現」でした。テイラーの場合には，「労使双方への利益」でした。この価値観を目的として，クラフト（craft）が不可欠だとしています。クラフトは具

図表 1 － 1　アート，クラフト，そして科学としての経営

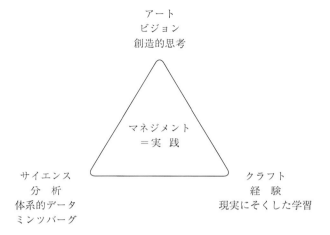

出所：ミンツバーグ（2011），15ページより引用。

体的には経験を意味します。価値を達成するために経験の中で現場を観察し，学ぶことで問題を解決する方法を考え発見することになると認識されています。その関係を図表 1 － 1 のように**アート，クラフト，そしてサイエンスとしてのマネジメント**（Managing as Art, Craft, and Science）と表現しています。

したがって，ミンツバーグの考えからは，経営方法は科学ではないことになります。確かに経営方法には科学の要素もありますが，それをはるかに超えて，経験と価値観が重要な要素になっています。経験と価値観，そして科学の成果が結び付いて，新たな経営方法が生まれてきたと捉えることができます。経験と価値観，科学が結びつくのは結局，経営の実践の場になります。したがって学校では，新たな経営方法は生まれません。

それでは，経営学はどのような学問なのでしょうか。経営学は一般に，社会科学に属する分野として分類されています。社会科学が対象とする社会現象はさまざまな要因の影響を受ける状況にあります。企業が置かれた状況は，自然科学のように実験室で再現実験をすることはできません。また，企業が置かれている社会の全体は，それ自体，時間的・空間的に変化する歴史的存在です。

そのため自然科学のように，一般化・理論化することは困難です。企業での経営方法について，企業内外の諸要因との法則的な関係を統計的に見出すことは部分的には可能ですが，限られた要因に限定されるにとどまります。企業活動や経営方法の理解については，特定の企業の置かれた状況，その経営者や管理者の価値観や経験等を解釈することも重要な方法として利用されています。客観的な分析と，企業で実践する経営者の行動の因果関係上の理解によって，特定の企業とその経営方法の機能を明らかにすることが経営学の中心課題といえるでしょう。

　では，大学で経営学を学ぶ意義はなんでしょうか。大学教育の中で経営学を学ぶのは，卒業後，企業だけでなく，広範な組織的活動で皆さんが経営を実践する出発点に立つことができるようになることです。さらに必要とされる人文社会科学や自然科学の成果を学び，優れた企業活動や組織的活動を実践し，社会発展への貢献を実現してもらうため，と言い換えることができます。そのためには，経営学を学ぶだけでなく，教養科目である人文社会科学や自然科学も積極的に学ぶ必要があります。経営学の基礎知識を持ち，これらの教養科目の基礎知識を生かして，優れた企業活動を実現し，社会の発展に貢献することが，経営学を学習する最終的目的といえます。

課題

1. 経営者や管理者の具体的な仕事の中身は，理解することが困難であるが，自分の経験するアルバイト先やクラブでの例から想像してみよう。
2. 現在，企業で生まれている問題に，どのような問題があるか，新聞報道から考えてみよう。
3. 日本人の考え出した経営方法，例えばトヨタ生産システム，京セラのアメーバー経営の特徴とその管理法が生まれた経緯について調べてみよう。

〈**参考文献**〉

Fayol, H., *Administration industrielle et générale*, original French edition published, 1979.（山本安次郎訳『産業並びに一般の管理』ダイヤモンド社，1985年）
Mintzberg, H., *Managing*, Berrett-Koehler Publishers, Inc. 2009.（邦訳『マネジャーの実像』日経BP社，2011年）
野村康『社会科学の考え方』名古屋大学出版会，2017年。
佐々木恒男『アンリ・ファヨール，その人と経営戦略，そして経営理論』文眞堂，1984年。
テイラー, F.W.著，上野陽一訳編『科学的管理法』産業能率大学出版部，1983年。
Taylor, F.W., *The Principles of Scientific Management*, COIMOS CLASSICS, Cpsmio, Inc, 2006.（フレデリックW．テイラー，有賀裕子訳『新訳　科学的管理法』ダイヤモンド社，2009年）

第2章 企業の諸形態

> **本章のポイント**
> 2006年に実施された会社法の改正以後，日本には合名会社，合資会社，合同会社，株式会社という4つの形態が存在している。さらに，企業形態を分類する基準として法的基準と経済的基準がある。本章ではこのような内容を中心に現代企業のさまざまな形態について探り，それらの形態が持つ意義について明らかにする。

1．法人格と企業

　事業を行う主体として必要されるのが法人格である。ここでいう**法人格** (legal personality; juridical personality) とは「法律に基づいて団体に与えられる法律上の人格」のことをいう。一般的に商法や会社法などのような法律に従い一定の手続きを経たものだけに法人格が認められる。法律行為の主体には，自然人と法人がある。前者の**自然人**とは生まれながらの権利義務の主体である存在を指す。これに対し，後者の**法人**は法律によって権利義務が認められ，法律が定めた範囲内で行為能力が認められた主体のことをいう。法人格を取得すると，①対外的な信用度の上昇，②給与所得控除などの節税対策の容易さ，③役員への退職金支給の容易さなどのメリットと，①設立時の費用の増加，②従業員の

社会保険加入などの負担増加，③清算手続きなどのプロセスが複雑になることなどのデメリットもある[1]。

一方，法人格を持っていない団体は，一般的に**任意団体**と呼ばれている。さらに，法人格の消滅は，会社の死を意味する。任意団体については，実態は「団体」だが，法人格がないために団体名で財産を所有できず，代表者個人名義で対応せざるを得ない。任意団体では，万一，活動中に起こった事故などの負担も代表者などの個人にかかる可能性が生じる。

図表２－１が示しているように，日本における**企業形態**は法的形態と経済的形態がある。法的形態は会社法などのような法律によって規定されており，株式会社，有限会社，合資会社，合名会社，相互会社，協同組合，公社，公団，事務団等の形態が存在する。一方，経済的形態は企業を誰が所有しているのかによって区分される。具体的には私企業，公企業，公私合同企業という３つの

図表２－１　日本における会社の形態

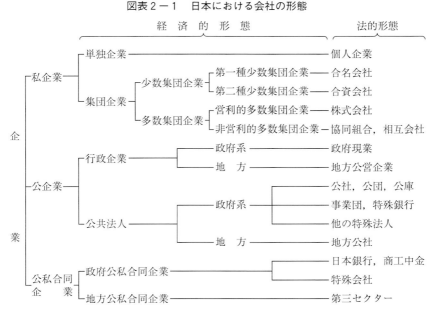

出所：佐久間（2016）。

形態に分類される。

　では日本において今日のような近代的な会社が最初に生まれたのはいつなのか。日本における**株式会社**の生成は，1872年に設立された国立銀行と1882年に設立された大阪紡績会社が見られている。この時期に日本の資本主義の発展に至大な貢献を成した人物がいる。それは「日本近代化の父」である**渋沢栄一**である。彼の主張した重要なポイントは「道徳経済合一説」であろう。この有名な「道徳経済合一説」は渋沢本人が著した『論語と算盤』によく現れており，企業経営の最大の本質である「収益性の追求」（算盤）とその追求を論語の教えに従って行うという。

　まず，渋沢はビジネスの本質として利潤追求と仁義道徳の同時追求を主張している。事業を展開して利潤を追求する人間の欲望を決して否定するばかりでなく，その欲望に基づいて正しい道理に従って活動することが重要であるとしている。ここでいう道理とは仁義のことをいい，具体的には「他者への思いやりや他者への貢献」のことを指す。

　さらに，今日CSRの推進に最も重要な役割を期待されている経営者についても以下のように触れている。「現代における事業界の傾向を見るに，まま悪徳重役なる者が出でて，多数株主より委託された資産を，あたかも自己専有のもののごとく心得…以下省略」（『論語と算盤』）

　厳密にいえば，これはコーポレート・ガバナンスに関する問題であり，古典的な経済学でいうエージェンシー・コストの次元で触れている。近年ではこれはさらに専門経営者と株主との関係を規定する一元的次元（法律で定めている関係）と，専門経営者と株主を含むステークホルダーとの関係を規定する多元的次元（倫理的な次元での関係）で区分する場合もある。渋沢はコーポレート・ガバナンスについては前者の一元的な次元に限定しているように見える。

　いずれにせよ，彼は明治時代を代表する実業家の一人としてしばしば取り上げられているが，権限とリスクを一人の経営者に集中すべきであると主張した**岩崎彌太郎**とは正反対の主張を繰り広げていた。言い換えれば，渋沢は民にあった「**合本主義**」，すなわち多くの資本と知恵を結集するのが企業経営の本質

であると説いていた。

その後，産業資本や金融資本の集中によって生まれた財閥が形成された。その形成と解体はおおよそ19世紀後半から20世紀初頭から始まったと知られている。

2．企業形態を区分する基準

企業形態には，基本的に個人企業，組合，会社がある。特に，会社の場合，図表2－2が示しているように，会社構成員に対して責任がいかなる範囲まで及ぶのかによって合名会社，合資会社，合同会社，株式会社に区分されている。

英語で「責任」を表す言葉には，一般的に「responsibility（道義的責任）」「liability（法的責任）」「accountability（説明責任）」などの3つがある。企業に対して責任を問う場合は，債権者に対する債務の弁済責任のことを指し，当該企業に対して法的責任を追及できることを意味する。この用語が重要な理由は，上記の日本の企業形態を区分するための基本的な基準になるからである。この法的責任にも，活動企業によって損失が発生した場合に，当該企業の利害関係者は**無限責任**（unlimited liability）と**有限責任**（limited liability）を追及することができる。

ここでいう責任とは，当該会社が倒産などのような危機的な状況が発生して弁済に追い込まれた際に，法律によって定められている責任のことをいう。前者の無限責任とは会社の債務の全額について弁済の責任を負うことをいい，後者の有限責任とはそれらの弁済責任に対して一定の金額上の限度を置くことを指す。

このような会社形態は，2006年の会社法の制定によって現在のような形が整ったといえる。旧商法にあった有限会社の制度を廃止し，合同会社が新たな制度として加わった。

図表2-2　企業形態と責任

特徴	形態	債務者への責任範囲	運営
個人企業	個人企業	無限責任	
	組合	無限責任	
人的集約企業	合名会社	無限責任	定款自治
	合資会社	無限社員には無限責任，有限社員には有限責任	
	合同会社	有限社員には有限責任	
資本集約企業	株式会社	有限責任	法規規制

出所：筆者作成。

　同図表が示しているように，人的集約企業と資本集約企業の場合は，個人企業の限界を克服するために，共同出資者からの出資を受け入れることができる。前者の人的集約企業は，持分会社ともいわれ，合名会社・合資会社・合同会社という3つの形態間では組織変更が柔軟に行えるようになっている。しかし，その分，企業の運営に関しては共同出資者間の話し合いで決定しなければならない「**合議制**」へと移行することになるような制約も生じる。

　合名会社と合同会社は一人会社（出資が一人）としての設立が許可されるのに対し，合資会社は一人会社の設立は認められないことが会社法で定められている。そういった意味では所有と経営の一致が見られる。また，会社運営に関しては，人的集約企業が会社内の成員間で定めた定款によって自由に運営ができるのに対し，資本集約企業は会社法によって定められている規定によって運営が制約されている。

　出資者が一個人の企業である個人企業は，歴史的に家内経営から出発するのが一般的なパターンである。当然，この個人企業は，人的資源・物的資源・金融的資源・情報的資源の制約があるため，小規模で経営される場合が多い。当該企業が経営危機に陥って返済不能が発生した場合は，私財で賄うしかない。これらの個人企業が有する限界を克服するために複数化した企業の必要性が生じるが，それが集団企業である。

　日本において現在，存在する企業形態は7種類がある。これらの企業形態は，

第2章　企業の諸形態　　23

図表2－3　日本の企業形態と法制化

企業形態	法制化された年度	備　考
個人企業		
合名・合資・株主会社	1893年	商　法
有限会社	1938年	会社法制定により，2006年度から休眠化
合同会社	2005年	会社法
有限責任事業組合	2005年	有限責任事業組合契約に関する法律

出所：小松（2012），58－59ページを整理。

図表2－3が示しているように，時代の要請をうけながら法制化される形で発展してきたと思われる。

❶　合名会社

　合名会社（general partnership company）は会社形態の最も初期的な形態である。この企業形態は，2人以上の無限責任社員で構成され，業務執行は彼らによって行われる形態である。このタイプの企業は，個人企業の結合という形態として理解される。この形態の企業は，上述した合議制の形をとる最も低い段階の会社形態をとる。一般的に，共同出資者の場合，多くが親兄弟や親族で構成されることが多い。複数の出資者から資本提供が行われるため，社員は自分が出資した額以上の支配権を手にすることができるが，予期せぬ事態で対立が生じた場合は出資の払い戻しによって資本規模の減少が余儀なくされる。そして，当該企業の財産を超過した債務の返済義務が発生した際には，2人は「無限責任」を負う。言い換えれば，無限責任を負う無限責任社員はすべてが連帯責任で私財を持って完済する義務を有する。複数の個人企業が合体した形になっており，支配上の統一を維持するなどの問題が発生するため，出資者全員による支配の統一が必然的に要求される。

❷　合資会社

　合資会社（limited partnership company）は，個人企業の結合という面では合名

会社と同じであるが，社員の構成の面で合名会社と異なる。すなわち，無限責任を負う社員と，出資だけを行い経営には携わらない有限責任社員で構成される形態をとる。この有限責任社員は業務執行や代表権を持つことはできず，経営を監視する権限と利益の配当のみを受け取る権利で留まる。言い換えれば，旧来の出資者だけが経営に対する支配権を有し，新たに加わる出資者に対しては支配権を認めないような形態になる。一方，有限責任社員は，当該企業の財産を超過した債務の返済義務が発生した際には責任履行に対する無限責任が免除されるなどの責任限度の分割がある。

　もし，無限責任社員が持分を譲渡する場合は，他の無限責任社員全体からの承認が必要であるため，短期間で資本を容易に回収することが困難な問題点もしばしば指摘される。さらに，回収した分の資金を代わりに投資してもらう新たな投資者を探さなければならない。このような意味で，合資会社という会社形態も，資金投資と資金回収という両面から容易ではないという制約が潜んでいる。無限責任社員の持分譲渡の要請があった場合は，合名会社と同様，全社員の承認が必要である。

❸　合同会社

　合同会社（LLC, limited liability company）は，会社の対外関係については，社員全員が間接有限責任を負うことにとどまり，会社の内部関係については，組合的規律が適用されるという特徴を有する会社の形態である。米国のLLC（Limited Liability Company）をモデルとして導入された形態として理解されている。

　このタイプの企業は，企業・大学・研究機関などの新規事業や共同研究開発を促進するのに有効な手段として認識されている。それ以外にも，カメラマン，デザイナー，プロのスポーツ選手，ライター，セミナー講師，インストラクターなどの職業のように個人のスキルを活かし売り上げを上げる事業に適した会社形態である。この形態は，会社の内部関係の規律や設計の自由度が非常に高い点はもちろん，意思決定を行う上でも迅速に進められるなどのメリットもある。

❹　株式会社（Corporation）

株式会社は，細分化された社員権（株式）を所有している株主から有限責任の下に資金を調達して，株主から委任を受けた経営者が事業を行い，利益を株主に配当する，法人格を有する企業形態である。

資本主義のシンボルとして現代社会の発展に欠かせない存在が株式会社である。これは必ずしも国や自治体の規制だけでなく，業界規制や自主規制でもコントロールされる形で発展を繰り返してきた。米経済誌で有名なフォーチュン誌やフォーブス誌には毎年，世界で最も業績が優れている企業が発表されている。そこにリストアップされている企業は，グローバルな次元で社会・経済・文化などのさまざまな面において強力な影響力を及ぼしている。周知の通り，これらの企業が占める割合のほとんどが株式会社の形態をとっている。株式会社はイギリスの産業革命以後，輝かしく発展し，数えきれない人々に経済的な繁栄の恩恵をもたらしている。

では上述した合資・合名・合同会社の制約を克服できるメリットのある株式会社を設立する理由には何があるのか。

まず，購入する株式が非常に安価であるため，少額しか所有していない一般人からも資金を集められる点である。

第2に，株式という形になっているため，資金の投資や回収が容易な点である。

第3に，専門経営者を雇用することによって，投資者を会社経営する負担から解放させる点である。つまり，所有と経営の分離が可能な点である。

第4に，投資者全員が有限責任しかとらない点である。

これらの利点があるため，不特定多数の出資者からの投資が可能である。しかし，多くの株主の資金投資によって成り立っている株式会社は，経営能力の不足している株主に代わって専門的な経営を行ったり，その経営者たちを監視したりするための機関も必要である。株式会社の経営は，株主総会，取締役会，監査役会，代表取締役執行役などの会社機関を通して行われる。一方，株式会社の資本構造は，当該企業で所有する「自己資本」と，借入や社債などのよう

に株主以外の債権者から資金を調達する「他人資本」で構成されている。前者の自己資本は，資本金，法定準備金，内部留保からなり，後者の他人資本は，社債，借入金からなっている。株主の投資によって集約される出資額は，その会社の資本金となる。

　株式会社は「上場」という制度を通して，さらに多くの資本をより容易に集約することができる利点がある。ここでいう上場とは，東京証券取引所や大阪証券取引所などの取引所において，証券や商品の取引を開始することを指す。さらに，この上場に関しては，会社法により，株式の譲渡に制限を設けた「株式譲渡制限会社」以外の会社を指すが，これを「公開会社」という。もちろん，上場するためには，上場審査基準を通過しなければならない。同基準には，株主数，上場時価総額，利益の額，純資産の額，株式事務代行機関の設置，虚偽記載または不適正意見などの項目が含まれている。店頭市場の場合は「登録」と呼ぶこともある。上場にあたっては，業績推移，財務体質，将来見通し，株主構成といった，取引所当局が定める上場基準を満たし，上場審査に合格しなければならない。

図表２－４　日本の上場企業数

最終更新日	第一部	第二部	マザーズ	JASDAQ スタンダード	JASDAQ グロース	Tokyo Pro Market	合　計
2017/12/29	2,065 (3)	518 (1)	248 (1)	708 (1)	41 (0)	22 (0)	3,602 (6)

（注）単位は社，カッコ内は，うち外国会社。
出所：Japan Exchange Groups (http://www.jpx.co.jp/listing/co/index.html) 2018年１月５日に閲覧。

　これらの公開会社の場合，図表２－５が示しているように，現在，**監査等委員会設置会社，監査役設置会社，指名委員会等設置会社**が制度として存在している。その中で指名委員会等設置会社と監査等委員会設置会社の形は，最初は米国の企業形態を倣い，2002年の商法改正の過程で「委員会等設置会社」，

図表2－5　近年の会社機関変革の動向

項　目	年　度	内　　容
委員会等設置会社	2002年の商法改正	監査役会を廃止し，取締役会の中に3つの委員会を設置することが可能（その半数は社外取締役）
監査等委員会設置会社	2014年会社法改正	監査役会に代わって過半数の社外取締役を含む取締役3名以上で構成される監査等委員会が，取締役の職務執行の組織的監査を担当
監査役設置会社	2009年東証上場規定	2名以上の社外監査役の選任の義務化
指名委員会等設置会社	2015年会社法改正	取締役会の中に社外取締役の過半数を占める委員会の設置が義務化，業務執行は執行役に委ねる形態

出所：佐久間（2016），74－77ページ。

2006年の会社法改正で「委員会設置会社」，2015年には「指名委員会等設置会社」と「監査委員会等設置会社」の形を経て成立している。

3．企業結合

　企業集中ともいわれる**企業結合**（business combination）は，独立的に機能している資本単位である単一企業間の結合あるいは集中のことを意味する。個々の企業が有する孤立した組織能力では，高度の企業目的を達成することが困難なため，企業結合のような高次の発展形態が必要となる。特に，1990年代以降に見られるように，グローバル化と情報化を軸とする急激な経営環境の変化に対応するためには，従来のような硬直的な組織形態では将来の発展は無論，さらなる持続可能な発展は期待できないであろう。多様性，複雑性，不確実性などの急激な増加を特徴とするグローバル化に機敏かつ効率よく対応するため，各々の企業の経営者たちは数多くの戦略的および組織的課題に直面する[2]。また，後者の情報化の動向は具体的に「電子的伝達効果」，「電子的仲介効果」，「電子的統合効果」の3つの効果をもたらし，企業経営にさまざまな影響を及ぼしている。これらの情報化の波にいかに対応するかの問題は，現代の企業経

営に携わっているすべての経営者が抱えている重要な課題である[3]。

　上述したように，従来，日本では商法が定めた範囲内で，個人企業，合名・合資会社，有限会社，株式会社など，その成立の目的によって異なる類型として存在していた。しかし，上述したグローバル化と情報化という二軸の激しい経営環境の変化に対応するために，既存の法人形式の自由な変更が容易にできる新会社法が制定され，今後の経営主体の動向から目が離せない。無論，これらの諸形態は国ごとの経済・社会・文化的状況によって異なる様子を見せている。

　特に，これらの単一企業の諸形態の変化とは別に，企業結合が経済全般において重要なウェートを占めるようになったのは，より多くの資本の集中と集積によって，個別資本間の結合が活発化を可能にした株式会社の一般化と普遍化に起因するものであると考えられる。

　では企業間の結合はなぜ行われるのか。企業が結合を行う理由はさまざまであるが，一般的には企業相互間の競争の制限または排除，生産工程の合理化，出資関係から企業の支配力の強化などが主な目的とされている。

　また，実際の企業結合が成立する要因には何があるのか。これは主導的要因と促進的要因によって成立する[4]。前者の主導的要因には，固定費の増大，市場の独占的地位，企業間の組織的合理化，金銭的利益などがあり，後者の促進的要因には，株式会社の発達，政府の統制，景気変動などがある。その具体的な内容については，図表2－6で示している。

　企業結合の類型にはさまざまなものが存在するが，一般的には**企業連合**，**トラスト** (trust)，**企業合同**，**コンツェルン** (Konzern)，**コンビナート**などが典型的な形態として取り上げられる[5]。

図表2－6　企業結合の成立要因

項目	要因	内容	具体例
主導的要因	固定費の増大	特に，不景気など市場需要が低下する際に備え，各企業間の過当な競争をあらかじめ行った協定によって調整すること	日本の繊維産業と鉄鋼産業
	市場の独占的地位	市場への供給量をコントロールする能力	マイクロソフトの提訴
	企業間の組織的合理化	企業間の生産および流通の組織合理化によって原価を低減するのが目的	
	金融的利益	銀行が固定的貸付や株式会社金融などによって金融的利益を得るのが目的	
促進的要因	株式会社の発達	会社法など法制度の整備によって可能な施策	M&A，持ち株会社
	政府の統制	政府が国民全体の経済的利益を確保するために強制的に行われる立法や規制	1932年の米国での強制カルテル法
	景気変動	不況期にはカルテルなどを促進するのに対し，好況期にはそれらへの制約的要因になる点	日本企業の長期的不況

出所：占部（1980），262－269ページより作成。

課題

1　法人格の意義について論じなさい。
2　日本の4つの企業形態の特徴について述べなさい。
3　企業結合が持つ意義について述べなさい。

【注】

1) 企業に法人格を与えるなどの問題から規制が必要である根拠には，賛成と反対のアプローチがある。まず，企業はその内部に意思決定構造があるため，企業主体は明白な意図を持っている対象としてみなされるべきであるという賛成の立場と，企業は特定の目的（利潤追求）のために設立された法的存在であるため，道徳的な責任を問うことができないという立場である。これについては，宮坂（2009）を参照せ

よ。
2) Allen, T. J. and M. S. Morton (1994), *Information Technology and the Corporation of the 1990s*, Oxford University Press.（富士総合研究所訳『アメリカ再生の「情報革命」マネジメント』白桃書房，1995年，73－75ページ。）
3) 情報化のもたらす3つの効果については，次のようである。第一の電子的伝達効果とは，情報技術が単位当たりにより多くの情報を送ることと，その伝達費用を大きく低下させることができることを意味している。これは特に，情報を伝達するのにコンピュータと電気通信を利用したために生ずることである。第二の電子的仲介効果とは，コンピュータを仲介者としてより多くの潜在的な売り手と買い手に接触できることをいう。仲介者の存在により，売り手と買い手にとっては，多数の代替的な取引相手と個別に接触する必要性が低くなる。より具体的にいうと，考えられうる選択肢の数の増大，選択肢の質の向上，製品選択の全プロセスにおける費用の削減がもたらされることになる。

　　最後の電子的統合効果とは，買い手と売り手が情報技術を利用して付加価値連鎖の各段階において協調し，相互浸透的なプロセスを作り出す時に享受できる効果のことをいう。これがもたらす利益は，時間が節約され，エラーを避けることができる点と，ある特定の状況において，プロセスの密接な統合が可能になる点が挙げられる（出所：佐久間，2004）。
4) 占部（1980），262－269ページ。
5) 車戸（1983），269－271ページ。

〈参考文献〉

富士総合研究所訳『アメリカ再生の「情報革命」マネジメント』白桃書房，1995年。
亀川雅人・鈴木秀一『入門経営学　第3版』新世社，2011年。
小松章『企業形態論　第3版』新世社，2012年。
桑名義晴・宮下幸一編著『テキスト現代経営入門』中央経済社，2016年。
三戸浩・池内秀己・勝部伸夫『ひとりで学べる　経営学　初訂版』文眞堂，2012年。
宮坂純一『道徳的存在としての現代企業』晃洋書房，2009年。
佐久間信夫『よくわかる企業論　第2版』ミネルヴァ書房，2016年。
佐久間信夫・大平義隆編著『改訂版　現代経営学』学文社，2013年。
占部都美『経営形態論』白桃書房，1980年。
牛丸元『改訂版　スタンダード企業論』同文館出版，2016年。
「よくわかる現代経営」編集委員会編『よくわかる現代経営　第5版』ミネルヴァ書房，2017年。

第3章

株式会社と企業ガバナンス

本章のポイント

　ここでは現代企業経営の象徴的な存在である株式会社の存在意義と，そのガバナンス体制の必要性について検討する。大規模でしかもグローバルな事業展開を余儀なくされている多国籍企業の場合は，その形のほとんどが株主会社の形をとっている。ここでは「株式会社の起源はいつからなのか」「日本の株式会社にはどのような特徴があるのか」「大規模でグローバルな事業展開を繰り広げている多国籍企業の企業経営は誰のために行われているのか」という問いを中心に，それらの現状と課題について明らかにする。

1．株式会社の意義

　2006年に実施された会社法の改正以後，日本には合名会社，合資会社，合同会社，株式会社という4つの会社形態の設立が認められている。その中で株式会社が全体に占める割合はどの程度なのか。2015年度国税庁の調査によると，株式会社が全体の中に占める割合は94.3％になっていることが明らかである。このように**株式会社**は制度としての優れた面が広く認識され，日本だけでなくグローバルな規模で利用されている。2017年度現在の法人数は246万1,848社があり，その資本金総額は139兆338億円となっている。

図表3－1　日本の経営組織別事業所と従業員の構成比（平成27年現在）

区　分	1,000万円以下	1,000万円超1億円以下	1億円超10億円以下	10億円超	合　計	構成比
（組織別）	社	社	社	社	社	％
株式会社	2,133,099	335,551	16,135	5,694	2,490,479	94.3
合名会社	3,690	181	5	—	3,876	0.1
合資会社	17,728	619	—	2	18,349	0.7
合同会社	49,334	390	69	14	49,807	1.9
その他	58,529	19,278	1,024	506	79,337	3.0
合　計	2,262,380	356,019	17,233	6,216	2,641,848	100.0
構成比	(85.6)	(13.5)	(0.7)	(0.2)	(100.0)	—

出所：「経営組織別事業所と従業員の構成比」経済産業省統計局
　　　（www.meti.go.jp/statistics/index.html）2017年6月19日にアクセス。

　図表3－1が示しているように，日本ではこのように株式会社の占める割合がほとんどである。では日本でこのように制度として導入されている株式会社は，「いつ，どこで，どのような目的で生まれたのか」という問いから始めよう。この株式会社の起源を問う際にしばしば登場する存在が，オランダ（1600年設立）やイギリス（1602年設立）の**東インド会社**（East India Company）である[1]。

　同社が設立された当時の背景や特徴は，以下のようなものである。
　まず，株式会社設立の許認可の基準として**特許主義**が使われた点である。実際に，初期の株式会社を設立する目的には，主に植民地支配の手段として利用した時代的な背景がある。当時，イギリスやオランダの王室や政府が，事業を行う企業に対して特許状を発行する形をとったが，会社設立の許可を得た企業は外国貿易や鉱山経営への独占的営業権以外に，立法権や造幣権も与えられていた。その後，会社設立に関する基準は，1862年のイギリスの会社法改定をきっかけに準則主義へと移行していく。ここでいう準則主義とは，法律に一定の要件を設け，その要件を満たすものは官庁の許可や認可を必要とせず，一定の手続きを行えば設立が認定されるものを意味する。米国の場合，建国時に独占していた**「特許法人」**（chartered corporations）への営業許可書の交付・更新の

権限は当時，州政府にあった。しかし，1811年に採択されたニューヨーク州の準則主義を皮切りとして，その権限が株主へと移行した[2]。

第2に，当時の会社は永久資本ではなく，一航海ごとに資金を集める継続性のない「**当座企業**」の形をとっていた点である[3]。この形態は後に，永続的な資本形態である合本企業制へと移行していくが，1665年のイギリスで全社員の有限責任制度が導入されるまでは継続された。

第3に，一般株主の経営への参加の排除である。

しかし，このような初期の株式会社の当時の特徴をみる限り，設立主体にとって何ら魅力的な便益を提供することがなかったが，国王の特許権は，外国との貿易や植民地支配において排他的な地位を与えるような特権が期待できたため，株式会社化に対する誘引は十分あったといえる。

その後，近代的な株式会社の形態が現れたのは，所有・経営者が消え去り，それに代わって専門経営者が台頭した時期である。ここでいう「近代的」な形態は，所有と経営が分離された形であり，かつての所有・経営者が演じる役割はほとんどなかった[4]。

米国における株式会社の歴史と発展は，17世紀の英国の株式会社が発展していた水準から始まる。当時，米国で始まった株式会社は，特許合本会社と未公認の合本会社であったが，英国と地理的に離れていたため，会社発展の面においては独自の支流が見られていた。当時の米国という新天地での環境は，英国で決して見られなかった成長のための育成と機会が整ったといえる。

実際に，近代株式会社が米国に出現したのは，1791年11月22日にニュージャージー州の認可を得たものであった。しかし，この会社は経営能力を有する経営者と熟練労働者の不在のゆえに倒産に陥る結果となった。一般株式会社法を州政府が採用し，株式会社の設立認可書の申請が殺到した時期は，1840年～50年であった。

こうして株式会社の発展は，法律などの制度面からみるとヨーロッパから始まり，米国で急激な発展を成し遂げているという認識が一般的である[5]。実際に，米国では，会社設立の自由化とともに，1897年から1903年にかけて会社の

合併が進み，従来まで業種として鉄道分野に制限されていた大企業が，他の産業分野にも現れるようになった。その結果，巨大企業が多くの産業で形成され，米国社会に存在する多様な経済主体を抱える存在として巨大化することになる。

では米国で，株式会社設立の利点と欠点には何があるのか。まず，利点としては，①永続する生命，②有限責任，③所有の譲渡を簡単にする点，④資本調達の容易さ，経営の効率化などの点が挙げられる。これに対し，株式会社を制度として利用する際の欠点は，①政府の統制，②高い税金，③会社設立と解散の高い費用，④会社設立許可書の拘束，⑤州法の適用などがある。

一方，1990年代以後，繰り広げられているグローバル化と情報化の進展などのような経営環境の変化とともに，今日の企業経営は真にグローバルな次元での展開を余儀なくされている。言い換えれば，かつてより人・物・金・情報という経営資源が自由に行き来できる時代に突入しており，このような経営環境の中で企業の経営者たちは，より俊敏で適切な経営判断が必要とされている。

2．コーポレート・ガバナンスの意義

コーポレート・ガバナンス問題と関連するさまざまな事件が全世界的に注目を集め，さらにそれらの諸問題を取り扱う1つの学問の領域として定着するまでの歴史は未だに浅いといっても過言ではない。一般的に，**コーポレート・ガバナンス**は，その用語からヒントが得られるように，「国を統治する」(governance) という概念を「株式会社に適用したもの」(corporate governance) として理解されている。これは個別企業内部における実現の場を，最高統括単位である株主総会，取締役会，業務執行担当常勤役員群という3つの会社機関のうちに有するが，この3者間の相互作用は構成員選任の制度的経緯により，後者の2者がそれぞれ責任を負わねばならないことが究極的な基礎となっている[6]。しかも，この株式会社についても，日本で2006年の会社法の新設によって，1円でも設立できるような中小規模の企業を含んだあらゆる企業を対象にしたものではなく，証券取引所に登録されている**上場企業** (listed company) に限定さ

れる。

　最初にコーポレート・ガバナンスの問題が注目の的となったのは，1980年代後半のアメリカであった[7]。この時期に主に注目されたのは，株主の利益保護のために講じられた経営者・企業経営の監視体制であった。一方，1980年代後半から1990年代初頭にかけて発生して，英国の大型倒産の原因となった不祥事，2001年から2002年にかけて勃発した米国のエンロンやワールドコムのような大企業の倒産劇は世間を揺るがした。このような動向は，1990年代のバブル経済の崩壊とともに日本においても発生し，コーポレート・ガバナンスの重要性を再認識させる重要な契機となっている。このように，コーポレート・ガバナンスの目的は，当初，不祥事をいかに事前に防止し，再発が起きないような体制をつくるかに注目されたが，徐々に株主価値をいかに向上させるのかに視点が移っている。

3．株式会社と支配の問題

　上述したように，株式会社は当初，外国との貿易や植民地支配において排他的な地位を得るための制度として出発したが，その後，徐々に近代の株式会社の原型に近い形態へと移行していく。しかし，その過程で株式会社の制度をめぐって発生した問題が「会社を誰が支配するのか」の問題であった。

　19世紀末に入り，米国において株式会社制度および証券市場は急速な発展を成し遂げ，大規模な株式会社が登場するようになる。これは多数の少額出資者が容易に株式を購入できる制度的な仕組みの開発によって，それ以前までは遊休資本状態に留まっていた資本を吸収できたことに起因する。

　当時，株式の売買差益によって私的財産を増やすという認識が常識的な時代になっていたため，すでに1920年代に米国には多くの株主から資金を集めた巨大な規模の株式会社が出現した。しかし，多くの個人による所有が許容された結果，株式が過度に分散されるようになった。

　これらの現象は，バーリとミーンズ (Adolphe A. Berle, Jr. and Gardiner C. Means)

が1932年に発表した『近代株式会社と私有財産（The Modern Corporation and Private Property）』の中で指摘されている。この指摘通り，株式を所有した株主が議決権などを行使して，自分たちの利益を得るために会社の支配権を掌握することが不可能になるような結果をもたらした。すなわち，1929年当時の米国における多くの巨大企業の株式は，特定の個人ではなく，非常に多くの人々に分散して所有されており，それらの企業は株式をほとんど所有していない専門的な経営者によって支配されるようになっていたことを意味する。

　この過度な株式の分散こそが，所有に基づく支配の原則が崩れる大きな原因となった。言い換えれば，株式の過度な分散は，本来，株主が株主総会で議決権の行使によって守ってきた会社の支配権を自ら放棄する結果をもたらした。特に，株主（principle）が本来持つべき会社の取締役会のメンバーの任免権を経営者（agent）に譲ってしまうことになり，これは，経営能力の欠けた経営者や不正行為を行った経営者を解任できる，株主の唯一の権利を放棄する事態をもたらし，結果的に不祥事を起こす大きな原因となった。図表3－2が示しているように，1929年当時の支配状況は，株式会社の構成比の基準と，資産構成比の基準で，**会社支配に必要な十分な要件が整っていた**ことがわかる。

　このような背景では，従来の株式会社の観点から説明できないような事態が発生するが，それが「株式会社は誰が支配（control）するのか」という問いで

図表3－2　米国上位200社非金融会社における究極的な戦略的支配状況（1929年）

支配様式	株式会社数（社数）	株式会社の構成比	株式会社資産の構成比
私的所有	12	6	4
過半数所有	10	5	2
少数支配	46.5	23	14
法的手段による支配	41	21	22
経営者支配	88.5	44	58
管理人の手中にあるもの	2	1	0
合　計	200	100	100

出所：Berle and Means (1932), p.105.

あった。この支配は，株主総会において取締役の任免権を株主たちが掌握することによって実現されていた。

　この支配の範疇は，支配が過半数の株式の法律上の議決権に基づくものと，支配が法律外の基盤に基づくものとに区分している[8]。前者は，ほとんど完全な株式所有に基づく所有，単独もしくは集団による過半数所有，そして**法律的所有**（企業間の株式保有）による過半数所有などによって実現された。これに対し，後者は，**少数支配**と**経営者支配**などがある。バーリとミーンズは，当時の株主たちの支配権低下の原因を株式会社の巨大化と経済力の集中で明確にすると同時に，並行して進展する株式所有の分散を株主の数的増加と大株主の持ち株比率の低下で説明している。

　上述したように，バーリとミーンズの論争に代表される現代企業をめぐる諸問題は，基本的に所有と支配の分離から始まる。これらをめぐる論争は，近年では会社支配の問題からコーポレート・ガバナンスの問題へと展開してきた[9]。このコーポレート・ガバナンスに関する活発な議論の根底にあるのは，明らかに「経営者支配」から生じる問題が大半である。いわゆる「企業は誰のものなのか」という根源的な問いであり，それらをめぐる課題についてこれという解決策の導出には未だに至っていないのが現状である。ここでいう「経営者支配（management control）」とは，高度な株式分散によって，はっきりした会社の方針を決める主体（大株主）が存在しない場合，彼らに代わって専門経営者が経営の支配権を掌握する状況を指す。

　トップ・マネジメントは，米国がシェアホルダー志向的で**一元制システム**を採用していたり，ドイツがステークホルダー志向的で**多元制システム**をとっていたりするなど，国や地域によって異なる形で発展してきていると思われる。これに対し，日本は1950年代の商法改正により，米国型のトップ・マネジメントの形式を導入したが，年功序列的内部昇進という慣行がその定着を妨げていた[10]。内部昇進の頂点として取締役と代表取締役のポジションが存在していたため，その結果，受託管理職能を担うはずの取締役会と代表取締役という会社機関に政策決定，業務執行，監視という機能が明確に分離されない状態を招い

てしまった。さらに，日本の場合は，社長，副社長，専務，常務などの全般管理者層，受託経営者層，そして部門管理者層が未分化なことが多かった。このような状態は取締役会の大規模化と形骸化となり，取締役の地位が単に身分概念にすり替わっている[11]。当然，内部からの昇進者は多くの社内取締役から占められ，社外取締役数はわずかな比率となる傾向があった。

米国内での企業社会の歴史をみると，コーポレート・ガバナンス問題が発生した原因を探るアプローチとして「社会変革の問題」，「資源配分の不効率の問題」，「自主規制の問題」，「株主主権の復権の問題」，「内部統制の問題」などに区分している[12]。米国の企業社会において，1929年に勃発した世界大恐慌の後に制定された金融証券取引法と独占禁止法の時期をコーポレート・ガバナンスの前史とするならば，国全体の観点から企業の内部のコーポレート・ガバナンス体制作りに取り組み始めたのは，1960年代から1970年代までの間の時期として認識されている。もちろん，これらの動向は，連邦政府の規制として始まった重要情報の開示，虚偽記載の禁止などを特徴としている1933年の証券取引法の改正と，SECの発足，年次報告書と四半期報告書の提出の義務付けが主な内容として含まれている1934年の証券取引法の改正に具体的に見られる。これらは，1929年に勃発した経済の大恐慌時代に突入した後に，投資家保護などの面で今日の制度的措置の基盤となった面で注目されたものであった。この時期に注目するのは，州ごとに各々定められていた企業活動への規制の範囲が連邦政府の次元にまで拡散したからである。

一方，かつての日本においては，これらの経営者を監督する機関として取締役会と監査役会がある。日本の場合，形式上は米国型の一元制を採用しているように見えるが，業務監査機能は取締役会が，そして会計監査機能は監査役会が担っている。しかも一部の業務監査機能は，監査役会が担当する非常に特異な制度をとっていた。このように，米国やドイツが単一の監督機関を有しているのに対し，日本の場合は，取締役会と監査役会が併存するような形態をとっている[13]。

ここでは日本の会社機関について触れる前に，コーポレート・ガバナンスの

分析視点の基本となっている課題について明らかにする。コーポレート・ガバナンスの課題は，基本的に①「会社はだれのもので，だれのために経営されるべきか」と，②「だれの立場で，だれが経営者を監視・牽制するのか」に帰結される[14]。このような観点からみると，本章では②が分析の対象となる。日本企業の経営者をいかに監視し牽制するのかという監視主体には，大きく分けて外部監視と会社機関がある。

4．株主資本主義から利害関係者資本主義への動向

　コーポレート・ガバナンス問題の中心的なテーマである「企業はだれのものなのか」という問いは，米国において実際に株主資本主義と利害関係者資本主義が混在するような形態で展開されてきたと考えられる[15]。

　前者の株主資本主義は，米国企業社会において未だに根強いものとして認識されている。これについては，1919年に繰り広げられたヘンリー・フォードとダッジ兄弟との間の訴訟がある[16]。この裁判は，企業の持続的発展を追求しようとした経営者のフォードと，株主配当を要求した大株主のダッジ兄弟との対決という様子となったが，法廷での判決の結果が現在の米国の企業概念を規定する重要な事件となったといえる。この訴訟は，ミシガン最高裁判所が下した判決によって，当時のフォードが生み出した利益を株主へ優先的に支払うべきであるという結果となった。すなわち，取締役会の権限が株主の利益を最大化すべきであるという，現在の米国の企業社会の主流ともいえる株主資本主義の基盤となった。

　しかし，1990年代以降，この考え方を基盤とした動向とは異なる傾向が見られる。1989年のインディアナ州法，1990年のペンシルバニア州法の改正を皮切りに，株主のような特定の利害関係者のみの利益のために取締役会が働くような義務条項が削除されている傾向もみられる[17]。

　一方，株主資本主義の批判の根拠としてしばしば取り上げられているものであるが，これは当初，州政府が企業へ規制をかけるプロセスにおいて生じたも

のであった。先述したように,米国の建国時には「特許法人」への営業許可書の交付・更新の権限は州政府にあったが,1811年にニューヨーク州が**準則主義**という運用方針を行ったことを皮切りとして,その権限が株主へと移行した[18]。すなわち,本来,州政府が持つべき企業への営業許可・更新権限が,当時の弁護士がイニシアチブをとって推進した規制緩和というプロセスを通して究極的に低下してしまったことを意味し,建国当時にあった本来の姿に戻すべきであるという主張が説得力を得ている[19]。

さらに,1980年代以降,景気活性化の手段として有効に活用されていたM&Aを行う際に,主に「企業価値」を重視した政策を展開した結果,株主以外の利害関係者への損失や補填問題が生じた事態は批判の的となった。これは過度な株主資本主義の実行がもたらした弊害であった。特に,不採算部門の処理に伴う従業員の解雇問題や工場閉鎖による地域社会への経済的打撃は,今やグローバルな次元で解決しなければならない深刻な課題の1つとなっている。さらに,ストックオプションに見られるような業績と連動する経営者報酬体系は,短期利益のみを追求する傾向を生み出し,粉飾会計を助長したり,持続的発展の基盤の1つとなりうる利害関係者への投資を妨げたりするような結果をもたらした。

一方,宮坂(2005)によれば,企業がステークホルダーを管理する次元ではなく,一歩進んで①企業の存在する目的がステークホルダーのためであり,②経営者がエージェンシーとしてステークホルダーの利益のために働かなければならない「ステークホルダーの受託責任」が問われるべきであると主張している[20]。米国で経営者支配の問題が生じた1990年代に株主行動主義(stockholder activism)が台頭し,さらに2001年12月に破綻したエンロンやワールドコム事件を契機に「**ステークホルダー行動主義**(stakeholder activism)」が現れたと主張している。

前者の株主行動主義とは,従来まで株式分散化によって株主総会への参加に消極的であった株主が,書面投票や株主総会への出席などを通して経営者行動の監視に積極的に転じたことを意味する。すなわち,従来の株主が企業経営に

不満を持っている場合に，株を売却して意思表明をした「**ウォール・ストリート・ルール**（wall street rule）」に基づいて行動することからの転換を意味する。具体的には，カルパース（米国公務員年金基金）のような機関投資家が株主総会に積極的に参加し，株主の利益に反する意思決定を行う経営者に対しては彼らの持分に該当する議決権を行使して明確に意思表明を行った。

これに対し，今後多くの国へ大きな影響を及ぼすであろう「**ステークホルダー行動主義**（stakeholder activism）」とは，ステークホルダーが当事者としての自覚を持って積極的に発言し行動することであり，そこには株主をもステークホルダーのひとつとして位置づけステークホルダーズのパワーで企業を統治しようとする考えが込められている。

5．日本のコーポレート・ガバナンスの改革

日本でコーポレート・ガバナンスのあり方について問う声が高まったのは1990年代に入ってからであり，その中でも特に1997年以後であった。これは大手金融機関の破綻や不祥事の発覚が相次いだことが契機となったといえる。当時，日経4紙（日本経済新聞，日本産業新聞，日本金融新聞，日経流通新聞）と，全国4紙（朝日新聞，毎日新聞，読売新聞，産経新聞）にコーポレート・ガバナンスに関連する内容が掲載され，その注目度が急激に高まっていたことを裏付けている。頂点になった2005年以後，徐々に低下する傾向を見せているものの，日本を代表する大企業をめぐる不祥事は後を絶たない。

とりわけ，株主総会における議決権制度は制度上の落とし穴として認識され，経営者支配の形で実にさまざまな問題の源泉となっていた。さらに，**敵対的買収**などから当該企業の経営権を防衛する目的で始まった**安定株主政策**は，経営に失敗したり，無能な経営者の保身を容認したりするような形で90年代まで続いたが，近年，**株式相互持合い**の解消などによって新たな展開に入っている。図表3－3には，日本におけるコーポレート・ガバナンスの問題を取り上げている。

図表3−3　日本の従来のコーポレート・ガバナンスの問題

会社機関	本来の役割	日本企業の問題点
株主総会	定款の変更や解散・合併といった基本的な事項，決算の承認，重要財産の処分，取締役と監査役の選任・解任	十分な議論に必要な総会時間の不足，経営者規律付けの無機能化
取締役会	経営方針決定，代表取締役の選任，会社の重要事項の推進	業務執行と監視機能の未分離，独立した社外取締役が少数，取締役の人数の多さによる意思決定の遅さなど
監査役会	会社の業務監査および会計監査	内部昇進者の人事権を代表取締役が掌握する点。社内役員の序列が低いため独立した監査が不可能
代表取締役	取締役会で決まった経営方針の推進と説明責任の義務，対外的な儀式	代表取締役の権限が極めて強い点，常務会の中の責任の不明確化

出所：筆者作成。

　このような日本のコーポレート・ガバナンスの諸問題を解決するために，今まで数多くの商法や会社法などのような制度改革が行われてきた。先述した日本のコーポレート・ガバナンスの改革のための近年の動向は，**執行役員制，委員会等設置会社**（2014年の会社法改正で指名委員会設置会社へ呼称変更），商法改正による**株主代表訴訟，監査等委員会設置会社**などを中心に行われている[21]。それぞれの制度の特徴については図表3−4に示している通りである。

　日本の上場会社の組織形態を類型別にみると，2017年，監査役会設置会社が79.8％（2,800社），2015年の会社法改正で新しく設置された監査等委員会設置会社が18.2％（637社），指名委員会等設置会社が2.0％（70社）という順となっている[22]。また，その中での外国人の株式保有比率もほぼ同様の様子をみせている。

　近年，コーポレート・ガバナンス改革をめぐる目まぐるしいさまざまな動きがある中で，最も注目されているキーワードの1つに社外取締役がある。経営者の監視機能に大きな役割を果たすと期待されている社外取締役については，

図表3－4　近年の会社機関変革の動向

項　目	年　度	内　容	備　考
執　行役員制	1997年5月	代表取締役の指揮下で，特定の部門の業務執行に専念する職務のこと	ソニーをはじめ大企業の半数が採用
委員会等設置会社	2002年の商法改正	監査役会を廃止し，取締役会の中に3つの委員会を設置することが可能（その半数は社外取締役）	
監査等委員会設置会社	2014年会社法改正	監査役会に代わって過半数の社外取締役を含む取締役3名以上で構成される監査等委員会が，取締役の職務執行の組織的監査を担当	
監査役設置会社	2009年東証上場規定	2名以上の社外監査役の選任の義務化	

出所：佐久間（2016），74－77ページ。

アメリカにおいて実に多義にわたって使用されている。これに当たる用語には，「社外取締役（outside director）」「独立取締役（independent director）」「利害のない取締役（non-affiliated director for disinterested director）」などがある。

　社外取締役の資格については，会社法331条1項各号に欠格事由を以下のように規定している。「①法人（同項1号），②成年被後見人若しくは被保佐人又は外国の法令上これと同様に取り扱われている者（同項第2号），③一定の刑事罰を受けた者（同項3号・4号）と定められている」。また，取締役や監査役に対する独立性が問われていたが，独立役員についての規定を東証は「a 当該会社の親会社又は兄弟会社の業務執行者　b 当該会社を主要な取引先とする若しくはその業務執行者又は当該会社の主要な取引先若しくはその業務執行者　c 当該会社から役員報酬以外に多額の金銭その他の財務を得ているコンサルタント，会計専門家又は法律専門家　d 最近においてaから前cまでに該当していた者　e 次のaから前dまでのいずれかに掲げる者の近親者」としている。また，独立役員が「①過去に独立性基準に抵触していた場合，または②上場会社の主要株主である場合には，これらの事実を踏まえてもなお一般株主と利益相

図表3－5　社外取締役の前職または現職

上段：人数 下段：比率	全体		上場		非上場		大会社		大会社以外	
	2014年	2015年	2014年	2015年	2014年	2015年	2014年	2015年	2014年	2015年
1．親会社の役職員	1,637 33.1%	1,150 21.4%	182 8.8%	143 4.9%	1,455 50.6%	1,007 41.4%	1,173 29.6%	844 19.0%	440 51.8%	302 39.3
2．親会社以外のグループ会社の役職員	242 4.9%	229 4.3%	37 1.8%	47 1.6%	205 7.1%	182 7.5%	190 4.8%	149 3.4%	50 5.9%	37 4.8%
3．大株主の役職員	972 19.6%	930 17.3%	329 15.9%	343 11.7%	643 22.3%	587 24.1%	810 20.5%	778 17.5%	154 18.1%	137 17.8%
4．取引銀行の役職員	113 2.3%	155 2.9%	82 4.0%	106 3.6%	31 1.1%	49 2.0%	105 2.7%	137 3.1%	5 0.6%	13 1.7%
5．取引先の役職員	379 7.7%	532 9.9%	203 9.8%	297 10.1%	176 6.1%	235 9.7%	333 8.4%	430 9.7%	42 4.9%	43 5.6%
6．会社と無関係な会社の役職員	717 14.5%	1,033 19.2%	572 27.6%	879 29.9%	145 5.0%	154 6.3%	619 15.6%	905 20.4%	85 10.0%	121 15.8%
7．公認会計士又は税理士	121 2.4%	207 3.9%	104 5.0%	187 6.4%	17 0.6%	20 0.8%	99 2.5%	177 4.0%	20 2.4%	28 3.6%
8．弁護士	241 4.9%	410 7.6%	205 9.9%	372 12.6%	36 1.3%	38 1.6%	219 5.5%	378 8.5%	15 1.8%	28 3.6%
9．大学教授	214 4.3%	351 6.5%	190 9.2%	311 10.6%	24 0.8%	40 1.6%	196 4.9%	321 7.2%	8 0.9%	16 2.1%
10．官公庁	103 2.1%	122 2.3%	67 3.2%	99 3.4%	36 1.3%	23 0.9%	98 2.5%	114 2.6%	1 0.1%	6 0.8%
11．その他	210 4.2%	256 4.8%	101 4.9%	157 5.3%	109 3.8%	99 4.1%	118 3.0%	206 4.6%	30 3.5%	37 4.8%
合計人数	4,949 100.0%	5,375 100.0%	2,072 100.0%	2,941 100.0%	2,877 100.0%	2,434 100.0%	3,960 100.0%	4,439 100.0%	850 100.0%	768 100.0%

出所：監査役会「役員等の構成の変化などに関する　第16回インターネット・アンケート集計結果」2015年12月15日（http://www.kansa.or.jp/support/enquet16_151215-1.pdf），2017年6月19日アクセス。

反のおそれがないと判断し，独立役員として指定する理由を独立役員届出書やコーポレート・ガバナンス報告書に記載することが必要とされている」という。

　図表3－5が示しているように，社外取締役の前職または現職を見ると，上場企業の場合，「親会社の役職員（33.1％）」「親会社以外のグループ会社の役職員（4.9％）」「大株主の役職員（19.6％）」「取引銀行の役職員（2.3％）」「取引先の

役職員(7.7%)」「会社と無関係な会社の役職員(14.5%)」「公認会計士又は税理士(2.4%)」「弁護士(4.9%)」「大学教授(4.3%)」「官公庁(2.1%)」「その他(4.2%)」など実に多様な職業で構成されていることが明らかになっている。主に,「親会社の役職員」「大株主の役職員」「会社と無関係な会社の役職員」という順で高い割合を占めていることがわかった。

東証1部上場企業1,970社における独立取締役の数は,2016年現在,昨年比で1,301名増加した4,271名となり,取締役総数(18,304名)の23.3%を占めるようになった[23]。さらに,独立取締役を2名以上選任している企業は,昨年比で31.2%増加して80.3%(1,583社)となっている。そのうち3人以上選任している企業は,昨年比で2倍の25.6%(505社)となっていることが明らかになっている。指名・報酬委員会のいずれかを設置する企業は,法定で61社,任意で546社,合わせて30.8%(607社)となっている。そして監査等委員会設置会社に移行した企業の割合は18.4%(357社)であり,指名委員会等設置会社も3.1%

図表3－6　東証1部上場企業における独立取締役数と社外取締役数の推移

市場区分等	社数	2名以上の独立社外取締役の選任		独立社外取締役選任		社外取締役選任	
		会社数	比率	会社数	比率	会社数	比率
市場第一部	1,966社	1,566社	79.7%	1,900社	97.1%	1,943社	98.8%
		(+653社)	(+31.3%)	(+268社)	(+10.1%)	(+164社)	(+4.5%)
市場第二部	536社	300社	56.0%	489社	91.2%	526社	98.1%
		(+192社)	(+36.4%)	(+123社)	(+24.8%)	(+50社)	(+11.7%)
マザーズ	234社	70社	29.9%	187社	79.9%	218社	93.2%
		(+43社)	(+17.2%)	(+61社)	(+20.5%)	(+47社)	(+12.5%)
JASDAQ	771社	183社	23.7%	533社	69.1%	671社	87.0%
		(+98社)	(+13.4%)	(+116社)	(+18.5%)	(+63社)	(+13.2%)
全上場会社	3,507社	2,119社	60.4%	3,118社	88.9%	3,358社	95.8%
		(+986社)	(+27.3%)	(+586社)	(+15.5%)	(+324社)	(+8.4%)
JPX日経インデックス400	400社	361社	90.3%	394社	98.5%	397社	99.3%
		(+71社)	(+17.6%)	(+21社)	(+5.0%)	(+9社)	(+2.1%)

出所：東京証券取引所「東証上場会社における独立社外取締役の選任状況」
　　　(http://www.jpx.co.jp/news/1020/20160727-01.html) 2016年7月27日,2017年6月19日アクセス。

(61社)と微増している。

　先述したように,会社法改正で社外取締役を少なくても1名以上選任するか,もしくは選任しない場合にはその理由を説明するルールが定まっている。2015年3月の決算期に「社外取締役を置くことが相当ではない理由」について開示されているが,その具体的な内容を見ると,以下のようになっている[24]。

　大きく分けて「社外取締役を置かなくてもガバナンス上不都合はない（必要性なし）」という理由と,「適任者が見つからない（人材不足）」という消極的な理由を開示する例が多い。事業の現場の事情に詳しい社内取締役の方が迅速かつ的確に対応できると思われるからである。要するに,従来の社内役員による取締役会,監査役会,内部統制システムを通しても十分に業務執行の監査と会計監査ができるという結論である。言い換えれば,社外取締役の選任によって生じうる業務遂行上の重複と,社外から別途に人材を確保するために想定される費用の問題が根底にあると考えられる。一方で,2015年4月21日の日本経済新聞の広告欄に4,500名の「社外取締役名鑑」が紹介されることもあった。

　金融庁などが中心となって定めた日本版スチュワードシップの,機関投資家の受益者に対する責任ある行動原則の基準を提示した意味合いが強いといえる。ここでいう「スチュワードシップ」の本来の意味とは何か。まず,スチュワードとはそもそも「他人の財産を管理する人」を指している。しかし,**スチュワードシップ・コード**の基礎となった英国のキャドバリー報告書によれば,スチュワードシップとは,単に財産を管理するだけでなく,「会社を守る,育てる」という能動的な意味も含まれている[25]。

　日本で2014年2月に導入された**コーポレート・ガバナンス・コード**は,日本版スチュワードシップともいわれているものである。この原型となっているのが,2010年にイギリスで策定されたスチュワードシップ・コードであり,2008年に勃発した金融危機後の改善策として知られている[26]。イギリスでは日本より先に,2006年の会社法ならびに関連コードやガイドライン,2012年に改訂したスチュワードシップ・コード,2014年9月のコーポレート・ガバナンス・コードが策定された。もちろん,日本の近年のコーポレート・ガバナンスの改革

の動向は，イギリスのものとは同様ではない。

　2016年12月27日現在，金融庁が発表したスチュワードシップ・コードの受け入れを表明した企業数は214社であることが明らかになっている[27]。その内訳をみると，信託銀行等が7社，投信・投資顧問会社等が152社，生命保険会社が18社，損害保険会社が4社，年金基金等が26社，その他（議決権行使助言会社他）が7社となっている。

　しかし，日本のコーポレート・ガバナンス改革の趣旨は，政府の政策と絡むような状況であり，コーポレート・ガバナンス先進国といわれるイギリスのものとは異なる改革が行われたと考えられる。要するに，本来ふさわしい姿として当該企業の自治や自主規制に重点を置いた政策決定には，議論の余地が残るのではないかと思われる。

　先述したように，現在，日本の会社機関は一見アメリカの経営・監視システムをとっているように見えるが，取締役会と監査役会が曖昧な形で業務監査と会計監査を担当している。近年の一連のコーポレート・ガバナンス改革は，社外取締役や社外監査役の役割分担の明確化と，権限強化という面では非常に評価に値する。

課題

1. さまざまな企業形態の中で株式会社がほとんどの割合で占められている理由について説明せよ。
2. 「所有と経営の分離」「経営者支配」の意味について説明せよ。
3. 日本企業のガバナンスの特徴と近年の改革の動向について説明せよ。

【注】
1）佐久間（2006），4－5ページ。
2）水村（2008），197－200ページ。
3）今西（2006），20ページ。
4）正木（1986）。
5）今西（2006），20－22ページ。
6）中村（2003），2－3ページ。
7）海道・風間（2009）。
8）Scott（1979）（中村・植竹（1983），36ページ）
9）海道・風間（2009）。
10）奥村（1984）。
11）海道・風間（2009），7ページ。
12）菊澤（2004），12－19ページ。
13）川口（2004），21ページ。
14）平田（2002），32ページ。
15）出見世（2003），65ページ。
16）吉森（2000），3－6ページ。
17）髙橋（1995），102－119ページ。
18）水村（2008），197－200ページ。
19）水村（2009），133－134ページ。
20）宮坂（2009），14－27ページ。
21）佐久間（2016），74－77ページ。
22）東証上場会社「コーポレート・ガバナンス白書2017」(http://www.jpx.co.jp/equities/listing/cg/tvdivq0000008jb0-att/white-paper17.pdf) 2017年6月20日閲覧。
23）日本取締役協会（2016），前掲ホームページ，2017年6月19日アクセス。
24）塚本（2016），59－66ページ。
25）北側（2015），83－84ページ。
26）藤川（2016）。
27）金融庁「スチュワードシップ・コードの受入れを表明した機関投資家のリストの公表について」(http://www.fsa.go.jp/news/27/sonota/20160315-1.html)，2016年12月27日，2017年6月19日閲覧。

〈参考文献〉

出見世信之「アメリカの企業統治構造」佐久間信夫編『企業統治構造の国際比較』ミネルヴァ書房，2003年。

藤川信夫『英国Senior Management Regime（SMR），上級管理者機能（SMFs）とコーポレート・ガバナンス・コード』文眞堂，2016年。
平田光弘「21世紀の企業経営におけるコーポレート・ガバナンス研究の課題―コーポレート・ガバナンス論の体系化に向けて」『経営論集』第53号，東洋大学経営学部，2002年3月。
今西宏次「株式会社の発展」佐久間信夫編著『現代企業論の基礎』学文社，2006年。
海道ノブチカ・風間信隆編著『コーポレート・ガバナンスと経営学』ミネルヴァ書房，2009年。
川口幸美『社外取締役とコーポレート・ガバナンス』弘文堂，2004年。
菊澤研宗『比較コーポレート・ガバナンス論』有斐閣，2004年。
金融庁「スチュワードシップ・コードの受入れを表明した機関投資家のリストの公表について」（http://www.fsa.go.jp/news/27/sonota/20160315-1.html）2016年12月27日，2017年6月19日閲覧。
北側哲雄編著『スチュワードシップとコーポレート・ガバナンス』東洋経済新報社，2015年。
正木久司『株式会社論』晃洋書房，1986年。
宮坂純一『道徳的存在としての現代企業』晃洋書房，2009年。
水村典弘『ビジネスと倫理』文眞堂，2008年。
水村典弘「アメリカのコーポレート・ガバナンスの特徴と課題」海道ノブチカ・風間信隆編著『コーポレート・ガバナンスと経営学』ミネルヴァ書房，2009年。
中村瑞穂『企業倫理と企業統治』文眞堂，2003年。
日本取締役協会「上場企業のコーポレート・ガバナンス調査」（http://www.jacd.jp/news/odid/cgreport.pdf）2016年8月1日にアクセス。
奥村宏『法人資本主義』お茶の水書房，1984年。
佐久間信夫編著『よくわかる企業論』ミネルヴァ書店，2006年。
Scott, John, *Corporations, Classes and Capitalism*, Hutchinson Publishing, 1979. 中村瑞穂・植竹晃久監訳『株式会社と現代社会』文眞堂，1983年。
高橋衛「アメリカにおける取締役の義務に関する近年の議論」『一橋論叢』第113巻第1号，1995年1月号。
東証上場会社「コーポレート・ガバナンス白書2017」（http://www.jpx.co.jp/equities/listing/cg/tvdivq0000008jb0-att/white-paper17.pdf）2017年6月20日閲覧。
塚本英巨「『社外取締役を置くことが相当でない理由』の開示分析」『企業会計』vol.68, No.2, 2016年。
吉森賢「企業概念―日米比較」菊池敏夫・平田光弘編著『企業統治の国際比較』文眞堂，2000年。

第4章

中小企業とベンチャー

本章のポイント

① 中小企業の定義や日本企業における中小企業の割合等を認識する必要がある。そのうえで、中小企業が担う経済的な役割を考えることが重要である。一方、中小企業を取り巻く経済環境等は厳しさを増しており、中小企業は自ら経営革新(第二創業)を行うことが求められる。

② ベンチャー企業の定義やベンチャー企業の存立・成長の在り方を認識する必要がある。ベンチャー企業は日本経済を活性化させるために、重要な存在であり、ベンチャー企業の発展が経済効果をもたらす。

③ 中小企業とベンチャー企業の質的な差異を認識し、中小企業とベンチャー企業がいかに地域社会と密接に連携していくことができるかを考えてほしい。

1. 中小企業の役割

日本企業において中小企業が占める割合は約99％である。中小企業は、日本経済を支えるうえで、大きな役割を担っている。例えば、中小企業は従業者の約7割を雇用し、国民生活に必要な製品・サービスを生み出す生産過程等の一翼も担っている。また、昨今、一部の地域経済の疲弊によって、地域社会が多くの課題を抱える中、地域経済の活性化の担い手としても、中小企業の活躍が

求められている。

　国は中小企業の役割を明確化するために，2010年に「**中小企業憲章**」を閣議決定している。以下で「中小企業憲章」の一文を抜粋する。「中小企業は，経済やくらしを支え，牽引する。創意工夫を凝らし，技術を磨き，雇用の大部分を支え，くらしに潤いを与える。意思決定の素早さや行動力，個性豊かな得意分野や多種多様な可能性を持つ。経営者は，企業家精神に溢れ，自らの才覚で事業を営みながら，家族のみならず従業員を守る責任を果たす。中小企業は，経営者と従業員が一体感を発揮し，一人ひとりの努力が目に見える形で成果に結びつき易い場である。中小企業は，社会の主役として地域社会と住民生活に貢献し，伝統技能や文化の継承に重要な機能を果たす。小規模企業の多くは家族経営形態を採り，地域社会の安定をもたらす[1]」。

　中小企業は日本経済のみならず，国民生活を豊かにする存在であることがわかる。中小企業は，日本社会を支えているのである。中小企業の維持・発展は，我々の雇用や付加価値の創出をもたらすのである。大企業にとっても，自社の製品・サービスを生み出すことや，供給するために，中小企業は重要な取引先ともなっている。大企業はすべての製品・サービスを自社単独で生み出し，供給することは，経済的な不利になることがあり，中小企業のような存在があるからこそ，事業活動が可能となる。

2．中小企業の定義

　中小企業という言葉は何を基準に定義されているのか。中小企業庁によると，以下の図表4－1で説明されている。製造業では，資本金の額又は出資の総額が3億円以下又は従業員数が300人以下の場合，中小企業に該当する。卸売業では，資本金の額又は出資の総額が1億円以下又は従業員数が100人以下の場合，中小企業に該当する。小売業では，資本金の額又は出資の総額が5千万円以下又は従業員数が50人以下の場合，中小企業に該当する。サービス業では，資本金の額又は出資の総額が5千万円以下又は従業員数が100人以下の場合，

図表4－1　中小企業の定義

業種分類	中小企業基本法の定義
製造業その他	資本金の額又は出資の総額が3億円以下の会社又は常時使用する従業員の数が300人以下の会社及び個人
卸売業	資本金の額又は出資の総額が1億円以下の会社又は常時使用する従業員の数が100人以下の会社及び個人
小売業	資本金の額又は出資の総額が5千万円以下の会社又は常時使用する従業員の数が50人以下の会社及び個人
サービス業	資本金の額又は出資の総額が5千万円以下の会社又は常時使用する従業員の数が100人以下の会社及び個人

出所：中小企業庁（http://www.chusho.meti.go.jp/soshiki/teigi.html）より。

中小企業に該当する。一方，小規模事業者という概念があり，小規模事業者は常時雇用する従業員が20人以下（製造業等），5人以下（卸売業，サービス業，小売業）の場合に当てはまる。

　日本の企業数は約382万社（2014年時点）存在しており，そのうち，小規模事業者が325万社を占めている。日本において，小規模事業者は約85％占めている形となる。大企業は約1.1万社となっており，割合としては，約0.3％にしかすぎない。

　一方，中堅企業の概念も存在する。中堅企業とは，第1に企業の根本方針の決定権を持つという意味での独立会社，第2に証券市場を通じての社会的な資本調達が可能な企業，第3に社会的資本を株式形態で動員したとしてもなお個人・同族会社としての性格を強く併せ持つ企業，第4に中小企業とは異なる市場条件を確保している企業[2]，といえる。

3．中小企業と地域経済

　地域経済を活性化させるために，自治体が行っているものとして企業誘致がある。自治体は企業誘致のための条例を策定し，補助金や減税，インフラの整

備等，の優遇措置を講じている。企業誘致を図るための先行投資として，自治体は地方債を発行して，工場用地，道路，港湾，用水等の産業用インフラへの公共投資を重点的に行っていた。

　しかし，自治体の中には企業誘致が進まず多額の利払いのために財政危機に陥ってしまうケースがある。また，企業誘致が進んでも，工場公害が発生したり，公共事業の産業基盤への偏在によって住民への福祉サービスの質が低下する事態も考えられる。企業誘致による工場は，本社が東京，大阪といった都市部の企業の分工場であり，その収益，法人税は本社所在地に移ってしまう。

　以上のような現状で企業誘致が地域経済の持続的発展につながるかは不透明である。自治体の地域経済活性化の支援策は，産業開発が進むことにより，その利益が回り回って地元企業や住民にトリクルダウンする（したたり落ちる）という理論のもとで進められてきた。本来の自治体の地域経済活性化は，地域住民の生活全体の維持・発展を追求し，一人ひとりが輝いて安心と誇りを持って住み続けられる地域づくりでなければならない。

　地域経済に重要な役割を果たすのは地元の中小企業である。地元の中小企業は雇用の受け皿になっており，中小企業が成長すると雇用も創造され消費につながる。また，一部の中小企業は地域経済の主体となって他の中小企業と企業間関係をはじめとした連携を構築し地域外でも経営活動を行い，地域外から地域内に資金をもたらしている。しかし，日本経済の構造的な変化に伴って中小企業を取り巻く経営環境は大きく変動しており，中小企業の存立条件も変化の過程にある。そもそも「中小企業」とは，大企業と比べて相対的に規模の小さな企業の総称を意味する。しかし，「中小企業」という概念が総称であるがゆえ，「中小企業」として説明される企業群の内実は極めて多種多様であり，このような多種多様な企業群で構成される中小企業の存立形態のことを「中小企業の異質多元性」と呼ぶ。したがって，中小企業の存立維持には，企業別・形態別・業種別・地域別にそれぞれ異なる対応が必要であり，多様な中小企業の経営戦略が必要となる。したがって中小企業経営において存立・起業・革新・成長・社会貢献といった視点からの分析が必要となってきている。構造改革が

不可欠とされる現代日本経済において，すでに規模の経済性が享受できない現状下で中小企業の役割は重要になっている。最近では，原材料の調達から顧客との関係の維持・構築に至る事業活動の全過程での新規性と競争優位性，ビジネスモデルの再構築とそれに伴う経営指針たるビジネスプランの新展開が求められるようになっている。特に地域経済との連関性が深い地域中小企業の存立維持，地域中小企業の成長戦略とそれを実現する中小企業政策には注目が集まっている。地域に根ざした，すなわち地域密着型の中小企業の経営革新（第二創業）の実現を図っていくことは地域振興を実現していく経済主体の核として期待されているのである。

4．中小企業の経営革新（第二創業）

日本では，国民経済に占める中小企業比率が高いため，その国民経済的役割は極めて大きい。それゆえ地域経済を支えているのが中小企業であるといっても過言ではない。国の産業政策の柱が中小企業政策になっているのも中小企業の育成そのものが地域経済の成長に直結すると考えられていることにほかならない。地域経済に重要な役割を果たすのは地元の中小企業である。地元の中小企業は雇用の受け皿になっており，中小企業が成長すると雇用も創造され消費につながる。

地域経済との連関性が深い中小企業の存立維持には注目が集まっている。地域に根ざした，すなわち地域密着型の中小企業の**経営革新（第二創業）**の実現を図っていくことは地域振興を実現していく経済主体の核として期待されているのである。そもそも経営革新（第二創業）とは，中小企業が保有する既存の経営資源を活用してこれまでの事業領域や活動の仕方を見直し，新たに企業を創業するほど抜本的に事業のあり方を再構築する経営行動である。

中小企業が地元の労働者を雇用し，製品・サービスを開発・販売していかなければならない。中小企業が経営指針（ビジネスプラン）の成文化，経営革新等を実行することで，「実効力ある経営」体質を確立する必要がある。「実効力あ

る経営」とは財団法人日本生産性本部が主体となって,「マネジメント強化プログラム」を実践し,これまでの経営を振り返りながら課題解決のための実効計画を経営者自らが策定,6か月間の計画進捗結果と合わせて第三者（認証評価チーム）が評価し,最終的に確実な計画の達成と成果を上げる企業を,「実効力ある経営」委員会が認証評価する制度である。中小企業が「実効力ある経営」体質を実現するためには,自社の経営指針（ビジネスプラン）を設定し,それを客観的な文字（書類）へと書きだす成文化だけにとどまらず,経営指針に基づいた経営革新等の経営行動が重要となる。

5．中小企業の海外事業展開

地域中小企業を取り巻く経済環境としては,貿易自由化の遅れ,労働の規制,さらに東日本大震災後のエネルギー危機やアジア諸国の経済発展等が挙げられる。こうした環境下で特に製造業に着目すると,大企業による工場や調達拠点の海外移転,海外市場開拓がさらに加速化する傾向にある。中小製造業（中小企業）は取引先である大企業が自社の生産拠点等を海外に移転するに伴い,従来の取引関係の維持が困難となっている現状もある。また,日本の人口減少等の問題によって,国内市場の縮小が予測されており,内需に依存している中小製造業（中小企業）は供給量の減少も考えられる。地域経済を支える中小企業の中でも,一部の中小製造業（中小企業）は自社の存立維持を図るために,自ら海外に生産拠点,調達拠点等を設ける経営行動がみられる。

主に内需に依存している地域中小企業は地域資源やネットワークを活用して,海外事業展開を行うことによって,販路開拓を実現できる可能性がある。中小企業は日本経済のグローバル化の進展に伴い,海外企業との競争が激化していくこととなった。その競争から脱落し,廃業していく中小企業もあるが,自社を取り巻く経営環境に適応するために,新技術の導入,新製品の積極的な開発,それに伴うコストダウン等の経営行動を行い,国際競争の中でも存立している中小企業も存在する。では,国際競争の中でどのように中小企業が存立

しているのかについて，河井（2004）の議論を説明していくことにする。河井は中小企業におけるグローバル化について，自社の経営戦略に注目している。中小企業のグローバル化に関する経営戦略については，経済産業省（1998）『商工実態調査』のデータを援用し，その特性について実証的な分析を行っている。河井はまず，企業のグローバル化に関して段階的に進展していくことに触れている。第1に「取引のグローバル化[3]」を取り上げている。つまり，「企業はより大きな市場を目指して自らが生産した製品の販路を国内から海外に向けることで企業の成長をはかることができる[4]」とし，さらには，「自社の製品の販路拡大のみならず，生産コストの削減のために，安価な原材料等の取得を目指している場合もある[5]」としている。第2に「リスク回避ならびにディスカウントを目的とした提携や委託加工契約にもとづく長期取引を志向することになる[6]」とし，「生産に必要な部品調達を国内すべてで行うのではなく，供給業者として海外企業を活用することになる[7]」としている。第3に「企業は，川下ならびに川上に対する垂直統合を志向し，現地企業に出資することで合弁企業を設立することになる[8]」とし，「海外市場で効率的に活動するために，現地企業が保有する情報等が必要であり，共同出資によって合弁会社の設立が行われる[9]」としている。第4に「企業は独立出資の海外子会社を設立して，原材料の調達ならびに販路の開拓を内部化するに至るのである[10]」とし，企業のグローバル化の最終段階であるとしている。

　以上のように企業のグローバル化に関して河井は述べているが，基本的に大企業に該当する内容といえる。しかし，中小企業のグローバル化も同じ段階を進んでいると考えられる。また，河井は企業のグローバル化は自社の経営資源を活用するために最適であると指摘している。つまり，中小企業が元請大企業から海外の情報を共有できる場合もあり，中小企業の研究開発，人的資本の蓄積，IT技術の導入等が促進されることも主張し，中小企業のグローバル化が中小企業の生産性を向上させる要因となりうることに着目する必要性を述べている。

　一方，中沢（2012）では，製造業に携わる中小企業のグローバル化，つまりは海外事業展開の事例を基に中小企業の業績について触れている。まず，中沢

は東南アジアに進出している中小企業で聞き取り調査を行う過程で，技術力の高さについて評価している。そのために中沢は「東アジア諸国に進出した設備・設計・パイプ加工，切削・研磨，板金プレス，金型，メッキ，冷間鍛造，熱処理…といった会社で聞き取りをしていると，日本の1960年代と同様の年率50％，60％といった売上高の成長を遂げている例がとても多い[11]」と指摘している。中小企業のグローバル化は自社の業績に大きく影響をもたらしていると推測できるが，もともと技術力が高い中小企業の場合が多い。一方，国内で技術力を有する中小企業は，雇用等を支えている工場規模も比較的大きいために，そのような中小企業の現地生産等の経営行動により，「産業の空洞化」の議論がなされることがある。いわゆる「産業の空洞化」は企業の海外事業展開によって，生産機能の海外への移転として認識されることがあり，国内の雇用の減少等が懸念されている。しかし中沢は，中小企業のグローバル化は国内拠点の拡大につながり，雇用の減少が少ないと考えており，その理由について事例を基に説明している。1994年，タイに海外事業展開した熱処理を主たる業務にしている中小企業では，国内の雇用が海外事業展開する前の約400人から2011年の約520人に増加している。その他では2003年，タイに海外事業展開した自動車の精密機能部品を主たる業務にしている中小企業では，国内拠点はさることながら，現地拠点の従業員数も増加している。

　次に中沢は，1990年代以降の中小企業の海外事業展開の動向に触れている。中小企業は取引先である大企業，中堅企業の要請による現地生産化が一般的にみられる傾向にあるとし，一方，当初から海外とのつながりがなく，自力で海外事業展開しなければならない中小企業が大半であるのもまた事実であるともしている。現代では経営資源等の問題で，海外事業展開したくても断念せざるをえない中小企業も存在することにも注目する必要がある。たとえ経営資源に余裕があっても，多くの中小企業が海外事業展開を躊躇している。その消極的理由として中沢は，第1に既存の従業員の雇用確保，第2に現状維持，第3にリスクの高さ，第4に海外に精通した人材がいないこと，等の理由を述べている。

しかし，すでに海外事業展開をした現地の経営者からは，「もっと早く進出すればよかった」という言葉も多いとも主張している。海外事業展開でよく懸念されるのが語学である。そこで中沢は，第1に知らない土地に行く勇気，第2に相手に伝えるべき経験，第3に環境の異なった土地で暮らす神経，第4に現地の言葉を覚える意思，等の心構えが必要であるとしている。例えば，海外事業展開する場合は，まず通訳を雇う必要があり，それと同時に運転手も雇う必要がある。現地の道路事情で，日本人が自分で運転するのはまず無理といってもよい。海外事業展開にあたっては，まず先行している企業やコンサルタントから，用地の取得，要員の採用方法，現地役所との交渉，工場の建設と設備の据付，等の情報を入手し，生産をスタートする，といった順序になる。

　以上のように，中小企業のグローバル化は自社の業績を拡大させる可能性が高いが，一方で海外事業展開における事業活動の課題も山積しており，現場レベルにおいて，中小企業のグローバル化の困難さも見受けられる。

6．ベンチャー企業について[12]

❶　ベンチャー企業とは

　日本経済を活性化させる存在として，ベンチャー企業の存在がある。ベンチャー企業は規模的には，中小企業の範疇に入ることもある。しかし，ベンチャー企業は質的な部分で差異が見受けられる。ベンチャー企業が展開する事業等で特徴とすべき点を以下で取り上げる。第1に**起業家**精神の旺盛な経営者が小規模な事業を創業している，第2に経営者が高度な専門技術や豊かな経営ノウハウを保持している，第3に大企業との下請分業関係になく独立型企業であり，大企業に支配されていない，第4に独自の新商品，新サービスを開発し，経営基盤が弱いながらも急成長を遂げる可能性を持っている，第5に対売上高に占める研究開発費の比率が高い研究開発型企業である，第6に未上場ではあるが株式公開を念頭に置いている成長志向の中小規模企業である[13]，等が考えられる。

ベンチャー企業の役割について触れておく[14]。第1に経済発展のエンジン，第2に雇用機会の創造，第3に社会的問題の解決，第4に自己実現の機会が存在している。第1の経済発展のエンジンは，Schumpeter（1997）が指摘している「経済循環軌道の自発的および非連続的変化」のうち，非連続的変化をもたらす「**企業家**」として，ベンチャー企業が期待される。企業家とは，イノベーションの担い手であり，経済発展の源泉である非連続的変化を引き起こす原動力である。第2の雇用機会の創造は，雇用機会の創出効果であり，起業時に従業員を雇用する場合や事業成長に合わせて従業員を雇用する場合等が考えられ，ベンチャー企業がもたらす雇用創出に対する貢献は大きい。第3の社会的問題の解決は，今日において存在する社会的問題を事業機会と捉え，ベンチャー企業が事業展開することで，社会的問題を解決する可能性がある。第4の自己実現の機会は，創業者自身の能力を発揮したい，自分の采配で仕事を進めたい，新たな価値創造を実現したい，等，ベンチャー企業を活用して，創業者は自己実現を達成できる。

❷　ベンチャー企業の類型

　松田（1998）はベンチャー企業を業種形態と創造される付加価値という基準から分類し，以下のベンチャー企業のタイプを提示している[15]。業種形態による分類では，第1に流通・サービス企画型ベンチャー企業がある。つまり，既存の流通やサービス分野に新規の発想や手法を持ち込み，ニッチ分野に参入する企業である。第2に技術企画型ベンチャー企業がある。既存の技術を活用して，ニッチ分野でも高い成長が期待される市場に挑戦し新製品やソフト等を開発するベンチャー企業である。第3に研究開発企画型ベンチャー企業がある。独自の研究開発をベースに独創的な新製品を開発し，新しい市場を創造したり，既存市場を代替することによって成長する企業である。

　付加価値による分類では，第1に先端技術型ベンチャー企業がある。独創的な技術をベースに世界に通用する新製品を開発し，グローバル市場を志向する企業である。第2に雇用創出型ベンチャー企業がある。製品やサービスを供給

するにあたって，多くの人力を必要とし，多くの雇用を生み出す企業，ソフト開発や小売業に多い企業である。第3に自活型ベンチャー企業がある。自主独立意欲の強い起業家が，家族や少人数の友人と起こした企業である。また，中小企業白書（1999年）では，創業のタイプを第1に独自型，第2にスピンオフ型，第3にのれん分け型，第4に分社型の4つに分類している。独自型は，独自に創業すること，スピンオフ型は，既存の勤め先を辞めて，自ら創業すること，のれん分け型は，既存の勤め先を辞めた後も退職前の企業と関係を保ちつつ創業すること，分社型は，既存の勤め先を辞めた後，既存企業の影響下（分社，関連会社）にある状態で創業すること，である。

❸ ベンチャー企業の存立と成長

ベンチャー企業は創業後，1,000社のうち3社しか生き残ることができないと言われることもある。ベンチャー企業は，成長過程において多くの課題に直面することになる。この成長過程において，組織的な変革が必要とされることを把握するために企業成長理論に触れる必要がある。企業のライフサイクル研究では，第1に企業は直線的に成長するのではなく，段階的に成長するものであること，第2にそれぞれの段階にそれぞれの対応すべき問題が生じること，第3に売上高や従業員数といった具体的な尺度は研究によって，異なっていること，が取り上げられる[16]。

Greiner（1972）は，企業の成長段階を5つの局面に分類している[17]。局面1は「創造性を通しての成長」がみられる。局面1の特徴としては，第1に技術志向か企業家志向を有し，マネジメント活動を軽視する，第2に創業者のエネルギーは新製品，販売につぎ込まれる，第3に従業員とのコミュニケーションは頻繁で非公式的である，第4に長時間勤務は所有者利益の期待によって報酬が与えられる，第5に活動の統制は市場からのフィードバックによりなされ，マネジメントは顧客の反応によってなされる。一方，「リーダーシップの危機」に直面することになる。企業の規模が拡大するにしたがい，マネジメントの大規模化は能率についての知識を必要とするようになり，従業員増加によって非

公式的コミュニケーションだけでは管理できなくなるといった事態が生じる。課題の解消には,マネジメントおよびコントロールの導入が必要となる。つまり,組織の公式化である。

　局面2は公式的なコミュニケーションやマネジメントを通じて実施される。局面1の危機を乗り越えた企業は,能力のある事業担当マネージャーを地位につかせることによって,持続的成長期間に入る。一方,「自律の危機」に直面する。公式化による成長もやがて,組織の下位組織構成員の自律性を失わせるようになる。新しい指導技術は,能率的に従業員を成長させるのに役に立つが,より大きく,多様で,複雑な組織を統制するには不適切となる。課題の解消としては,「権限の委譲」を行う。つまり,下位組織構成員に権限を委譲し分権化することであり,事業部制組織の導入である。

　局面3は委譲を通じて成長していく。分権化組織構造をうまく適用することである。一方,「統制の危機」に直面する。独立した現場のマネージャーたちが部門の掌握を目論むため,トップマネジメントが統制力を取り戻そうとする。課題の解消には,独特の調整技術を用いて解決方法を見出す。

　局面4は調整をうまく行うための正式なシステムの導入と,トップによるシステムの運用によって成長する。一方,「お役所仕事の危機」に直面する。本社のスタッフと現場のラインの間に信頼が欠如し,大きく複雑になった組織は正式なシステムでは管理できなくなる。課題の解消には,人的交流を促し,部門を超えたチームやタスクフォースの結成を通じた協働が必要となる。

　局面5は,形式偏重主義の危機を乗り越えようとする。強い個人相互間の協働によって成長する。この段階では,相互間でのマネジメント行動における自発性を特に強調する。課題としては,チームによる行動の重視や新たな成長に向けたイノベーションへの圧力が,ロワーを精神的に疲労させてしまうことにより心理的飽和状態という問題が生じる。このような危機を克服するためには,ロワーを定期的に休ませたり,再度動機づけたりするための組織構造やプログラムが必要となる。

　一方,Timmons (1997) は成長曲線として,S字カーブをした図表で説明し,

成功するベンチャー企業は必ず通る過程であるという点に注目している。スタートアップ期は通常，創業から2年〜3年（場合によって7年）におよぶ期間である。この期間は最も失敗する可能性が高く，企業家とベンチャー企業経営チームの1人，または2人程度が率先してそのエネルギーと才能を徹底的に発揮することに特徴がある。この時期には，顧客獲得，市場や収益，競争における弾力性を確保することが重要な課題となる。一方，投資家，銀行，顧客の信頼の獲得にマネジメントが意識を集中する時期でもある。スタートアップ期の後に，その企業は急成長期となる。創業者にとって大きな課題としては，この急成長期に生じる。意思決定の方法の変更（権限委譲）である。急成長期が終了すると，成熟期や安定成長期となる。ここでは，成長よりも安定した利益を出し続けることが重要になる。最もベンチャー企業の成長期に必要なことは，「権限委譲」である。リーダーが成功体験にしがみつき，失敗することが多いので，それを防ぐために権限委譲がなされるのである。

7．中小企業とベンチャー企業の今後

現代日本は多くの社会的課題（少子高齢化，環境問題，地域経済の疲弊等）が山積している。社会的課題の1つである地域経済の疲弊を克服するには，地域のヒト，モノ，カネを活用することが不可欠である。

第1にヒトであるが，地域の雇用問題が存在し，地域経済の持続的発展には地域の人材を活用した組織づくりが必要である。第2にモノであるが，地域の資源を活用した比較優位製品に着目する必要がある。第3にカネであるが，地域の金融機関との協力関係の強化や，クラウドファンディングといった資金調達の制度を拡充し，地域経済に資金を円滑に循環させる必要がある。これらに深く関係を持っている経済主体としては，中小企業とベンチャー企業の存在が挙げられる。中小企業とベンチャー企業は，社会的課題の解決に取り組み，経済的価値をもたらす，いわゆる**ソーシャル・イノベーション**の担い手でもある。

ソーシャル・イノベーションの担い手として重要な役割を果たしている中小企業とベンチャー企業は，地域の雇用を創造し，その地域で必要とされる製品・サービスを製造，販売し，地域の金融機関等と信頼関係を構築している。また，中小企業とベンチャー企業は地域の利害関係者に対して大きな影響を及ぼす力がある。つまり，中小企業とベンチャー企業は地域内で異なる業種間で相互の強みを活かした集積・ネットワークを形成し，1社ではできない高付加価値の製品・サービスを提供する事業体を形成しようとする。さらに，企業間連携の中核企業としての信用力を保有し，一定のビジネスモデルを前提として，地域資源を活用しながら自企業の経営資源を発掘し，新事業を創出しているのである。

課題

1. 中小企業の概念とベンチャー企業の概念を整理してみよう。
2. 中小企業の事例を取り上げて，その強みを考えてみよう。
3. ベンチャー企業の事例を取り上げて，その強みを考えてみよう。

【注】
1) 経済産業省http://www.meti.go.jp/committee/summary/0004655/kensho.htmlより
2) 佐竹（2008）より。
3) 河井（2004），8ページ。
4) 河井（2004），8ページ。
5) 河井（2004），8ページ。
6) 河井（2004），8ページ。
7) 河井（2004），8ページ。
8) 河井（2004），8ページ。
9) 河井（2004），8ページ。
10) 河井（2004），8ページ。
11) 中沢（2012），20ページ。

12) 金井・角田（2002），小野瀬（2007）を引用・参考にしながら説明する。
13) 佐竹（2008）より。
14) 金井・角田（2002）より。
15) 金井・角田（2002）を参考にしている。
16) 小野瀬（2007）より。
17) 小野瀬（2007）を参考にしている。

〈参考文献〉

中小企業庁編『中小企業白書』大蔵省印刷局，1999年。
中小企業庁編『中小企業白書』日経印刷，2017年。
Greiner, L. E., "Evolution and Revolution as Organization Grow," *Harvard Business Review*, Vol.50, No4, Harvard Business School Press, Boston, 1972, pp.37-46.
長谷川英伸「中小企業の存立可能性に関する比較研究—企業間取引，地場産業，グローバル化—」兵庫県立大学博士論文，2015年，1-260ページ。
（公財）ひょうご震災記念21世紀研究機構「中小企業における海外事業展開の動向と課題」（佐竹隆幸編著）（公財）ひょうご震災記念21世紀研究機構研究調査本部，2013年。
金井一頼・角田隆太郎『ベンチャー企業経営論』有斐閣，2002年。
河井啓希「中小企業のグローバル化の進展：その要因と成果」経済産業研究所，2004年，1-25ページ。
清成忠男・中村秀一郎・平尾光司『ベンチャー・ビジネス—頭脳を売る小さな大企業』日本経済新聞社，1971年。
松田修一『ベンチャー企業』日本経済新聞社，1998年。
中村秀一郎『中堅企業論』東洋経済新報社，1964年。
中沢孝夫『グローバル化と中小企業』筑摩書房，2012年。
小野瀬拡『ベンチャー企業存立の理論と実際』文眞堂，2007年。
佐竹隆幸『中小企業存立論』ミネルヴァ書房，2008年。
佐竹隆幸編著『現代中小企業の海外事業展開—グローバル戦略と地域経済の活性化—』ミネルヴァ書房，2014年。
Schumpeter, J. A.（塩野谷祐一・東畑精一・中山伊知郎訳）『経済発展の理論（上）（下）』岩波書店，1977年。
Timmons, J. A.（千本幸生・金井信次訳）『ベンチャー創造の理論と戦略—起業機会探索から資金調達までの実践的方法論』ダイヤモンド社，1997年。
植田浩史・桑原武志・本多哲夫・義永忠一・関智宏・田中幹大・林幸治『中小企業・ベンチャー企業論—グローバルと地域のはざまで—』有斐閣，2014年。

第 5 章

経営管理の諸理論

本章のポイント

① 経営管理の理論では，人の次元に関係する理論が大きな比重を占めている。その理論の初期の研究は，人間関係論であった。人間関係論が生まれるきっかけは，ホーソン工場実験であり，当初は人間工学の視点からの研究であったが，結果はその当初の理論仮説とは大きく異なるものであった。それから，新たな人の感情的な側面に注目する経営方法である人間関係論的方法が生まれている。

② 人間関係論の研究と前後して，行動科学的な研究がアメリカでは大きく進展する。その研究には，動機づけに関する研究やリーダーシップに関係する研究，そして企業文化論が存在する。これらの研究は直接，経営方法の研究を意味するわけではないが，経営方法の重要な拠り所になる理論を提案するという役割を果たしている。

③ 動機づけの理論では，欲求階層論と期待理論を取り上げている。欲求階層論では，5つの欲求の階層の存在が明らかにされている。その欲求の充足が仕事への動機づけにつながる点が明らかにされている。さらに，期待が動機づけに果たす機能を中心に理論化された期待理論が明らかにされている。

④ リーダーシップ論では，リーダーシップの代表的理論である状況適合モデルが存在する。リーダーと従業員が置かれた状況が異なる場合には，そのリーダーシップスタイルが変化する点が理論化されている。行動科学的研究とは異なり，実際の経営者の行動を観察することから生まれたリーダーシップ論が，変革型リーダーシップ論である。この理論の基本的主張点が説明されている。

経営もしくは経営管理には，人の次元において企業活動を実現する経営方法が存在する。人への働きかけは経営管理での重要な取り組みになっている。そのため本章では経営管理の中で，人の多様な面に注目する代表的な理論に焦点を当て，その理論が生まれた歴史的背景，基本的な特徴と課題を取り上げる。理論としては，人間関係論とその後の行動科学的研究を取り上げる。

1．ホーソン工場実験と人間関係論の登場

人間工学の研究の中から，新たな研究の視点が形成されてきている。それが**人間関係論**（Human Relations）であった。人間関係論の考えが生まれる契機になったのが，**ホーソン工場実験**（Hawthorn Experiment）であった。そこで行われた研究結果が社会学の研究の視点，心理学の研究の視点から整理され，理論化され，**人間関係論的方法**（Human Relations Approach）と言われる経営方法になっている。

この実験は，1924年から10年以上にわたり行われた実験で，ウエスタン・エレクトリック社のシカゴにあるホーソン工場で行われている。実験はアメリカ政府の国家科学アカデミー・国家研究委員会と協力して行われた実験であった。その課題は「産業における，照明の質と量との効率性との関係」の解明が実験の目的であった。照明度の質と量の変化が作業に及ぼす影響を測定することが当初の目的とされていた。この調査を主導した研究者がメイヨー（Mayo, G.E.）とレスリスバーガー（Roethlisberger, F.J.）であった。当初の課題の調査が2年半行われた。その後は，ハーバード大学とウエスタン・エレクトリック社の協力で，1927年からは，作業条件と従業員の疲労と単調感との関係についての実験が行われている。

ホーソン工場実験は，以下の3つの実験段階から構成されている。

❶ 照明度実験

その最初の段階では，人間工学に基づいて，照明度の変化が作業量の変化に

与える影響の測定が行われた。この実験は照明度実験と呼ばれているもので，この実験では部品検査部門，継電器組み立て部門，コイル巻きとり部門の３部門の３つの職場を対象として行われている。実験を行う際の仮説としては，照明度が明るくなれば，その分だけ生産性が上昇するとの考えが設定されていた。この照明度実験も４段階に分けられていた。

① 実験のために，作業員は２つのグループに分けられた。１つのグループは，テストグループと呼ばれ，照明度を変化させて生産性を測定するグループ。第２のグループは，コントロールグループで，一定の照明度の下で作業を行うことが求められた。

　　テストグループでは，徐々に高めた３種類の照明度の下で作業が行われた。結果は，テストグループもコントロールグループもいずれも生産性が上昇していた。しかもその上昇は２つのグループがほぼ同量であった。

② 次の実験では，コントロールグループは一定の照明度で作業を行い，テストグループの照明度が下げられた。照明度が下げられても，作業の生産性はかえって上昇していた。さらにコントロールグループの生産性も，同様に上昇していた。

③ さらに次の実験では，照明度は一定に維持されている中で，従業員たちには照明度は変化させなかった。その照明度に満足していたが，生産性にさしたる変化は測定されなかった。その次に，照明度は一定に維持されているが，従業員に対しては照明度が低下していくと信じさせられた。従業員は照明が乏しい点に不平を述べていたが，生産性には影響は出ていなかった。

④ そして最後の実験段階では，照明度が大きく下げられ，月光に相当する明るさにされる中で実験が行われた。その際にも生産性は減少することがなかった。

以上の実験結果から，調査員たちは，最初に設定した仮説が妥当しない理由について検討を行った。そしてわかった唯一のことは，実験が失敗であった点である。調査員たちは，作業効率に影響する照明以外の要因をよりよくコントロールした状態で，新たな実験の必要性があると考えるようになった。その一

方で，調査員たちの中には仮説に対する疑問を持ち始める者も出ていた。この実験の中で，作業条件の変化が，いかなる人間的意味（Human Meaning）を持つかということに，注目しなかったことも認識されるようになっていた。

❷ 継電器組み立て作業実験

　この実験の段階から，メーヨーやレスリスバーガー等のハーバード大学の研究者が替わって，実験に参加するようになっている。照明度実験の失敗から，5人の女工から構成されるチームが，他の作業員から隔離された作業室へ移され，作業条件が注意深くコントロールされ，生産高が測定されることとなった。さらに各女工たちの作業態度も，詳細に観察された。適当な期間に分けて，作業条件はさまざまな変化が加えられ，変化の生産高への影響が測定された。室内の温度と湿度，各人の睡眠時間，食事の質と量といったものが記録された。精密な観察が5年間行われ，大量の資料を得ることが行われた。その結果は統計学的な処理がされたが，物理的な環境変化と生産高との間には十分な相関関係は発見できなかった。その一方で，別の収穫を得ることができた。作業員に対するさまざまな作業条件の変更がされる中で，調査員と女工たちとがともに愉快な気持ちを持つことができるようになっていた。この実験では，女工たちの実験に対する協力が，調査員にとっての必須の条件になっていた。そのために調査員は懸命に努力をする中で，女工たちに，実験計画で導入される変化について意見が求められ，同意を得られないものは放棄されていた。また，その意見に対し詳しい質問が調査員から出されていた。その話し合いの場所として使用されたのは，多くの重役室であった。女工たちには監督者も置かれず，仕事中のおしゃべりも許される状態が実現されていた。さらに，女工たちの意見や関心事，心配事が入念に究明されることになった。このように実験のための条件設定の過程で，女工たちの考えに従った結果として，実験室内の社会的情況が大きく変更されていた。この変化が計画とは異なる重要な予想外の変化を生みだしていた。それは，これまでの監督方法の変化と女工たちの協力的態度であった。調査員たちは，監督方法の変更が，職場での生産性向上の原因にな

っていることを認識するようになっていた。

　継電器組み立て作業実験で明らかになったのは，従業員の態度の変化および感情の重要性についてであった。作業条件の客観的な事実の変化と同程度の重要な作用をもたらすことが明らかになったのである。この発見は研究の方向を転換し，知る必要のあるのは，人間の感じ方，その内的思考，反応，先入観，さらに作業環境への好悪感であることを明らかにした。このような従業員の内面を明らかにするには，別の新たな実験が必要となっていた。

❸　面接実験

　この実験では，従来の考え方を大きく転換し，できるだけ工場の現場に入り込み，従業員に関心事を直接語らせることが行われた。従業員が直接語る話に耳を傾けるため，1928年から面接計画が実施された。この実験の過程で，従来の人事管理とは異なる新たな方法を調査者が会得し始めるようになっていた。この面接実験では1928年から1930年まで，全従業員の約半分に当たる2万人以上の従業員に面接を行っている。この面接によってわかったのは，新たな人間観であった。

　有能な経営者・管理者ならば，上記のような従業員の行動を認識し，対応する行動をすでに行っている。その経営者・管理者の考えは，第1に従業員の行動は感情から切り離して理解しえないとの考えである。第2に感情を認識するのは困難である。第3に優れた管理者は，感情の表現が，その人の全体的情況に照らして初めて理解できる。つまり，人の感情を理解するには，より広範な現象を探求しなければならない。それは図表5－1に示される第3段階のように，職場状況，そして個人的な来歴を合わせて理解することで，初めてその感情を理解できる。つまり，感情は真空の中では生まれず，社会的脈絡の中からのみ生まれるとの考えである。特に職場情況が，大きく人の感情に影響することが明らかにされている。従業員は決して個々に存在するわけではない。1つの集団，ないしはいくつかの集団に所属している。その集団の中で，個々人が相互にさまざまな気分や感情を抱くことが，協同の活動を結束させている。し

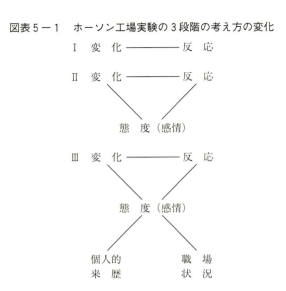

図表5－1　ホーソン工場実験の3段階の考え方の変化

出所：レスリスバーガー（1954），24ページより引用。

たがって，その感情という視点から，あらゆる事象を理解することが求められることになる。

❹　人の管理への新たな理論の必要性

　ホーソン工場での実験から，レスリスバーガー等は，従業員たちの行動を理解するには，論理的，経済的な視点から職場情況を捉えるだけでは十分ではないことを明らかにしていた。そして，職場における従業員の間には，一定の集団の存在が主張されている。その集団は仕事上の公式的な関係によるものではなく，集団に所属する独自の基準を持った存在である。その結果，2つの組織が職場には存在することになる。それは仕事を中心とする**公式組織**（Formal Organization）と，従業員たちの独自の基準に基づいて形成される**非公式組織**（Informal Organization）である。非公式組織が従業員間の社会的な感情に基づいて形成されることが明らかになった。非公式組織の規範と掟が，公式組織の技術的，経済的目的と矛盾することに関心が持たれるようになった。そして仕事

での人の協力は，論理の問題であるよりも，感情の問題であると理解されるようになった。その際に，レスリスバーガー等は感情（Sentiments）を「単に気分とか情緒といったものに対してだけではなしに，どちらかといえば激しい表現をとらない広義の気持――〈忠誠〉，〈誠実〉，〈連帯〉という語にまつわる気持ちに対しても使用してゆきたい」と述べていた。

　レスリスバーガー等は，以上の考えを 6 点に整理している。
① 　組織を公式組織と非公式組織に分けて理解することが重要である。
② 　公式組織は，費用と能率の論理によって機能している。
③ 　非公式組織は，社会的感情の論理によって機能している。
④ 　2 つの組織はそれぞれ相互に影響しあい，一定の均衡を維持することを考える必要がある。
⑤ 　したがって，日常生まれる経営上の問題は，2 つの組織間に生まれる不均衡が原因で生まれている。特に非公式組織の影響が大きい。
⑥ 　不均衡を解決するためには，円滑なコミュニケーションが必要であり，正しい状況の理解が必要である。そのためには，特定の個人の状況を理解する技能（skill）が不可欠である。

　レスリスバーガー等は，職場における情況の理解を経営者，管理者が積極的に行う必要があり，そのためには一定の技能が必要で，それを**社会的技能**（Social Skill）と呼ぶ。その技能を駆使し，人の社会的感情を理解し，公式組織との関係を考慮し管理することを，人間関係論的方法と呼んでいる。

❺　人間関係論の意義と課題

　人間関係論は，人の心理的，社会的側面の存在が作業に与える影響に注目し，新たな視点を経営学に提供した。そして，社会的感情が職場での非公式組織の論理になっている点を明らかにしていた。その感情を理解するには，職場情況を理解する社会的技能が求められた。さらに個々の従業員に自由に話してもらうことから明らかになったのは，面接それ自体が治療的効果を持っており，面接の過程で自身の発言の多くが実施されることで，会社内で注目されていると

思い始め，仕事への意欲を引き起こしていたことが明らかになった。しかし，人間関係論の課題は，社会的感情の内容が広く，その整理が必要である点が指摘できる。感情以外の価値観や思考力の側面の機能がより明確に意識される必要がある。また，さらに心理学の視点からは，人が欲求を持つ点や未来への期待ということも，併せて検討する必要がある。

2．行動科学的研究の発展

　人間関係論の研究は，その後の**行動科学**（Behavioral Science）研究の出発点になった研究でもあった。行動科学とは，初期には，人の行動を心理学的な視点から明らかにする科学を意味する。行動科学の研究成果が，実際の経営の場で利用され，さまざまな経営管理方法が実際の企業内で実践されるようになっている。人間関係論的方法は，その最初の試みであった。経営の現場で利用される行動科学的研究には，リーダーシップの研究や，働く意欲を高める動機づけ要因の研究が存在する。これらの行動科学は，経営者が，具体的な経営・管理方法を考える際の重要な科学的知識を提供していたと捉えることができる。それ自体は具体的な管理法ではなく，科学的知識の提供を行うという役割を果たしている。

　まず，リーダーシップ論の1940年代までの中心テーマは，偉大なリーダーといわれる人物の知識，能力，性格，個人的な魅力や風貌，生い立ちや経歴などの属人的資質を分析する研究が中心であった。その後，産業心理学的研究からリーダーシップの実験室的状況での調査から，リーダーシップスタイルを特定化する研究が行われるようになっていた。代表的研究にはオハイオ大学の研究がある。これらの研究での統計的分析から明らかになったのが，2つの因子であった。それは「配慮」（Consideration）と「構造づくり」（Initiation of Structure）である。配慮はリーダーが部下との開かれたコミュニケーションを行い，部下による意思決定への参加を促し，相互に思いやるスタイルである。構造づくりは，集団活動を系統立てて行い，部下との関係を明確に分け，部下を目的達成

に向かわせる行動である。この2つの因子が明らかにされ，組み合わされて，4つのリーダーシップスタイルに分類されるようになっている。その後の心理学的研究では，この2つの因子を基にしたリーダーシップ研究が中心になっている。

他方，動機づけ（Motivation）理論は，人の働く意欲を研究する行動科学的研究であるが，その中心となる研究には欲求（Needs）理論と期待理論（Expectancy Theory）が存在する。

また，企業文化（Corporate Culture）に関する研究は1980年代以降，米国企業が日本企業からの輸出攻勢を受けた時期に始められた。日本企業の強固な文化の存在に対する認識が高まり，その機能に対する研究が進展するようになった。企業文化とは，企業の従業員間で共有される価値観であり，それが共通する行動のパターンに具体化される。その文化は従業員に学習され継承される。このような企業文化の形成によって，従業員の人としての側面に働きかけが行われる。経営者・管理者からの具体的な命令・指示がなくても，企業文化に基づく行動によって，自律的に企業活動が実現されることになる。

以下では，今日の中心的な2つのリーダーシップ理論と2つの動機づけ理論を取り上げその内容を検討する。

3．リーダーシップの研究

❶ リーダーシップの状況適合モデル（Contingency Model）

人へのさまざまな働きかけを行い，企業の目標達成に向かわせる経営者，管理者の行為もしくはプロセスが，リーダーシップと呼ばれている。リーダーシップという言葉は広範に使われる言葉である。経営学でもこのリーダーシップのあり方が検討されてきた。その基本的な研究の流れは，社会心理学的な研究の流れで，実験室的な状況での観察と質問調査による研究が行われてきた。それとは異なり，実際の経営者の行動を分析し，経営者が実際行っていることを明らかにするという帰納的方法で，リーダーシップの研究を進めるものも存在

する。

　まず，最初に挙げるのが，社会心理学的な視点から行われてきた研究で，今日でも重要な意義を持つリーダーシップの状況適合モデル（Contingency Model）を説明する。このモデルは，1967年にフィドラー（Fiedler, F.）等の研究から生まれている。従来のリーダーシップ研究では，リーダーの置かれている状況は実験室的状況が設定され，そこでの一定の条件下でのリーダーシップスタイルの研究が行われてきた。しかし，リーダーの置かれている状況は，現実にはそれぞれ大きく異なる。トップ，ミドル，あるいは生産部門と研究開発部門でも，置かれた状況が大きく異なる。その違いも考慮するリーダーシップ研究が，リーダーシップの状況適合モデルである。フィドラーは，リーダーシップのスタイルを2つに分類し，状況によって，どちらのスタイルが適切かを調査している。2つのリーダーシップスタイルとは，第1に課題志向型リーダーシップである。仕事のやり方や目標を部下に示し，細かな指示を出して働かせるスタイルである。第2のスタイルが関係志向型リーダーシップである。職場の人間関係を重視し，良好な雰囲気を重視するスタイルである。

　リーダーが置かれる状況要因としては，3つを挙げている。①リーダーと部下との関係が良好かどうか。②仕事の構造化の程度，言い換えると仕事とその目標の明確さ，手順の明確さの程度である。③公式上のリーダーが持つ権限（Power）の大きさ。以上の3つの状況要因の違いによってリーダーシップのスタイルが図表5－2に示されるように，変化することが分析から明らかになった。

　これらの要因の中でも，第1の要因であるリーダーと部下との関係が最も重要とされ，第3のリーダーの権限の大きさは，重要性が低いとされている。3つの要因が「良い」と「悪い」の2つの場合に分けられ，それぞれの3つの要因の組み合わせで8つの状況に分類されている。さらに「状況の有利さ」を有利，やや有利，そして不利の3つの場合に分け，リーダーシップスタイルが変わるとしている。有利な状況で，管理がしやすく，業績が高くなるのは課題志向型のスタイルである。やや有利な状況では，業績が高くなるのは，関係志向

図表5－2　フィドラーのリーダーシップ・スタイルモデル

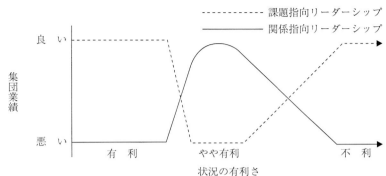

出所：チェマーズ（1999），45ページの図を引用し，一部加筆。

型スタイルである。最後の，不利の場合に業績が高くなるのは，課題志向型スタイルであるとされている。この結果から，以下の3点が確認されている。①普遍的なリーダーシップスタイルはない。②良いリーダーか悪いリーダーかは，状況によって異なる。③リーダーは状況を判断し，そのスタイルを変更する必要がある。

状況適合モデルは，その状況要因として多様な要因がさらに加えられ検討が行われている。しかし，実際の企業経営の状況は，さらに多様な状況要因が存在する。そのすべてを取り入れることは不可能である。

他方では，変化の中で，トップマネジメントのリーダーシップの重要性が指摘されるようになっている。

❷　変革型リーダーシップの研究

社会心理学の視点からのリーダーシップ研究とは異なる，新たなリーダーシップの理論が1990年以降生まれている。それが変革型リーダーシップ

(Transformational Leadership) 論である。その代表的研究がコッター (Kotter, J.P.) の変革型リーダーシップ論である。1980年代から90年代にかけて，米国企業は激しい国際競争の中で，企業変革が強く求められるようになっていた。その企業変革を行うリーダーシップのあり方が注目を集め，具体的，実践的な視点からその分析が行われた。このリーダーシップは，変革に直面した経営者の実践の中で形成されたものであり，行動科学による研究成果ではない。経営者の実証的な分析から，新たな経営者のリーダーシップ論が展開されている。その特徴となる主張は以下に要約できる。

(1) リーダーシップとマネジメントは異なる

　コッターの考えでは，この2つは異なる行動をとり，相互に補完的関係にあるとされている。リーダーシップは神秘的なものではなく，ごく普通の人でも十分に行使できるものである。これに対してマネジメントは，人材と技術を管理する複雑なシステムを，一貫性と秩序を持って機能させるプロセスとされている。したがってマネジメントでは，計画，予算策定，組織設計，人材配置，コントロール（統制），問題解決の活動が主要な構成要因になっている。コッターは他方で，リーダーシップは組織を誕生させることや，激しく変化する環境に企業を適応させるさまざまなプロセスであると認識している。具体的には，未来の企業のあるべき姿を明らかにし，それに人を向かわせ，障害を乗り越えて変革の実現へと鼓舞するプロセスであるとされている。こうして，リーダーシップという言葉を限定的意味で用いている。

(2) ビジョン，方向の設定

　企業の変革をすることは，変革の方向を定めることから始められる。方向を定めることは，計画の策定とは異なる。計画の策定は管理プロセスの一部であり演繹的で，変革よりも秩序ある成果の達成を目的に行われる。それとは逆に，方向を設定することは，帰納的な行為であり，失敗の可能性を伴う。リーダーはデータを広く収集し，さまざまな要因間のパターン，関係，結びつきを探し

出してゆく。そのデータに基づき，さらに自身の価値観に基づいて，ビジョンと戦略が生み出される。生み出されたビジョンと戦略のすべてが革新的である必要はない。コッターは，ビジョンにとって最も大切なのは独自性ではなく，重要な利害関係者の利益をどれだけ生み出せるかということと，それを現実的な競争力強化の戦略に転換できるかどうかという点だとしている。悪いビジョンは，含めるべき利害関係者のニーズや権利を無視したり，あるいはビジョンに戦略実行可能性のない場合である。逆に，ビジョンにも十分な方向付けが不足する場合がある。その場合，変化の激しい環境への対応能力の不足を補うために長期計画がしばしば用いられる。しかし，この方法では，将来の方向付けを歪めてしまう。変化の激しい環境では，予測できないことが恒常的に生じており，長期計画では十分に対応できなくなっているのである。

　ビジョンを持たず，方向がわからない企業では，さらに短期計画に多くの時間と労力が投入され，多くの無駄を生み出す。また従業員の意欲を低下させ，新たな状況の変化を学習することを阻害することになる。計画策定は方向付けに代替するものではなく，補完するものである。優れた方向付けのプロセスが，計画策定が現実的に行われるための焦点を提供しているのである。

（3）人心の統合
　コッターは，次に人材の力を結集することが必要としている。そのためには対話をする必要がある。その対話の相手は，上司，部下，同僚，他部門スタッフ，仕入れ業者，政府当局，そして顧客にまで及ぶ。ビジョンを実行するうえで，重要と判断できる人物との対話を通じ，そのビジョンを理解してもらう必要がある。しかし，従来と異なる新たなビジョンを理解してもらうことは容易ではない。こうしたビジョンへの理解を進めていくことで，人心を統合することが可能になる。

（4）動機づけ
　次に動機づけを行い，組織メンバーがビジョンの実現へ，情熱を持って取り

組めるような動機づけが必要になる。ビジョンの実現は，マネジメントの時のようなコントロールではできない。そうでなく，ビジョンに対する組織メンバーの強力なエネルギーが必要になる。コッターはその際に，人の根源的欲求である達成感，帰属感，承認欲求，自尊心，自身の人生を切り開いているという実感，理想に従って生きているという思いを満足させることが必要だと認識している。その際，リーダーが，皆と一緒にビジョン実現の方法を考え，決めることも重要な動機づけ方法であるとされている。そして最後に組織メンバーを褒めたたえることで，達成感を感じることができる。このような方法で動機づけを行う必要があるとされる。

（5）リーダーの登場を促す企業文化の醸成

最後に，リーダーシップのスキルを体得するには，20代，30代での実際上の大きな仕事上の試練が求められる。リスクをとり，成功と失敗から学ぶ経験を持つことで，絶えず新たなリーダーの出現を可能にする必要がある。そのためにはリーダーを育成するため，難しい仕事を若手に任せるという文化を形成することが必要になる。さらには，組織を小さな単位に分け，挑戦できる仕事を作り出すことも求められる。こうしたリーダーシップを重視する企業文化の形成が求められることになる。

以上のプロセスを経ることで，変革を行うリーダーシップが実現されると認識されている。しかし，多様な企業の置かれる状況が存在し，経営者の行為も多様性がある。そのため今後も実際の変革を行う経営者の行為から，帰納的に理論を形成することで，より詳細な変革型リーダーシップ研究の必要性がある。

4．内発的動機づけの理論

内発的動機づけ（Intrinsic Motivation）理論とは，人の働くことへの動機づけは金銭や物的報酬や社会的報酬の獲得ではなく，人にとり，働くこと自体が動機づけ要因であることを提唱する。働くことそれ自体が動機づけであり，その理

図表5－3　マズローの5段階の欲求階層

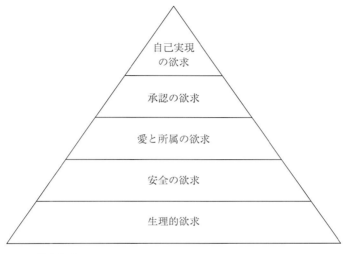

出所：筆者作成。

論は複数存在する。その中でも特に，経営学で取り上げられてきた理論が欲求階層論と期待理論である。

❶　マズロー（Maslow, A.H.）の欲求階層論

　マズローは独自の臨床経験と内発的動機づけ論の考えを統合し，独自の理論を展開している。その欲求の階層関係は図表5－3に示される。この欲求階層論（Hierarchy of Needs）の出発点は基本的欲求で，その具体的内容を分析している。第1の欲求は生理的欲求で，この欲求が比較的独立性の高い欲求とされている。人の生命維持に不可欠な最低限の生活維持に必要な賃金への欲求が考えられる。例えば，極度に飢えている人にとっては食物以外には関心をなくしてしまう。逆にこの欲求が満たされると，ただちに高次の欲求が出現し，生理的欲求に取って替わって優勢になるとされている。その高次の欲求が安全の欲求とされている。

　安全の欲求は，安全，安定，依存，保護，そして恐怖・不安・混乱からの自

由，秩序・法を求める欲求が含まれる。これによって，一時的ではなく持続的な安定した生活を求める欲求である。マズローはこの欲求と生理的欲求が基礎的な欲求であると考え，これよりも高い欲求を高次の欲求として捉えていた。

安全の欲求と生理的欲求が十分充足されると，次に愛と所属の欲求が出現する。人は所属する集団や家族での愛情を望むとされる。人はそのために努力する存在である。注意しなければいけないのは，愛と性との違いである。性は純粋に生理的欲求に属するものである。愛の欲求は与える愛と受ける愛の両方が含まれている。愛し，愛される存在でありたいという欲求である。

愛と所属の欲求が充足されると，次に出現するのが，承認の欲求である。この欲求は2つの内容に分けられる。第1の内容は，達成，適切さ，熟達と能力，自信，そして独立と自由への願望である。第2の内容は評判や信望，地位，名声と栄光，優越，注目，重視，評価への願望である。これらの欲求は，自身の能力や努力を社会に認めてもらいたいという欲求である。企業内ではこの欲求が重要視される。能力や努力を認め，それに対する報酬を提供することが，人事管理の重要な課題になるからである。企業内で能力や努力が認められることだけで，報酬がなくても，承認欲求は充足されることになる。

承認欲求が充足されると，次に出現するのが自己実現の欲求である。自己実現の欲求は，自分のなりたい，したいことを願望し，それを達成する欲求である。言い換えると自身の興味ある夢を実現することで，最高の充足感を得たいとの欲求である。この欲求が人の最高次の欲求であるとされている。

マズローはこの自己実現欲求とその他の欲求との関係について，独自の考えを示している。自己実現欲求が優勢になるのは，他の4つの欲求が充足された場合であり，そうでなければ自己実現欲求が出現することはないとの考えである。さらに自己実現欲求が優勢になるのは，他の欲求が順番に充足されていくことで生まれると理解されている。つまり5つの欲求の間には階層のような関係が存在すると捉えていた。階層を上がるのに伴い，満足の度合いは減少することになる。マズローによると，平均的な人では生理的欲求充足では85％，安全の欲求では70％，愛と所属の欲求充足では50％，承認欲求の充足では40％，

そして，自己実現の欲求充足では10％しか充足されていないのが一般的だとしている。5つの欲求が排他的に，動機づけの欲求として決定的な要因になっている訳ではない。個人の行動を分析すると，その中に5つの欲求の存在を発見できるとされている。また，人の心理的な側面だけでなく，外部の環境や誘因の存在によっても影響されると認識されている。さらに，いったん充足された欲求に関して，もはや動機づけ要因にはならず消失したものとみなすべきとしている。そして，自己実現の欲求充足が，最終的な動機づけ要因として重要になるとされている。自己実現欲求は，自己の才能，潜在能力を十分に用いた自身の夢の実現を意味する。

　このマズローの欲求階層論は，欲求充足が動機づけの重要な要因であることを明らかにした点では重要な理論である。しかし，5つの欲求への分類分けが妥当かどうか，またその実証が困難であるという問題点が存在する。さらに外部環境の影響を受けて，欲求それぞれの関係は変化する可能性も存在する。さらに個人によって，また国の違いによって何が重要かということは異なる。マズローも，欲求の階層関係について，実際には5つの欲求が同時に存在しているとも理解していた。さらに，自己実現欲求は個性と関係しており，動機づけの問題ではないとも認識できる。個人の問題であり，企業経営上では捉えられない問題でもある。

❷　期待理論

　期待理論（Expectancy Theory）は，人の持つ期待に注目する。この期待理論では，動機づけの要因は報酬そのものではなく，その人が報酬に惹かれる強さと，フィードバックから得られる達成の可能性への期待から生まれると認識される。

　それを表現するために，期待理論では「誘意性」（Valence）と「期待」（Expectancy）の2つの要因が中心概念になっている。誘意性は，個人がある時点において特定の結果に対し魅力を感じる度合いを意味する。魅力を強く感じると，人はその結果を強く求めようとする性格を持つ。人は結果を得ないより，

図表5-4　ローラーの期待理論モデル

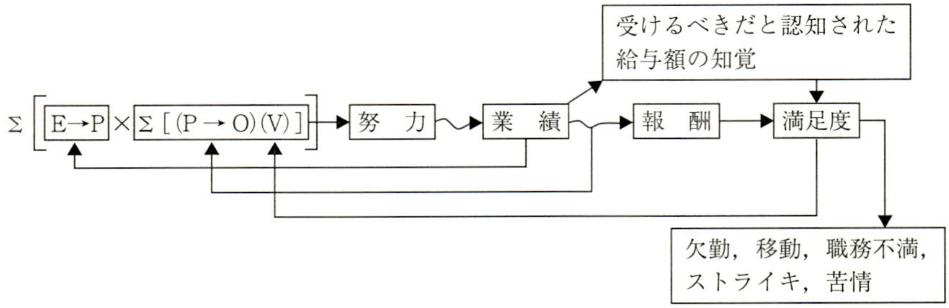

```
Σ[E→P]×Σ[(P→O)(V)] → 努力 → 業績 → 報酬 → 満足度
```

　受けるべきだと認知された給与額の知覚

　欠勤，移動，職務不満，ストライキ，苦情

出所：ローラーⅢ（1972），376ページより引用。

得ることを好む時，その結果は有意性を持つと捉えられる。結果を得ることに無関心である場合には，その結果の誘意性は0になる。さらに結果を得ることより，得ないことを好む場合に誘意性は負になる。このように，誘意性は正から負までの値を持つことになる。次に，期待という概念は，結果が生まれると信じる度合いを意味する。期待はまた，主観的確率とも呼ばれる。この2つの概念を中心にした期待理論にはローラー（Lawler, E.E.）の期待モデルがある。

　このモデルは図表5-4に示すことができる。まず，期待による動機づけは，Σ[(E→P)×Σ[(P→O)×(V)]]の式で表現される。ここで，Eは努力（Endeavor）である。Pは業績（Performance）である。つまり（E→P）は，一定レベルの努力を投入するならば，一定レベルの業績が可能であるとする主観的確率が示されている。努力が意図したとおりの業績をもたらすことが確実である場合には，確率は1になる。まったく不確実の場合には0になる。Oは報酬（Outcome）である。（P→O）は，企業の業績向上の結果として報酬が得られるという主観的確率を意味する。これも1から0までの数字で示される。次に，Vは誘意性（Valence）で，報酬の個人にとっての魅力を意味する。魅力が高い場合の1から，魅力が低い場合のマイナス1までの値をとることになる。

　整理すると，（E→P）と（P→O）は組織構成員の各個人の期待であって，ローラーは2つの期待に分けている。それぞれに主観的確率が存在する。ただし個人が組織から得られる報酬は1つだけではなく，複数であるため，合算す

るΣがつけられている。さらに式の全体にもΣがつけられているのは，努力の投入にも1つだけの努力ではなく，さまざまな努力があることを示している。こうして各要因が高くなることで，動機づけが高まることになる。

　このローラーモデルの特徴は，期待と誘意性が，学習によって形成されることも示されている点である。期待については，2つのフィードバックがされている。（E→P）と（P→O）の期待への2つのフィードバックが存在する。そして誘意性Vに対しても満足感からのフィードバックが行われる。図のモデルでは，期待と誘意性によって努力Eが規定されることが矢印で示されている。このEの次に，矢印が示され，PがEに規定されることを示している。PがOを規定する。そしてその報酬を得る個人の満足度を規定することになる。その満足度が高くなるとVが高くなる。逆に満足度が低くなると，欠勤や仕事への不満を引き起こす。以上がローラーモデルの概要である。

　このモデル以降，多様なモデルが生まれ，実証的な検証も多くされ，期待感が人の動機づけに果たす役割を説明する有力な動機づけ理論になっている。しかし，このモデルでは合理的行動を人が選択するとの前提がされているが，それが適切かどうかに，疑問が提起されている。人は，常に合理的判断をするわけではない。またこの理論では，ある一定時点での期待が果たす役割を示しているが，その期待をなぜ個人が持つのかという説明はされていない。さらに，どのような動機づけプロセスが適切かは示されていない。以上の問題が存在する。

課題

1. 動機づけの理論について，自身の場合に当てはめて説明できるのかどうか考えてみよう。
2. リーダーシップの理論には，他にも多くの理論が存在するが，そのいくつかの理論について調べてみよう。
3. 企業文化論について，その理論内容と具体的な企業文化を調べてみよう。

〈参考文献〉

Chemers, M.M., *An Integrative Theory of Leadership*, Lawrence Erlbaum Associates Inc. 1997.（白樫三四郎編『リーダーシップの統合理論』北大路書房, 1999年）

Deci, E.L., *Intrinsic Motivation*, Plenum Press, 1975.（安藤延男・石田梅男訳『内発動機づけ』誠信書房, 1980年）

Hersey, P., Blanchard. and D.E. Johnson, *Management of Organizational Behavior: Utilizing Human Resources*, 7th ed., Prentice Hall, 1996.（山本成二・山本あずさ訳『新版 行動科学の展開—人的資源の活用—』生産性出版, 2000年）

Kotter, J.P., *On The What Leaders really do*, Harvard Business School Press, 1999.（黒田由貴子監訳『リーダーシップ論』ダイヤモンド社, 1999年）

Lawler, E.E.Ⅲ, *Pay and Organizational Effectiveness: A psychological Views*, McGraw-hill, 1971.（安藤瑞夫訳『給与と組織効率』ダイヤモンド社, 1972年）

Lawler, E.E.Ⅲ, *Work and Organization Development*, Addison-Wesley, 1981.（田中正光訳『検証成果主義』白桃書房, 2004年）

Maslow, A.H., *Motivation and personality*, 2nd ed., Harper & Row, 1970.（小口忠彦訳『人間性の心理学』産業能率大学出版部, 1987年）

Maslow, A.H., *Maslow on Management*, John Wiley and Sons, 1998.（金井監訳, 大川修二訳『完全なる経営』日本経済新聞社, 2001年）

Mayo, E., *The problems of an Industrial Civilization*, The Macmillan Company, 1933.（村本栄一訳『産業文明における人間問題』日本能率協会, 1951年）

Roethlisberger, F.J., *Management and Morale*, Harvard University press. 1941.（野田一夫・川村欣也訳『経営と勤労意欲』ダイヤモンド社, 1954年）

Roethlisberger, F.J. and W. Dickson, *Management and Worker*, Harvard University Press, 1939.

第6章

経営戦略[1]

本章のポイント

1. 経営戦略とは企業が市場競争を生き抜くために競争力を獲得・維持・強化し，成長するための論理であり，全社戦略，事業戦略，職能別戦略からなる。経営戦略は，経営理念や長期的な経営目標を前提として経営者や経営陣が策定する経営計画や経営方針だけでなく，その実行段階において生じる不測の事態への対応も含む。すなわち，経営戦略は事前合理性（規範的特質）と事後合理性（記述的特質）を有する企業の意思決定＝経営行動である。

2. 全社戦略には，新たな職能分野への進出を意味する垂直統合戦略と新製品分野への進出を意味する多角化戦略がある。これらの戦略はいずれも長期目標の決定とその目標を実現するための行動および資源配分である。その変更は，経営環境の変化によって誘導され，また組織改編を引き起こす。

3. 企業の外部環境である業界構造への適応と，企業内部の未利用の資源の有効活用とそれによる経営資源の発展は，企業成長の要因である。業界構造分析，VRIOフレームワーク，コア・コンピタンス，見えざる資産，ダイナミック・ケイパビリティなど，企業がコスト優位や差別化優位を獲得・維持・強化し，成長・発展するための戦略的コンセプトが経営戦略研究によって提示されてきた。

4. 現代企業は，環境問題や貧困問題などの社会的課題の解決に貢献することが期待されている。企業は社会的責任（CSR）の観点からだけでなく，競争力と企業存続の観点からも社会的課題に戦略的に取り組むようになっている。企業によるこのような取り組みは，環境戦略や社会戦略として注目されており，今後は持続可能な世界の構築を目的とする戦略の遂行が期待されるようになる。

1. 経営戦略とは何か

経営戦略（strategy）とは，企業が競争力を獲得・維持・強化しながら，永続的に成長していくための論理である。ここでいう企業の成長とは，売上や経常利益などの利潤の拡大のことである。企業は，短期的に利潤を獲得するだけでなく中・長期的にも利潤を獲得し続けることによって利潤を極大化することができ，永続事業体（going concern）になることができる。利潤を極大化し永続事業体になるために，企業は市場における選択・淘汰の過程（competition）を生き抜かなければならない。選択・淘汰の過程，すなわち市場競争において企業は，より優れた商品（＝製品・サービス）や経営管理の方法を自ら開発することによって，あるいは他社から模倣・学習すること（emulation）によって，競争力を獲得・維持・強化しようとする（井上，2012）。競争力を獲得・維持・強化することができてはじめて，企業は持続的に成長していくことが可能になる。経営戦略とは，企業が，事業を永続的に営んでいくために，市場競争を通じて競争力を鍛えながら利潤の極大化を追求するための論理である。

経営戦略は**全社戦略**（corporate strategy），**事業戦略**（business strategy），**職能別戦略**（functional strategy）によって構成される。全社戦略とは事業活動の領域・範囲（domain）の決定や経営目標（management goal）の設定に関わる経営行動であり，多角化のための投資，垂直統合，企業買収，新規事業，事業間での資源の割り当て，撤退などの意思決定を含む。事業戦略とは特定の産業や市場における企業の競争方法に関わる意思決定であり，差別化や低コスト化などを含む独占的地位の確立方法である。職能別戦略とは生産，マーケティング，財務，開発など各職能の内部の活動および職能間の調整と統合に関わる意思決定であり，研究開発戦略，生産戦略，マーケティング戦略，ロジスティクス戦略，人事戦略，財務戦略，法務戦略などを含む。

全社戦略，事業戦略，職能別戦略はそれぞれ独自の原理を持っているが，これら3つの戦略は経営理念（corporate philosophy）や長期的な経営目標を達成す

ることを目的としており，相互関連性と論理一貫性をもって形成される（石井・奥村・加護野・野中，1996）。

　経営戦略は，経営者あるいは経営陣（management team）による経営計画・方針の策定だけでなく，その実行段階において生起する不測の事態に対する現場の対応（創発的行動）を含む（Mintzberg, Ahlstrand, and Lampel, 1998）。経営計画・方針は経営理念を前提として策定される。経営理念とは企業の目的，社会的な使命（mission），および基本姿勢を明文化したものであり，企業の根本的な存在理由を企業内外に示すものである。経営理念は企業の根本的な存在理由であるから，たとえば経営者の交代や市場環境など状況の変化に応じて修正されるものではなく，持続的・超長期的に追求し続けるビジネス・コンセプトである。経営理念は経営哲学やビジョンと呼ばれることもある。経営理念を前提として経営計画・方針が経営者あるいは経営陣によって策定されることから，経営戦略は規範的ないし事前合理的な性質を有する。また，経営戦略は，創発的行動を含むことから，記述的ないし事後合理的な性質も有する。規範的性質と記述的性質のどちらに焦点を当てるかによって，経営戦略の理論は異なってくる。しかし，実際には，事前合理的な経営計画・方針の策定と事後合理的な創発的行動の両方を通じて，企業は競争力を獲得・維持・強化することから，経営戦略は規範的かつ記述的な経営行動である。

2．企業成長の方向性

　一般的に，経営戦略研究は，チャンドラー（Chandler. Jr., A. D.）による歴史研究から始まるとされる。チャンドラー（1962）は，経営環境，経営戦略，組織形態は相互に関連し合うという仮説に基づいて研究を行った。その結果，19世紀半ばから20世紀初頭に，アメリカ企業の間に分権的事業部制組織が普及し，近代株式会社が成立したことを明らかにした。同時期に分権的事業部制組織への改編がなされたのは，それまでの集権的職能別組織によって企業活動の地理的拡大や製品多角化を実践した結果として，経営上層部の下すべき判断が膨大

かつ複雑になったことに起因するという。チャンドラーは，経営戦略を長期目標の決定とその目標を実現するための行動および資源配分と定義している。このような定義に基づいて，チャンドラーは新たな職能分野への進出を意味する垂直統合戦略と，新製品分野への進出を意味する多角化戦略を考察している。チャンドラーによれば，戦略変更は経営環境の変化によって誘導され，またそのことが組織改編を引き起こすという。

　このようなチャンドラーの研究成果を踏まえて，アンゾフ（Ansoff, H. I.）は，マネジャーによる意思決定こそが企業の成長・発展にとって決定的な要素であるとし，意思決定の特性に関する研究を行った。アンゾフ（1965）によれば，マネジャーによる意思決定には，全社的で基本的な経営政策を決定する戦略的意思決定，戦略的意思決定を受けて各事業部門の目標と業務遂行の方法を決定する管理的意思決定，管理的意思決定を前提として実際の業務を遂行するために問題の解決を図る業務的意思決定があり，その中でも，企業目標を達成するために資源の割り当てパターンを創出することを目的とする戦略的意思決定が重要であるという。ここでの戦略とは，企業の外部環境を制約要件とする企業目標と現状との間のギャップを縮める活動の方向性であるという。彼は，その活動の方向性として拡大化戦略（＝既存製品を既存市場に普及させる市場浸透［market penetration］，既存製品の新たな市場を創出する市場開発［market development］，既存市場に新製品を投入する製品開発［product development］），および新製品による新市場の開拓を目指す多角化戦略（diversification）を指摘している（図表6－1を参照）。いずれの戦略を展開するにせよ，個々の製品と市場の特性が持つ「競争上の利点」と資源結合の付加価値創出効果である「シナジー（synergy）」の追求が重要であるという。

　上記のような1960年代の経営戦略研究は，当時のアメリカ企業の成長の方法として多角化戦略が注目されていたことが背景になっている。1950年代後半から1960年代にかけてアメリカ企業は，市場シェアの拡大を目的とする合併を禁止するセラー・キーフォーバー法（1950年成立）による規制を受けながら，独占や寡占ではなくコングロマリット化を志向する合併を成長手段としていた。

第6章 経営戦略　89

図表6－1　アンゾフの企業成長マトリックス

		製　品	
		既　存	新　規
市場（顧客）	既　存	市場浸透戦略	製品開発戦略
	新　規	市場開発戦略	多角化戦略

出所：Ansoff（1965）の邦訳書，第6－1表，137ページを一部修正。

　このような合併は短期の収益性を重要視する財務政策によって推進された。短期的収益の獲得は収益の再投資を繰り返す内部成長によるよりも，合併や事業売却による多角化の方がより容易に達成できたことがその要因である。

　1970年代になると，多角化戦略の経営成果が注目されるようになった。例えば，ルメルト（Rumelt, R.）は，多角化戦略によって収益性と成長性を向上するためには，それに適した組織構造を構築することが重要であることを実証した（Rumelt, 1974）。実際には，多くの企業がシナジー追求の実行段階において発生する組織上の問題を克服できなかった。そのため，次第に事業単位への分権化が注目されるようになり，そのためのツールとしてポートフォリオ・マネジメント技法が開発されるようになった。

　ボストン・コンサルティング・グループが開発した製品ポートフォリオ・マネジメント（PPM；Product Portfolio Management）はその代表的なツールの１つである。PPMは経験曲線効果と事業ライフサイクルを前提として諸事業を市場成長率と相対的市場占有率の二軸からなるマトリックス上で位置づけを行い，これを基にキャッシュ・フローのバランスを計って企業の長期的成長を試みることを目的としていた（金井，1997，9ページ）。しかし，PPMには①経験曲線効果が妥当な状況（量産型産業）でしか適用できないこと，②費用低減という側面のみでしか有効でないこと，③キャッシュ・フローを企業成長の唯一の手段としていること，④市場成長率と市場占有率の定義の恣意性・あいまい性，⑤事業間のシナジーを考慮していないこと，など多くの限界がある（山田，1997，78ページ）。このように視野が限定的なPPMを活用することによって短期的な財務成果を志向し，事業売却を繰り返すことで，アメリカ企業の国際競争

力は1970年代以降，低迷していった（中橋，2001，3-5ページ）。

3．企業成長の外部要因と内部要因

❶　企業成長の外部要因

　1970年代以降のアメリカ企業の国際競争力の低迷を背景として，ポーター（Porter, M. E.）は，コンサルティング会社によって開発されたポートフォリオ技法は「業界全体の視野に立つ」ものではなく，「業界の競争の複雑さや多彩さを捉えること」ができないという問題意識を持ち，戦略策定のための業界構造分析の枠組みを提示している。

　ポーター（1980）およびポーター（1985）によれば，企業の存続には業界内で平均以上の投資収益を確保する地位＝**競争優位**の構築が必要である。このことを目的に，企業は5つの競争要因（競争業者間の敵対関係，売り手の交渉力，買い手の交渉力，新規参入の脅威，代替品の脅威）を検討することを通じて長期的な投資収益率を規定する**業界構造**の**分析**を行い，その分析結果を基に戦略を策定し，組織を編成しなければならないという。

　競争優位を構築する戦略には，相対的コスト優位を追求する**コスト・リーダーシップ戦略**，差別化による優位を追求する**差別化戦略**，および両戦略において特定の市場や製品グループに資源を集中する**集中戦略**がある。これらの戦略の策定において重要なことは，業界における自社にとっての脅威を掻き消すこと，売り手と買い手に対する自社の交渉力を高めること，および同業者間における自社の地位である。競争優位の源泉は参入障壁と自社の交渉力，および業界内における自社の位置づけ（positioning）にあるという。

　企業は，事業活動から得られる総収入額（＝価値 [value]）を高めるように製造，物流，販売・マーケティング，人事・労務，研究開発，全般管理などの諸活動を組み合わせなければならない。ポーターは価値を生み出す諸活動を価値活動と呼び，それらの活動の組み合わせを**価値連鎖**（value chain）と呼んでいる。

　このようなポーターの理論に従えば，これら組織の内部構造のあり方は業界

図表6－2　業界構造分析－5フォース・モデル

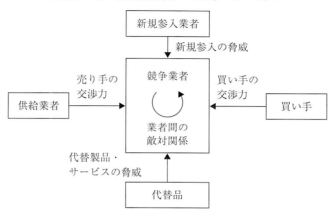

出所：Porter（1980）の邦訳書，18ページより引用。

構造に制約される。それにもかかわらず同一業界内の各企業の経営成果は均質的にならない。企業間の業績の差異は，同一業界に属する企業であっても採用する戦略の特質が異なるからであるという。戦略の特質によって業界にはいくつかの**戦略グループ**が存在するというのである。属する戦略グループが異なれば，企業が直面する機会と脅威，売り手・買い手の交渉力も異なるため，同一業界内の企業間に成果の違いが現れる。また各戦略グループ間には参入障壁が存在するため，経営成果の違いは持続され得るという。ポーターは業界への参入に対する障壁と区別するために，戦略グループ間の参入障壁を移動障壁と呼んでいる。しかし，このような説明によってもなお，同一の戦略グループに属する企業間の経営成果の差異を説明できないという限界が残る。

　外部環境を制約要因として企業は戦略と組織を構築するという点において，ポーターの理論はチャンドラーやアンゾフの研究成果を継承している。また個々の製品と市場の特性が持つ競争上の利点とシナジーの追求が戦略策定において重要であるというアンゾフの議論を，ポーターは業界における自社の位置づけ，および価値活動と価値連鎖の構築という視点によって発展させている。このようにして，ポーターによる研究は，企業の成長と競争力の源泉として企

業の戦略と組織および外部環境の関連性を明確にした点に意義がある。現在では，ポーターの理論はポジショニング論と呼ばれており，資源ベース論や組織学習論ないし組織能力論などと補完関係を持って，競争戦略論を構成している。

❷ 企業成長の内部要因

　資源ベースの戦略論は，企業の戦略と組織および外部環境の関連性に加えて，企業の戦略と組織によって資源の一般特性から抽出される生産的サービスが会社成長の促進要因および阻害要因として重要であることを明らかにしている。例えば，ペンローズ（Penrose, E. T.）は，企業の内部資源に焦点を当てて，企業の成長に関する一般理論を構築することを試みている。その問題意識は，企業は流動的な外部環境に対して適合的に規模を拡大してゆくという，考え方によっては特定方向への累積的拡大に至る内的発展の過程を認識できないというものである。ペンローズ（1959）によれば，企業は生産資源の集合体である。企業が保有する資源が生産活動になしうる貢献（＝生産的サービス）は潜在的であり，その貢献度は資源の活用方法，別の資源との組み合わせ方，およびそれらの目的によって異なる。このような生産資源（究極的には生産的サービス）は管理上の意思決定によって組織内に適宜配分される。経営者はこのような意思決定と組織の管理的統合を図ることによって生産活動に貢献する（＝経営者サービス）。**資源の生産的サービス**とその一部を成す経営者サービスが企業ごとに異なるため，個別企業には成長性や収益性などさまざまな面で特異性が生じるという。

　またペンローズ（1959）によれば，企業の利潤追求は再投資による成長を目的とするため，利潤追求と成長は投資計画において同義の選択基準となる。企業成長（すなわち利潤追求）には内部成長と外部成長があり，どちらの成長も生産的サービスの引き出し方に制約される。成長の促進要因もしくは阻害要因には，需要や技術の変化，市場における自社の有利性の増大，経営資源の調達の可否，および競争関係などの市場要因のほかに，未利用の資源およびそのサービスという企業内部の要因がある。たとえ企業外部に成長促進要因があるとし

ても，企業成長の実現は利用可能な生産的サービス，すなわち未利用の資源とそのサービスの入手・活用の可能性に規定される。したがって，未利用の資源とそのサービスは企業成長（の方向性）に対して極めて重要な要因であるという。

このような，企業内部の未利用の資源の有効活用を企業成長の源泉として重要視するペンローズの研究は，ポートフォリオ・マネジメント技法の普及を背景として，当初は比較的注目されなかった。しかしながら，1970年代から1980年代における日本企業の成長がアメリカ企業の低迷の一因となっていたこと，日本企業の戦略特性は経営資源の活用方法に注目して短期の利益を調整しながら長期的な成長を図ることにあると次第に認識されるようになったことを背景として，ペンローズの研究は注目されるようになった。その結果，1980年代以降，資源ベース視角（RBV；Resource Based View）の戦略研究が発展した。

例えば，非財務的資源の連結から多角化企業は便益を得られることに注目したワーナーフェルト（Wernerfelt, B. A.）はペンローズの「資源ベースの企業観」がアメリカ企業にとって従来とは異なる戦略オプションを提示するとしている。より具体的には，市場・財務志向で非関連事業分野へと多角化を図る合併とは異なり，「資源ベースの吸収戦略」には「既に保有する資源をより多く獲得する関連－補足型」と「既に保有する資源と効果的に組み合わせることのできる資源を獲得する関連－補完型」があるとしている（Wernerfelt, 1984）。

ワーナーフェルトは，ペンローズの『会社成長の理論』における生産的サービスの考え方とポーターの理論における業界内の種々の脅威の考え方の統合を試みている。ワーナーフェルトによれば，多角化を図る際に「資源配置による障壁」を構築することは企業の競争力の源泉になり得るという。「資源配置」とは，産業を構成する企業間における保有資源のばらつき（保有資源の差異），および企業組織内における保有資源の割り当て（資源の活用方法）を意味する。ワーナーフェルトは，資源配置による障壁という概念によって，資源の希少性と入手困難性，および資源間の結合関係の重要性を議論している。

ペンローズやワーナーフェルトの研究成果を踏まえて，バーニー（Barney, J. B.）は経営資源の特性と業界構造の間の適応関係が企業の競争優位の源泉であ

図表6－3　経営資源の特性分析―VRIOフレームワーク

価　値（Value）	その経営資源は価値を生み出し得るか？
希少性（Rarity）	その経営資源を保有する企業は少ないか？
模倣困難性（Imitability）	その経営資源は模倣困難か？
組　織（Organization）	その経営資源を組織的に活用しているか？

価値があるか	稀少か	模倣コストは大きいか	組織体制は適切か	競争優位の意味合い	経済的なパフォーマンス
No	－	－	No	競争劣位	標準を下回る
Yes	No	－		競争均衡	標　準
Yes	Yes	No		一時的競争優位	標準を上回る
Yes	Yes	Yes	Yes	持続的競争優位	標準を上回る

価値があるか	稀少か	模倣コストは大きいか	組織体制は適切か	強みか，弱みか
No	－	－	No	弱み
Yes	No	－		強み
Yes	Yes	No		強みであり，固有のコンピタンス
Yes	Yes	Yes	Yes	強みであり持続可能な固有のコンピタンス

出所：Barney（2002）の邦訳書（上巻），272ページを一部修正。

ることを論じている。バーニー（2002）によれば，ポーターの言う業界内における脅威と機会の分析は経営資源およびその能力が持つ経済価値を識別する最初の作業である（図表6－3を参照）。すなわち，経営資源およびその能力によって企業が外部環境における機会を活用し脅威を掻き消すことができない場合，その資源および能力には経済価値が無いという。この経営資源およびその能力は企業にとって弱みとなり，これを組織的に活用すると企業は標準的収益を獲得できず競争劣位に陥る。これに対して，企業が機会を活用し脅威を掻き消すことができる経営資源およびその能力は経済価値があり，企業の強みとなる資源であり，これを組織的に活用する企業は標準的収益を獲得できる競争等位の状況にある。同様にして経済価値があり，かつ希少性の高い経営資源およびその能力は企業の強みであり固有の能力である。これを組織的に活用する企業は標準以上の収益と競争優位を獲得する。また経済価値があり希少で模倣困難な経営資源およびその能力は企業の強みであり長期にわたって固有の能力と

なる。これを組織的に活用する企業は標準以上の収益を上げ，その競争優位は持続的なものになるという。

　バーニーの言う競争優位とは，業界や市場において利害関係者から期待される以上の経済価値を独自のやり方で創出し得る地位を意味する。この地位の獲得に関して企業が独自に持つ成長の論理を彼は戦略と呼んでいる。その成長の論理を行動に置き換えられる企業が成功率を高めることができるという。また成長の論理である戦略は市場における競争行動に置き換えられることによって絶えず検証され続け，修正・変更されるという (Barney, 2002, 17ページ)。

　上記のワーナーフェルトによる研究やバーニーによる研究は，同一戦略グループ内の個別企業間の差異を説明できないというポーターの理論の限界を，ペンローズに依拠しながら，企業の保有資源およびその活用方法の違いに注目することによって克服している。しかし，ワーナーフェルトとバーニーは，企業内部の生産資源およびそのサービスと企業の外部的要因をそれぞれ独立的に扱い，資源特性それ自体を企業成長の究極的要因とするペンローズの主張とは異なる論理を展開している。そのため，彼らの研究も，資源が活用されることによるある特定方向への自律的な発展を認識できないという限界がある。

　累積的な内的発展の過程に関して，ペンローズ (1959) は，経営者と従業員は職務を遂行する過程で経験と知識を増大するため，企業が利用し得る生産要因は変動性を持つことを指摘している。そのため企業は資源あるいはそのサービスを完全に使い果たすことはないという。職務遂行の過程における経験と知識の増大という生産資源の自律的発展，すなわち累積的な内的発展の過程は，1970年代後半から発展してきた組織学習論ないし組織能力論によって議論されてきた。組織学習論ないし組織能力論によれば，①経営者やマネジャーを含む組織構成員の全員が学習する必要があり，組織構成員の個別の学習とその結果を総合することが重要であるという。②学習環境の整備と学習プロセスの制度化は経営者やマネジャーの役割であるという。また③これらの学習内容と学習環境および制度化された学習プロセスは必要に応じて強化・修正・変更されなければならないという[2]。学習の種類や方法，および学習環境の整備などに関

する研究は重要であるが,ここでは,経営資源の戦略的活用による企業成長に関する代表的な研究に絞って議論を進める。

ハメル (Hamel, G.) とプラハラッド (Prahalad, C. K.) によれば,競争力を喪失した1980年代以降のアメリカの産業・企業の復活にとって重要なことは,収益率が悪化する従来の事業分野で生き残ることではなく,長期的に競争優位を獲得し得る市場を新たに創出することである。当時の日本企業の好業績は活用を通じた資源の育成を継続的に行ってきた結果であり,それは第二次大戦後の日本企業がベンチマークの対象としたアメリカ企業と同じ額の投資や費用をかけることができなかったことによっている。日本企業はリーン生産などの新しい方式によって経営資源をより効率的に活用する方法を開発しなければならなかったのである。このような日本企業の行動原理は,より少ない資源でより多くの成果を上げること,および経営資源の有効活用によって企業の実像をその理想像に近づけてゆくことである。ハメルとプラハラッドはこれらの行動原理をそれぞれ**レバレッジ戦略**と**ストレッチ戦略**と呼んでいる (Hamel and Prahalad, 1995, pp.1-20およびpp.127-176)。また,ハメルとプラハラッドによれば,これらの戦略を通じて,企業は自社独自の顧客価値を創出する能力 (competence) を育成することができる。この能力のうち事業間に何らかの関連性を持たせる機能を持ち中核的な要素となっているものを**コア・コンピタンス** (core competence) という。経営陣は市場要因 (顧客と競争業者) を考慮してコンピタンスのうちコアにするものを決定しなければならない。しかし,コンピタンス自体は企業組織内の学習によって育成されるという (Hamel and Prahalad, 1995, pp.1-20およびpp.127-293)。

伊丹 (2012) によれば,高い業績を収める戦略とは,市場要因 (顧客ニーズと競争関係),ビジネスシステム (業務活動の流れ・開発から販売までの供給体制),技術 (ビジネスシステムを動かす基盤),および企業内要因 (資源と組織) との適合関係 (=対応関係) を有する,企業の成長・発展の論理である。これらの各要因はしばしば自律的に変化し,また企業の戦略に対して反応的に変化する。これらの要因のうち伊丹は,資源の重要性に着目して,資源には人的資源,物的資

源，財務的資源などの目に見える資源と，情報の流れと蓄積をその本質とする目に見えない資源（＝情報的資源＝**見えざる資産**）があることを指摘し，見えざる資産が競争優位の源泉および環境変化に対する企業の対応力の源泉として特に重要であるとしている。また，伊丹によれば，見えざる資産は長期間にわたって事業活動から創られるものであり，複数の製品分野で同時多重利用が可能な資源である。この資源は使用されることによって新たな情報的資源を生み出す。そのため，企業が現有する見えざる資産を部分的に超えた戦略をとることが企業成長の基本原理であるという。

ハメルとプラハラッドによる研究と伊丹による研究からわかることは，企業の競争力の源泉となるような経営資源は長期間にわたる事業活動の中で創出されるものであり，複数の製品・事業領域で同時に利用されるものであるということである。すなわち，長期間にわたる活用を通じた資源の育成と組織内での転用可能性が企業の競争力の源泉である。

このような企業の競争力の源泉は特に技術的・市場的環境が急激に変化している場合に重要になるということは，**ダイナミック・ケイパビリティ**（dynamic capability）に関する研究によって議論されている。例えば，ティース（Teece, D. J.）とピサノ（Pisano, G.）およびシェン（Shuen, A.）による研究（1997）は，技能の獲得，知識やノウハウの管理，および学習を，経済的利益の源泉としての希少資源の管理における戦略課題と位置づけている。組織的で目に見えないため模倣困難な企業特殊資源・能力の開発・蓄積が競争優位の獲得にとって重要であり，現代企業はこのことを急激に変換する環境下で実践しなければならないという。そのための企業の能力がダイナミック・ケイパビリティであるという。彼らによれば，企業の能力は階層性を持って企業の組織過程・管理過程（processes）に埋め込まれている。例えば工場現場，研究開発室，取締役会，およびそれらを統合させる方法のうちにあるという。また企業の組織過程・管理過程は企業組織内外の資源配置の状況（positions）と企業がこれまでに適応してきた進化経路（paths）によって形成されるという。その一方で，学習は組織構成員の個別的技能と組織全体の技能を関連させる継続的活動であり，組織

過程・管理過程の内に行われる。そうした継続的活動によって広まった知識が新たなルーティンや組織の論理に帰着するという。企業の競争優位は上述したプロセスとポジションおよびパスによって構成されるという。すなわち，組織過程・管理過程はその形成要因である企業組織内外の資源配置の状況や企業の進化経路と相互規定関係にある。この相互規定関係が競争優位の源泉となる。競争優位を理解するという意味においてダイナミック・ケイパビリティの概念は，ポーターの言う競争要因の分析および資源ベース視角の戦略論と相互補完的関係にある。

4．現代の経営戦略

近年，環境問題や貧困問題などの社会的課題に貢献することが企業に期待されるようになっている。企業の社会的責任（CSR；corporate social responsibility）を問う世界的潮流を背景として，1980年代以降，企業の経済的活動を発生原因とする外部不経済に対して企業が社会的責任を遂行することの論理が議論されるようになっている。

企業が自律的に社会的責任を遂行する方法には，大きく次の2つがある。すなわち，事業活動から得た収益を寄付などによって社会福祉に貢献すること，および事業活動それ自体によって収益を獲得しながら社会的課題の解決に貢献すること，である。例えば，占部（1986）は，寄付などによって社会貢献を果たす「利益還元計画」と，自然環境の改善や社会福祉のニーズに応えながら市場形成を図る「社会的市場計画」を挙げている。そのうえで，利益還元計画の限界として企業が有する優秀な生産資源を自然環境の改善や社会福祉問題を解決するために直接利用しないため社会改善の効果を期待できないことを指摘し，社会的市場計画の積極的推進が重要であるとしている。また，占部によれば，企業は技術環境，経済環境，社会環境，自然環境からなる全体環境システムの中に成立するオープン・システムであり，全体環境との間に相互作用を持つことによって存続し得る主体である。しかし，従来は主として技術環境と経

済環境に企業の注意が集中しており，社会環境と自然環境に対して十分な配慮を示してこなかったという。企業の意思決定が持つこれら4つの環境との相互作用を考慮することによって，企業の社会的責任はその遂行を保持されるのであり，企業は経済的目的（利潤目的，成長性目的）を達成する戦略だけでなく，「環境の改善や社会の福祉問題の解決に貢献する**社会的戦略**」（占部，1986，312-323ページ）も探求しなければならないという。

金井一頼と岩田智によれば，占部の言うところの社会的市場計画は，戦略的社会性とでも呼べるようなものであり，メセナやフィランソロピーを越えて，新事業の創造を通じて多様な社会問題の解決と新しい社会価値の創造に貢献することであるという（金井・岩田，1997，287ページ）。また横山恵子は企業がNPOと効果的なパートナーシップを構築する道筋を検討することを目的として，「企業社会戦略」の有効性を指摘している。横山（2003）はその戦略を「企業の社会的活動目的と経済的目的の双方を達成するために，企業の社会的活動を事業活動と連携させる試みや，事業活動を通して社会的活動を実行するもの，また社会的活動の成果を上げるために，社会的活動プロセスに戦略的視点を導入した展開」と定義している。

森本（1994）によれば，企業の社会的責任は狭義には，低次のものから順に法的責任，経済的責任，および制度的責任の3つがあり，広義にはこれらよりも高次の社会貢献（寄付などのフィランソロピー）を含む。狭義の社会的責任の遂行はステークホルダー・マネジメント，啓発された自己利益，長期的利潤極大化の原則に則るものであるという。社会貢献の方が狭義の社会的責任よりも自発性が大きく戦略的な選択肢が多いという。また企業は狭義の社会的責任を遂行することによって社会的正当性を獲得できるとしている。

アンゾフ（1990）は，企業活動に対する利害関係者からの制約が1960年代以降増大するにしたがって，競争力だけでなく社会的要請に対応する能力も獲得できるように企業は戦略と組織を変革しなければならなくなったとし，2つの社会戦略を提示している。その1つは，企業の社会的責任戦略である。この戦略は成長と収益に関する関心を越えた積極的な行動の他に，利潤追求に対する

積極的な影響を期待する啓発された利己的戦略があるという。もう1つの社会戦略は，利害関係者に働きかけて自社の事業活動を正当化しようとする正当性戦略である。この戦略における事業活動の正統化の手段は，社会的課題の解決への貢献ではなく，現行の事業を行いやすくするために，市場ルールや法制度を変更させることであるという。そのため，正当性戦略は「社会的要請に対応する能力の獲得を目的とする企業の戦略と組織の変革」に対して限界がある。

上に取り上げた研究に共通する議論は，「企業の事業活動の社会的環境への対応手段として，事業活動それ自体によって収益を獲得しながら社会的課題の解決に貢献する」ということ，および「市場経済的環境への企業的対応と社会的環境への企業的対応は企業の競争力の獲得・維持の上で矛盾しない場合がある」ということである。すなわち，事業活動を通じた社会的課題の解決への貢献は，現代企業にとって成長・発展の論理になり得るのである。

1990年代以降，企業の経営活動の一層のグローバル化と地球環境問題の顕在化を背景に，企業は自身の経済的影響力や資源およびその社会的責任活動を地球環境問題の解決手段として活用し持続可能な世界経済に貢献し得るという議論がなされるようになっている。国内外および国際的な地球環境問題に対する法的制度や環境評価基準の整備・強化が進展した結果，それらの制度や基準は市場規律的機能を有して，企業の競争行動に対して大きな影響力を持つようになった。そのためコスト要因および不可避な脅威として考えていた産業公害や地球環境問題への対応を機会として捉えなおし，企業の競争力と環境保全を結びつける経済論理を解明することが経営戦略論の課題として指摘されている（Porter and Linde, 1995および所，1995，16-18ページ）。

例えばポーターとリンデ（Linde, C van der）によれば，1970年代に汚染防止活動に抵抗を示したアメリカ自動車産業が国際競争力を喪失したのに対して，日本自動車産業は軽量化と燃費向上を実現し，国際競争力を獲得したこと，および環境保全活動により競争力を構築しているいくつかの企業の事例から，自然環境問題に対して企業が主体的に取り組むことによって競争力を獲得し得るという（Porter and Linde, 1995）。彼らによれば，廃棄物や有害物質による環境

汚染は，顧客価値を創出しない追加的な活動を企業に要請するため，企業活動のコストを増大させる要因である。代替資源の活用や未然防止活動に始まり，次第に資源生産性を向上させて自然環境の改善を実現することで，企業は競争力を構築しなければならない。そのための原理として総合品質経営（TQM）が有用であり，またその手段として継続的改善による漸進的イノベーションが効果的であるという。すなわち，自然環境問題に対する取り組みとしての改善活動を通じて資源生産性を向上し競争力を獲得するという経済理論を構築することによって，企業は**環境戦略**を成功できるという。

ハート（Hart, S. L.）（1997）によれば，先進工業国の企業が環境負荷の低減と収益向上を両立させることは可能である。リスクや費用の低減を目的に環境保全活動を行ってきた従来の企業は環境負荷の低減に努めているけれども，これからは環境改善に取り組むべきであるという。より戦略的な持続可能な開発を重視する理論は，企業が経営環境として地球を想定し，社会問題と地球環境問題の解決に貢献すると考える場合を想定する。持続可能性を基本的なビジョンとして企業は汚染防止，製品の全ライフサイクルにおける環境負荷の最小化，および製品と工程の技術の革新に取り組まなければならないという。また，「企業は持続可能な世界に向けた公共政策の形成を支援し，消費者行動の変革を推進すべきである。最終的には，持続可能な世界を目的とする戦略の遂行がビジネスの常識になる」[3]という。

課題

1. 垂直統合戦略と多角化戦略のそれぞれの事例を調べてみよう。
2. 企業を1社選んで，その企業が属する業界構造を分析し，その企業の強みと弱みを考えてみよう。
3. 企業を1社選んで，その企業の環境対策と社会貢献活動を調べ，その特徴を考えてみよう。

【注】

1) 本章は，山田雅俊「環境保全戦略の理論構築にむけて」中央大学大学院生研究機関誌編集委員会編『中央大学大学院論究　経済学・商学研究科篇』第39号，2007年，23－40ページを加筆・修正したものである。
2) 詳細は，Diamondハーバード・ビジネス・レビュー編集部編訳『組織能力の経営論』ダイヤモンド社，2007年を参照。
3) Diamondハーバード・ビジネス・レビュー編集部訳『経営戦略論』ダイヤモンド社，2001年，76ページより引用。

〈参考文献〉

Ansoff, H. I., *Corporate Strategy*, MacGraw-Hill, 1965.（広田寿亮訳『企業戦略論』産業能率短期大学出版部，1969年）

Ansoff, H. I., *Implanting Strategic Management*, Second Edition Prentice-Hall International (UK) Ltd., 1990.（中村元一・黒田哲彦・崔大龍監訳『戦略経営の実践原理』ダイヤモンド社，1994年）

Barney, J. B., *Gaining and Sustaining Competitive Advantage*, Second Edition, Prentice-Hall, 2002.（岡田正夫訳『企業戦略論』上中下巻，ダイヤモンド社，2003年）

Chandler, A. D. Jr., *Strategy And Structure*, MIT Press, 1962.（有賀裕子『組織は戦略に従う』ダイヤモンド社，2004年）

Hamel, G. and C. K. Prahalad, *Competing for The Future*, Harvard Business School Press, 1994.（一條和生訳『コア・コンピタンス経営：大競争時代を勝ち抜く戦略』日本経済新聞社，1995年）

Hart, S. L., "Beyond Greening: Strategies for A Sustainable World" *Harvard Business Review*, January 1997, pp.66-88（「『持続可能性』のための経営戦略」DIAMONDハーバードビジネスレビュー編集部訳『経営戦略論』ダイヤモンド社，2001年，237－264ページ）

井上義朗『二つの「競争」：競争観をめぐる現代経済思想』講談社，2012年。

石井淳蔵・奥村昭博・加護野忠男・野中郁次郎『経営戦略論』新版，有斐閣，1996年。

伊丹敬之『経営戦略の論理：ダイナミック適合と不均衡ダイナミズム』第4版，日本経済新聞社，2012年。

金井一頼「経営戦略とは」大滝精一・金井一頼・山田英夫・岩田智『経営戦略：論理性・創造性・社会性』有斐閣アルマ，1997年，1－25ページ。

金井一頼・岩田智「経営戦略と社会」大滝精一・金井一頼・山田英夫・岩田智『経営戦略：論理性・創造性・社会性の追求』有斐閣アルマ，1997年，267－291ページ。

Mintzberg, H., B. Ahlstrand, and J. Lampel, *Strategy Safari: Your Complete Guide* through the Wilds of Strategic Management, The Free Press, 1998.（齋藤嘉則監訳，木村充・奥澤朋美・山口あけも訳『戦略サファリ：戦略マネジメント・コンプリートガイドブック』東洋経済新報社，1999年）

森本三男『企業社会責任の経営学的研究』白桃書房，1994年。

中橋國藏「競争戦略論の展開」中橋國藏・當間克雄編著『経営戦略のフロンティア』東京経済情報出版，2001年，3−20ページ。

Penrose, E. T., *The Theory of The Growth of The Firm*, Oxford Basil Blackwell, 1959.（末松玄六訳『会社成長の理論』ダイヤモンド社，1962年）

Porter, M. E., *Competitive Advantage: Creating and Sustaining Superior Performance*, The Free Press, 1985.（土岐坤・中辻萬治・小野寺武夫訳『競争優位の戦略：いかに高業績を持続させるか』ダイヤモンド社，1985年）

Porter, M. E., *Competitive Strategy: Techniques for Analyzing Industries and Competitors*, The Free Press, 1980.（土岐坤・中辻萬治・服部照夫訳『競争の戦略』新訂，ダイヤモンド社，1995年）

Porter, M. E. and C van der Linde, "Green and Competitive: Ending the Stalemate", *Harvard Business Review*, September-October 1995, pp.120-134.（矢内裕幸・上田亮子訳「環境主義がつくる21世紀の競争優位」『Diamondハーバード・ビジネス』1996年8-9月号，101−118ページ）

Rumelt, R. P., *Strategy, Structure, And Economic Performance*, Harvard University Press, 1974.（鳥羽欽一郎・山田正喜子・川辺信雄・熊沢孝訳『多角化戦略と経済成果』東洋経済新報社，1977年）

Teece, D. J., G. Pisano and A. Shuen, "Dynamic Capabilities And Strategic Management", *Strategic Management Journal*, vol.18, No.7 August 1997, pp.509-533.

所伸之『進化する環境経営』税務経理協会，2005年。

占部都美『経営管理論』新訂，白桃書房，1986年。

Wernerfelt, B. A., "Resource-based View of The Firm" *Strategic Management Journal*, Vol.5. November 2006, pp.171-180.

山田英夫「戦略の策定」大滝精一・金井一賴・山田英夫・岩田智『経営戦略：論理性・創造性・社会性の追求』有斐閣アルマ，1997年，53−87ページ。

横山恵子『企業の社会戦略とNPO：社会的価値創造にむけての協働型パートナーシップ』白桃書房，2003年。

第7章

経営組織とは何か

本章のポイント

1. 経営組織を捉える視点には2つの視点がある。構造的な視点と，活動の視点である。経営組織では，情報・知識の流れとコントロールによる企業活動の実現が行われている。他方，実際にその企業活動を担当するのは人であり，その人にさまざまに働きかけて，活動を実現する組織側面を捉える視点が存在する。

2. 経営組織の構造的な視点からは，実行のための複数の組織形態が指摘できる。組織形態の基本的特徴は，官僚制組織の持つ特徴でもある。企業活動の実行について，秩序ある企業活動を可能にする形態が存在する。

3. 企業活動の実行を可能にする組織形態には他方で，問題点も存在する。それは状況の変化に対応することが困難である点と，新たな知識を考え出すことが困難な点である。その問題点を克服するために，別の視点からの企業横断的な組織の形態も作られている。

4. 企業活動を実現するために，人に働きかけて実現する組織の側面については，バーナードの組織論を取り上げ，その特徴点を説明している。バーナードの組織論では，官僚制組織論とは異なり，担当する人の主体性が前提とされ，理論化されている。主体性を持つ人に対し，誘因と説得という方法，権威の利用，さらに無関心圏の利用という方法が存在する。

1．経営組織を捉える2つの視点

　企業活動は，人によって担当され組織化された活動である。そのために，経営者・管理者は目的達成のために，人の仕事への取り組みに関して分業と協業の体制を作らなければならない。これによって，個人の能力の限界という問題を克服し，社会に求められる製品，サービスの提供を効率的に行うことが可能になる。この分業と協業という経営組織に関し，経営学では複数の視点から研究が行われてきた。

　第1の研究の視点は，経営の情報の流れの視点である。組織構造は，経営者からのさまざまな情報の流れと各担当者からの情報の流れから形成される。情報の中には命令も含まれる。さらに適切に仕事が分けられ，また協力する関係が形成される。情報の流れに伴い，担当者の責任と権限（予算，部下の人数等）の関係も形成される。こうして一連の情報と責任と権限，そして命令の連鎖の関係が官僚制組織（Bureaucratic Organization）という構造を形成することになる。この視点からの研究では，状況の変化に対応し，組織構造を適切に構成し，仕事の実行ができるようになることを目的とする。

　第2の研究の視点は，経営組織内での経営上のプロセスに注目する研究である。組織を構成する人に注目し，人に作用する心理・社会的な関係との視点から，企業活動を捉えた研究である。その研究には，経営者による，人の心理的な側面から経営組織活動を実現するメカニズムを明らかにする研究が存在する。その初期の研究には，バーナード（Barnard, C.I.）の組織論が存在する。

　本章では，最初に，組織の構造を中心とする研究を取り上げ，その基本的な組織形態を見ておくことにしよう。

2．経営組織の構造

❶ 官僚制組織の形態

　資本主義経済の発展は，企業活動の成長を大きく促進するものであった。市場の成長に伴いその需要に応えるため，多くの企業がその活動規模も拡大させていった。その大規模化の過程で，組織規模の拡大に対応して，その制度的な整備を進めることが求められるようになっている。資本主義経済以前から存在する社会で，整備された組織として存在したのは，行政組織と軍隊の組織であった。これらの組織を中心とした組織が，官僚制組織といわれる形態である。こうして，企業経営者の多くは，この官僚制組織を参考とし，自身の企業内での試行錯誤の中から経営組織の構造を整備し，秩序ある企業活動を実現しようとしていた。

　官僚制組織については，ウエーバー（Weber, M.）の1921年の研究が存在する。ウエーバーが示した官僚制の理論は，合理的な組織として以下の特徴点を指摘していた。

　①法律と行政規則による固定的で普遍的な秩序づけ　②階層的組織で，上意下達の指揮命令系統　③文書に基づく管理　④仕事内容は明文化され，専門化されている。

　秩序を持つ協業と分業の活動を実現することによって，社会の要請に対応する企業活動を実現することが考えられた。官僚制組織では，このような特徴によって，固定的で普遍的な業務が前提とされ，秩序ある企業活動を実現することが自己目的とされていた。固定的普遍的な業務を遂行する上では，確かに優れた業績を達成することができる組織形態である。しかし，状況が変化し，企業活動を変更する際には，その秩序ある組織形態が，変更の大きな障害となることが起きている。官僚制組織という合理的な組織が，逆に企業活動を歪めるという事態が生まれる。さらに，公式的な組織による秩序が重視されるために，非公式的なコミュニケーションは軽視される事態も生まれる。それによって，

組織単位間での協力関係の形成は困難になる。組織内の秩序の維持が重視されるために，環境変化の激しい企業活動では，官僚制組織に伴うさまざまな問題も生まれることになっている。以下では，実際の企業で多く採用されている官僚制組織の代表的な経営組織形態を取り上げ，その具体的な特徴点と課題を見ておくことにしよう。

（1）職能別組織

官僚制組織の特徴を持つ組織の最も古くからある組織形態として，第1に直系（Line）組織形態を挙げることができる。直系組織形態は，主に軍隊で採用されてきた形態であり，管理者と部下との関係は，命令とそれに従う活動の関係から構成される。さらに，純粋直系組織と，分業化された直系組織である**職能別組織**（Functional Organization）の形態が存在する。この組織形態は単純明快な組織形態で

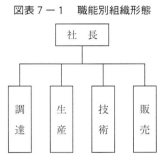

図表7－1　職能別組織形態

出所：筆者作成。

あり，図表7－1に示されるように，その経営者と部下との関係は1本の命令と報告の経路で結ばれる。担当者の行う仕事が比較的単純で，それほど変化のない企業活動では有効な組織形態である。組織内の上意下達の秩序が維持されているため，比較的安定した状況での企業活動には適している。

しかし，置かれている状況が変化し複雑化するのに伴い，この組織形態では対応が困難になる。状況変化が速く複雑化するのに伴い，管理者は変化状況に対応し，仕事を変更し，またその仕事の方法も変え，それを担当者に命令する必要が生まれる。その量が増えるのに伴い，経営者による専門的知識の取得と伝達の必要性が高くなる。経営者は，そのための情報と知識の収集と蓄積を積極的に行うことが求められることになる。経営者が，多分野の知識を持ち，適切な指示・命令を行うことが，徐々に困難化する状況が生まれることになってしまう。第1章で挙げられたテイラーの科学的管理法でも，その問題が指摘さ

れ，万能型の職長に替えて8人の専門職長に分業化する必要性が指摘されていた。しかし管理者が8人になることは，官僚制組織の基本的特徴である組織内秩序を乱し，混乱が生まれる。このような状況を解消するため，新たな組織形態が求められることになった。

(2) ライン・スタッフ組織

この組織形態は，図表7－2に示されるように，従来の組織とは異なるスタッフと呼ばれる担当者の組織が加えられた**ライン・スタッフ組織**（Line & Staff Organization）形態である。スタッフという言葉は，一般に広く使われる言葉であるが，経営組織における意味は一般のそれとは異なる。ライン組織とはすでに述べたように，命令と報告の経路でつながれた組織であり，担当

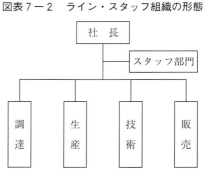

図表7－2　ライン・スタッフ組織の形態

出所：筆者作成。

者はその企業の主たる業務を分担し，仕事を執行する。スタッフの仕事は，主たる業務である製品やサービスの生産や販売に直接関係する仕事ではない。命令経路の上位に位置する経営者や管理者は，命令だけを部下に対し伝えるのではない。部下の必要な専門的な情報や知識の提供も付随して行うことが求められる。そのような専門的な情報の提供や，さらには命令に伴う助力の提供は，従来，経営者・管理者が行ってきた。しかし，変化の速度が速くなるのに伴い，助力や助言を専門的に行う担当部門を設置する必要性が生まれるようになっていた。それを専門的に担当するのがスタッフ部門である。これにより，経営者と担当者は，専門的な仕事の執行をより効果的に行うことが可能になる。その際，スタッフ部門の提供する助力や助言は，経営者の命令とは異なる性格を持つことになる。必要に応じて，ライン部門担当者の判断で，利用する，しないが決められることになるのである。スタッフ部門は企業規模の拡大に伴い，さ

らに多くの専門的な情報を収集し，知識の蓄積を行うため，複数のスタッフ部門が形成されることになる。具体的には企画部門，情報部門，総務部門，人事部門等へと，その部門は拡大することになる。このようなライン・スタッフ組織の形態は，企業成長に伴い多くの企業で採用され，代表的な経営組織の形態になっている。

しかし，この組織形態にも課題が存在する。それはスタッフ組織が提供する助言が，実質上の命令になってしまう危険性がある点である。その結果，企業内の組織秩序が混乱する危険性が生まれる。官僚制組織の基本的な特徴である組織内の秩序が混乱し，ひいては企業活動の混乱に結実する可能性を持つことになる。ライン・スタッフ組織では，その問題の積極的な解決が必要である。また，それとは異なり，企業活動の成長に伴う必要性から，この組織形態では対応できない状況も生まれるようになっている。

（3）事業部制組織

ライン・スタッフ組織による企業活動の実現は，その企業活動の対象とする市場，地域が限られていた場合，有効性を発揮できた。しかし企業の成長は，当初の対象とする市場の枠を超えて進展する。製品の種類も増え，また地理的な広がりを持つ場合も生まれる。企業の成長に伴い，特定製品だけを扱うのではなく，多様な製品を対象とする製品の多角化（Diversification）も生まれる。具体例としては，家電メーカーであったパナソニック社は，多くの家電製品の製造と販売を行うため，その企業活動に適合する組織を，早い段階で必要とするようになったのは有名である。またパナソニック社は，企業成長のため，事業分野の多角化も進めている。事業の多角化とは，従来とは異なる事業分野への進出を意味する。事業活動が異なることは，生産や販売という中心となる企業活動も大きく異なることを意味する。事業の多角化についてはパナソニック社の他に，発電用のタービンエンジンの製造と販売を行っていた東芝が，パソコン事業や原子力事業へ進出する状況を例として挙げることができる。事業の多角化は，大きく異なる企業活動が，それぞれの分野で展開されることを意味

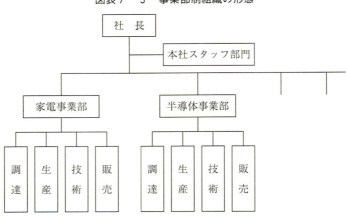

図表7-3 事業部制組織の形態

出所:筆者作成。

する。対象とする市場範囲や情報・知識も異なり,その多様化に対応する組織形態を新たに必要とするようになっていく。その新たな組織形態が**事業部制組織**(Divisional Organization)である。組織形態としては図表7-3の形態になる。

　事業部制組織は,それまでの組織形態とは大きく異なる特徴を持っている。それは,企業経営者が従来の組織で一貫して持っていた権限を各事業部へ分権化するという特徴である。それまでの組織形態では,1つの組織で1人の経営者に権限が集中されていた。事業部制組織では複数の組織単位が形成される。その組織単位が事業部(division)である。各事業部が複数束ねられて1つの企業が構成されることになる。この事業部を分ける基準になるのが製品,事業,地域,そして大口顧客である。

　事業部制組織の組織形態は図に示すような組織形態になるが,複数の事業部をその傘下に置くことになるために,一般に大規模になる。その基本的特徴は以下のように整理できる。

　第1に,それぞれの事業部は,異なる市場を対象とした企業活動を自律的に担当する。したがって業務の執行に関連する大幅な権限が,事業部に委譲

(delegation) される。従来,企業全体で経営者が持っていた権限が委譲され,事業部長に任されることになる。権限委譲とは実行上の監督責任は本社の経営者が依然として持つが,その実行上の権限を事業部に任せ,実行させることを意味する。このような権限の委譲は,官僚制組織の特徴の1つでもある。

第2に,それぞれの事業部長には経営者から権限の委譲がされるが,それぞれの事業部門の活動成果を包括的に示す利益に対する責任を,本社の経営者に対し持つことになる。それは,利益の指標が総合的な成果指標として利用可能であるためである。したがって基本的な業績の測定は,事業部では利益を中心に行われる。

第3に,事業部間での取引関係では,当該企業全体の利益を最大化することが優先される。事業部間での取引では,事業部間の協力から生まれるさまざまな事柄が重要視され,複数の事業部門を傘下に置く企業全体の利益が優先される。つまり個別事業部の利益の合算額よりも,企業全体の利益が優先されることになる。そのために,事業部間の取引については,内部振替価格制度が利用される。この制度では,一般外部への販売価格ではなく,それから一定の金額を割り引くことで,購入する事業部は安価に当該製品を購入することができる。相互にこのような取引が行われることで,企業全体の利益最大化が達成可能にされている。

企業内での内部振替価格制は,事業部間の協力の1つの方法として考えられている。取引以外でも,事業部間の協力関係によるシナジー (synergy) 実現が考えられている。シナジーとは,日本語で相乗効果と訳されるもので,事業部が相互に持つ技術や施設を他事業部が利用することで,費用発生を抑制できる。さらに事業部が,他事業部の技術を利用した新製品開発をすることも可能になる。このような事業部間の協力が強く求められるのが,事業部制組織の特徴の1つになっている。

第4に,以上の事業部制組織の特徴点が制度上の諸問題を生み出している。第3で指摘した事業部間の協力関係については,各事業部間の利害が対立する可能性が存在することから,その協力関係の形成は困難になっている。事業部

の持つ資産である技術や施設を他事業部で利用することは，当該事業部にとり，ほとんど収益を生むことはなく，むしろ費用発生の可能性が生まれる。それを是正するため，本社が補てんする制度も生まれている。しかし積極的な協力関係の形成ができず，事業部横断的協力による画期的な新製品や技術の開発を，事業部の自立性に任せておけなくなっている。

　第5に，事業部制組織の最も重要な特徴であった利益責任は，事業部の活動に重要な行動上の特徴を生み出している。各事業部の利益責任は，原則として1年単位での測定と評価が行われる。その1年ごとの測定と評価の制度は事業部の行動を，短期的成果を生み出す活動へと向かわせる。企業活動で，短期的成果を求めることは重要であるが，長期的な視点から取り組む活動も必要である。例えば，新たな技術や画期的な製品の開発，さらに市場の開拓や新規の事業の開拓といった活動も必要である。未来の状況変化に対応する新たな取り組みは，すぐに結果を求めることはできない。長期的視点からの活動も事業活動では不可欠であるが，それが困難になっている。

　事業部間の協力関係形成が困難であることはすでに述べたが，それでは事業部を横断するような事業の創造や，技術の創造もできないことを意味する。それを解決するために，事業本部制という組織形態を採用する企業も生まれている。事業部を，協力しやすいグループごとにまとめる組織形態である。しかしこの形態も，事業部間の利害の違いを克服できないために，十分には機能していない。結局，複数の事業部を統合し，より大きな事業部を形成することで，利害対立を減らし，対応するような解決策も採用されている。その例としては，近年のパナソニックの例が挙げられる。

　以上のような特徴を持つ事業部制組織であるが，大規模で多角化した企業では，不可欠な組織形態であり，多くの企業で採用されているが，その事業部制組織の問題に対応し，以下の類似する組織形態も形成されている。

（4）カンパニー制組織
　事業部制組織は，製品と事業の多角化に対応する代表的な組織形態である。

しかし，この組織形態が持つ重要な課題も存在した。特に，事業部間の利害の対立は重要な問題を生み出していた。本社は，事業部間の協力関係を優先するために，個々の事業部が不利な立場に置かれる場合も生まれる。それは新規の事業部門で生まれている。新しい事業活動を開始した事業部門は，十分な組織と収益力を持っていない。そのため新規の事業部を他事業部と同等の関係に置くと，新規事業の成長を大きく阻害する危険性を持つことになる。その問題に対応する組織形態が，**カンパニー制組織**（Company Organization）の形態である。カンパニー制組織は組織形態としては，事業部制組織とほぼ同一であるが，自律性が事業部制組織よりも与えられる。また，事業部間の協力関係や内部振替価格制から除外することができる。不利益を受けず，他事業部への協力関係から解放されることで，新規事業の成長を促進することが企図されているのである。2017年時点で，パナソニック社では，事業部制が復活され現場の活力が重視される一方で，関連する事業部を束ねる組織としてカンパニー組織が設置されている。各カンパニーは高い自律性を与えられるが，カンパニー内では事業部同士の協力関係が強く求められる組織が作られている。カンパニーにすることで，変化に素早く対応することが企図されている。

　このカンパニー制組織は，自律性を高めることで新規事業の成長を達成することを企図する組織形態といえる。新規事業が一定の収益力を持ち，組織的な体制が整備された段階では，そのカンパニー組織は，事業部制組織への転換が行われるのが一般的である。それは，企業としては，全体利益を求めることが目的であることから行われる。例えばソニーは以前，部分的にカンパニー制組織を導入していたが，そのカンパニーの成長に対応し，事業部門への転換がされている。

❷　官僚制組織の問題点とそれへの対応

　職能組織，あるいはライン・スタッフ組織，さらに事業部制組織やカンパニー制組織も，その基本的な特徴は，官僚制組織の特徴である企業内の組織的秩序を維持し，市場の変化や多様性に対応し，企業活動の実行をするための組織

形態であった。しかしこのような組織形態では，問題が生まれていた。多くはウエーバーの官僚制組織での問題と重なる問題であった。

最大の問題は，企業全体に関係する問題解決策や，新たな知識を生み出すには適していない点である。新たな知識を生み出すには，多様な視点から検討し，組織的に考えを形成する全社横断的取り組みが必要になる。しかし官僚制組織では，企業を横断した協力関係の形成が困難であった。協力関係の形成は，事業部制組織でも困難であった。また，職能組織やライン・スタッフ組織の部門間でも困難な状況が存在した。部門を横断する協力関係は，事実上，官僚制組織だけでは困難であり，この問題への対応は，従来の官僚制組織の特徴を修正し，弾力的で柔軟な組織形態を別に考える必要性を生み出していた。その取り組みの多くは，変化に直面する経営者の実践の中から考え出されている。その代表的形態として，プロジェクト型組織や社内ベンチャー組織と呼ばれる組織形態を挙げることができる。

(1) プロジェクト型組織

これらの組織形態は，従来の官僚制組織と異なり，全社的な問題への対応や新たな新規事業を組織横断的に進める必要性から形成されている。組織形態としては図表7－4のように示すことができる。新たな製品や技術の開発プロジェクトを推進するために，各部門からふさわしい人物を集め，特定の期間の枠内で，チームを形成し，特定課題の達成を目指すことになる。柔軟かつ集中的に，特定目的の達成を目的に活動を行う。そのため，従来の官僚制組織の範囲外の組織活動とされる。目的の達成方法は，そのチームに基本的に任されることになる。特に画期的技術

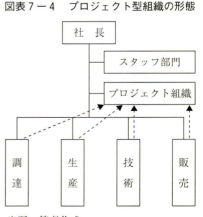

図表7－4　プロジェクト型組織の形態

出所：筆者作成。

の開発について，官僚制組織では困難である横断的協力関係が社長直属にすることで実行可能になっている。**プロジェクト型組織**（Project Organization）では，多くの場合，画期的な新たな知識の創造が行われる。創造された新たな知識は，プロジェクト終了後に，全社レベルで利用されるが，バラバラになり放置される可能性も存在する。知識を企業全体に幅広く伝え，それをさらに利用した，新たな取り組みは困難になる。その理由は，官僚制組織では新たな知識の積極的利用が行われにくいからである。官僚制組織は，決められた仕事を効率的に実行するのに適した組織形態であるが，新たな知識を組織的に創造し利用することには適さない組織形態といってよい。そのためにプロジェクト組織で形成された新たな知識も，そのままでは，利用することが困難になるという問題が存在する。

（2）社内ベンチャー組織

プロジェクト型組織とは異なり，企業内で新たな事業を立ち上げることを目的とする組織も生まれている。新規の事業は失敗の危険性も高い。官僚制組織の中で，その新規事業の成長を実現することは困難である。企業横断的に新たな事業のアイデアを求め，その中から意欲ある人物に，起業を一定の予算と期間を決めて許容する組織形態が，**社内ベンチャー組織**（Corporate Venture Organization）と呼ばれる形態である。プロジェクト型組織とは異なり，新たな事業の可能性を試行錯誤の学習から模索することを目的とする組織体であり，官僚制組織の秩序の範囲外に置かれている。多くの場合は，その組織は社内に置かれるが，既存組織とは別組織にすることで，自律的に起業を行うことが可能にされている。起業が成功した場合には，正式な組織として，既存組織に統合されることになる。

❸ バーナード（Barnard, C.I.）による官僚制的組織と人間的側面の統合への試み

官僚制組織の問題に対し，経営者の経験を基に，社会学と心理学の研究成果

を利用し，問題の解決を図ろうと試みたのがバーナードであった。バーナードは，ニュージャージーベル電話会社での社長経験の中で，企業経営者としての試行錯誤に基づき，当時のアメリカの心理学研究と社会学の考えを基に，組織に関する独自の理論を提案している。1938年，その考えを主著である『経営者の役割』(*The Functions of the Executive*) で体系化している。その中で，組織の問題として官僚制組織の持つ問題を克服することを中心的テーマとして取り上げ，個人が主体的に協働システムである企業へ参加し，仕事に取り組むように導く経営者の役割を，独自の考えに基づき理論化している。

（1）個人と協働システム

　組織を構成する主体的な個人の特徴を，バーナードは以下のように4点にまとめている。①活動する，②心理的要因を持つ，③一定の選択力を持つ，④目的を持つ。このように個人を，目的を持ち，それぞれが選択力を持つ存在であり心理的要因を持つ存在として捉えていた。このようにバーナードは，個人を自律的な存在として捉えると同時に，また他者からの影響も受け，その行動を変更する存在でもあるとも認識している。自律性を持つという意味は，バーナードの場合，新たなアイデアを生み出すような知識創造を意味するのではなく，判断を下し選択することとされている。そして，個人から協働システムが構成されるが，その協働システムが企業に該当する。共通する目的で集まった個人同士で形成されるのが協働システムとされる。個人の場合と異なり，協働システムでは固有の目的が生まれる。特定目的を達成するためには，いわば迂回して目的を達成する必要がある。食糧確保という目的達成には，食料貯蔵という目的が必要になる。その結果として協働システム固有の目的が形成されることになる。

（2）経営者と管理組織

　協働システムでは新たに，2つの行為が生まれる。第1は，協働を促進する行為。第2は，協働を維持する行為である。協働システムが生まれ，その活動

第7章　経営組織とは何か　117

を効率化し，維持する行為が必要になる。この行為が経営者の役割になる。この2つの経営者の行為は，協働システム内部の行為ではあるが，外部環境変化に対応することも求められる。その行為を確実に遂行するために1人だけの経営者ではなく，組織的には管理組織が形成されることになる。

　管理組織は協働システムの維持のために，有効性と能率という2条件を充足する必要がある。有効性（Effectiveness）とは，協働システムの社会的・非人格的目的達成の程度を意味する。能率（Efficiency）は構成員の個人的満足度を意味する。この2つの条件を充足することが，協働システムの維持と存続の条件になる。

　協働システムは，学校や病院等の多様なものが含まれるが，そこに共通するのが組織である。この組織をバーナードは「2人以上の人々の意識的に調整された活動や諸力の1つのシステム」と定義しているが，企業もその中に含まれる。バーナードは組織を構成する要因として3つを挙げている。それがコミュニケーション，貢献意欲，そして共通目的である。貢献意欲は，担当する人間の貢献しようとする意欲を意味するが，貢献するに際し，個人人格の行動を放棄し，協働システム活動の実現に努力することを意味する。その個人の貢献に対し，管理組織から与えられるのが誘因（Inducements）である。誘因の大きさは個人の貢献との比較，他の協働システムの誘因との比較により，貢献するかどうかを決める基準として機能する。

　第2の組織の要素は共通目的である。企業の場合，目的の1つは利益追求である。企業の場合はそれが共通する目的になるが，それ以外の共通目的も存在する。その目的を達成して初めて個人の目的が達成できることになる。個人の目的は，その協働システムが個人に与えるものが何かという問題になる。

　第3の組織の要素は，コミュニケーションである。共通目的を，担当する個人に知らせることは当然に必要である。そのためには，コミュニケーション手段が不可欠になる。コミュニケーションは人の言葉，文書，メール等の方法によって行われる。企業活動は地理的にも拡大し，組織は階層的な関係になるが，コミュニケーション技術の進化により階層を超えたコミュニケーションも可能

になっている。

　以上の3つの要素が機能することで，協働システムとしての企業の存続が可能になる。3つの要素が機能して，企業を取り巻く環境変化の中で，協働システムとしての企業は共通目的を達成することになる。共通目的達成の程度は有効性で示される。他方，組織に必要な個人の貢献度は能率で示される。その個人の貢献を確保・維持するには，個人の目的を充足するために誘因を適切に提供することが不可欠になる。

（3）非公式組織の重要性

　バーナードは公式上の組織の他に，非公式組織の重要性を指摘する。非公式組織は公式組織のような共通の目的はないが，個人的な接触や相互に影響を与えあう関係，それに伴うグループ関係の全体を意味する。その存在が，個人の感情，知識，経験，そして態度を変えさせていると認識している。

　この非公式組織の3つの機能が，公式組織にとり重要な結果を生み出すと指摘している。第1の機能は，個人の態度や考えの形成，慣習や制度の受容を可能にしている。それによって，公式組織が機能する条件を形成している。バーナードは，非公式組織は公式組織を構成する個人の心理的・社会的な側面を形成し維持する役割を果たすのに役立ち，優れた公式組織の活動が実現できると捉えていた。さらに重要な機能がコミュニケーション機能である。コミュニケーションには公式組織上のものだけではなく，非公式のルートを利用するものもあり，それにより公式上のコミュニケーションも一層促進されると理解されている。

　第2の機能は，貢献意欲を高め，客観的権威（Objective Authority）の安定を実現する。非公式組織はその凝集性を高めることで，各個人の貢献意欲を引き出すことができる。人と人との非公式の仕事以外の関係が，貢献意欲を生み出せる。また客観的権威の安定とは，権威ある人物との非公式上の親しく接する関係が，その権威を安定させる機能を果たすことを意味する。

　第3の機能としては，個人的な誠実さや自尊心の感覚の維持である。非公式

組織での個人間の接触で，個人の誠実さ，自尊心の感覚が形成され，精神的安らぎが形成される。以上3つの重要な機能を果たすことで，公式組織の機能を補完すると理解されている。

（4） 誘因と説得の方法

　個人の貢献意欲は，提供する誘因（Incentive）に左右される。適切に与えられれば個人は積極的に仕事に取り組む。それが誘因の方法である。金銭や物財によって貢献意欲を引き出す以外に，個人の態度，あるいは心理的態度を改変させ，貢献意欲を引き出す方法がある。それが説得の方法である。説得（Persuasion）の方法は，誘因の提供が十分できない場合，提供できる誘因を個人が受け入れやすいように個人の考えを改変させる方法で，3つの方法がある。第1は強制的状態の創出で，貢献しようとしない個人を排除する姿勢を示し，説得する方法である。第2は，機会の合理化で，積極的に貢献することは，個人にプラスになることを話す方法で，具体的には経営者による教訓という方法が挙げられる。第3は，動機の教導である。これが最も重要な説得方法で，若者への徹底した教育，大人に対しては宣伝の方法で，人の動機に働きかけることを意味する。

（5） 権威の利用

　誘因と説得の方法は経営者の重要な仕事になっており，それを実施するうえで，さらに権威（Authority）を経営者は利用する必要があるとされている。権威とは公式組織における伝達・命令の特性である。経営者の命令を担当者が，当然のこととして受け入れる状態を生み出す伝達・命令の特性とされる。権威を持つ命令・伝達をするには4つの条件が必要である。①コミュニケーション内容が理解できる内容であること。できなければ権威を持つことはできない。②コミュニケーション内容が企業の目的と矛盾しないこと。③コミュニケーション内容が個人の誘因と矛盾する場合には権威は受け入れられない。④担当者の能力を超えないこと。

以上4つの条件を充足する必要があるが，さらに個人にとり，どうでもよい無関心圏（Zone of Indifference）が存在する場合がある。この範囲に入る命令・伝達内容の場合，内容を特に問うことなく，受け入れるとされる。また，大部分の個人が命令・伝達内容を受け入れ利益を得ている時は，それに同調して受け入れる場合もある。このような権威の利用によって，階層組織でのコミュニケーションを円滑に行い，企業活動の維持・存続を可能にできる。

（6）バーナード組織論の意義と課題

　バーナードの組織論では，経営者の役割は組織構造を構築するだけではなく，それを有効に機能させることと認識されている。組織構造はそれ自体，職能もしくは機能のシステムで企業を取り巻く市場の状況に対応し，適切に設計される。しかし組織構造に対応して，担当する人の集団が存在し，適切に企業活動を遂行するには，独自の経営者の役割が存在すると認識し，自身の経験と心理学・社会学の知識を利用し組織と管理の理論を提案していた。バーナードの組織論は，そこで仕事をする個人の，心理的・社会的な要因の重要性を指摘する。この点で，官僚制組織やプロジェクト組織の方法とは異なり，企業活動を動態的に捉えた組織論と捉えることができる。

　しかし，課題も指摘できる。第1に，極めて広範囲の内容が扱われ，個人の視点から管理を捉えることが優先されるため，管理上の具体的問題への対応という視点が明確ではない。第2に，組織の目的に対応して，命令を受け入れるかどうかを決定するのは個人であるとされている。個人の自由意思を認めているが，他方で説得の方法も示されていた。説得の方法の中には，強制的な状態の創出の方法も挙げられていた。強制的方法で命令を受け入れさせる方法が示されていたことは，自由意思を認める考えとは矛盾している。第3に，組織メンバーとしては，顧客や地域住民までもが含まれ，管理の対象である個人の範囲は広く，それを同一の対象とすることはできない。

　以上の課題はあるが，バーナードの組織論は，組織を構造の側面からではなく，心理的・社会的側面から捉え直し，組織活動を維持存続させる主要な方法

を提案している。この提案された経営方法は，多くの経営者による経営の実践に生かされることになり，さらに新たな経営方法を生み出す基盤となる理論になっている。

課題

1. 企業横断組織には，他にもマトリックス組織の形態があるが，その組織形態について調べてみよう。
2. なぜ官僚制組織では新たな知識を生み出すことができないのか，考えてみよう。
3. バーナード組織論以外に，ハーバート・サイモンの組織論があるが，その基本的な理論内容を調べてみよう。

〈参考文献〉

Barnard, C.I., *The Functions of the Executive*, Harvard University Press, 1938. (山本安次郎・田杉競・飯野春樹訳『経営者の役割』ダイヤモンド社，1968年)

Drucker, P.F. with J.A. Maciariello, *Management, Revised edition*, Harper Collins Publishers, 2008. (上田惇生訳『経営の神髄―知識社会のマネジメント』上下巻，ダイヤモンド社，2012年)

Simon, H.A., *Administarative Behavior*, Macmillan, 1957. (松田武彦・高柳暁・二村敏子訳『経営行動』ダイヤモンド社，1965年)

Weber, M., *Wirtschaft und Gesellschaft, Grundriss der verstehenden Soziologie*, vierte, neu herausgegebene Auflage, besorgt von Johannes Winckelmann, 1956, erster Teil, Kapitel Ⅲ, Ⅳ, (S.122-180). (世良晃四郎訳『支配の諸類型』創文社，1975年)

第8章 組織間関係とサプライヤーマネジメント

本章のポイント

① 日本企業の組織間関係の意義やメリット，経済的効果等について認識すること。
② 大企業と中小企業との取引関係について認識すること。大企業は中小企業との取引関係によって，自社の製品・サービスを効率よく生産することができる。中小企業にとっては，長期継続的な取引関係によって，生産性の向上，技術力の向上等のメリットが得られる。
③ 中小企業間の組織間関係は，新製品開発等が可能となり，自社の発展に大きく影響する。町田市内の事例をよく理解すること。

1. 日本企業（大企業視点）のネットワークとは

❶ 日本企業の企業間ネットワークにおける経済的効果

　大企業側の視点に立った組織間関係に関する研究では，ネットワーク形成による優位性について指摘されることが多い。組織間ネットワークには，市場での不確実性に関わる問題を解決するために，経済的な意義[1]が存在する。日本企業の企業間ネットワークは「自動車産業，電機産業に典型として見られるが，互恵的信頼を持つ企業間関係を国際競争力の1つの源泉[2]」としている。また，日本企業の企業間ネットワークにおける「日本の大手発注企業と外注企

業の継続的取引関係において見られた互恵的信頼関係は独自の特質である[3]」ともいえる。大企業が「外注企業に技術や経営の指導を行い，それに対して外注企業は製品の開発や生産の問題解決に協力する関係[4]」が存在する。

以上のように，企業間が協力することにより事業を展開したり，そうした協力関係の質が産業システムの発達に強く影響したりする事例が産業活動に数多くみられており，その代表的な企業間ネットワークとして「戦略的提携[5]」[6]が挙げられる。

❷ 下請中小企業と元請大企業との関係性[7]

一方，日本の下請中小企業と元請大企業との企業間関係について，Dyer and Ouchi (1993) は，日本の自動車メーカーの国際競争力を解明するために，「日本式」企業間関係に着目した。当時の日本の自動車メーカーは，アメリカの自動車メーカーよりも製品価格が安価で良質な品質を実現しており，市場競争力は日本の方が有利であった。Dyer and Ouchiはこの競争力の源泉を，日本の排他的な下請中小企業の購入関係（企業間関係）としている。また，Dyer and Ouchiは日本の企業間関係の効果として，日本の企業間関係は，下請中小企業と元請大企業が製造に関するコストを最小限にし，さらに製品品質を高めることであると指摘している。日本の企業間関係は生産費用と取引費用で規模の経済の優位性を得ることができる。

さらに，Dyer and Singh (1998) では，企業間関係によって，下請中小企業と元請大企業は優位性を保持していると述べられている。下請中小企業と元請大企業との受発注関係は，「長期継続取引」の中で，元請大企業から下請中小企業への技術支援，設備支援等が行われる場合がある。下請中小企業は，これらの支援により生産性を高める良い機会となるため，元請大企業からの支援を断ることはまずない。これにより，下請中小企業は元請大企業と取引を行うメリットを享受する。一方で，元請大企業は，下請中小企業に対して技術支援，設備支援を行えば，定期的な取引の安定，品質向上等のメリットが得られる。取引の安定は，契約違反等の際にかかる保険費用が安くて済むため，取引費用の

削減のメリットを生み出す。

　Dyer and Singhは，企業はパートナー（取引関係者）との間で，独自の方法で，資源を結合させていると述べている。独自の方法で資源を結合させるプロセスを「関係特殊的投資」といい，結果的に「関係レント[8]」を生み出すことにつながる。Dyer and Singhは，この「関係レント」を生み出すことによって，日本の企業間関係が優位性を享受できるとしている。

❸　企業間ネットワークの信頼関係と効果

　上記のように，企業間ネットワークを形成することで得られる効果を生み出すためには，ネットワーク内での信頼関係が重要となる[9]。ネットワークに参加する組織間の信頼性については，3つの類型が考えられる。第1に組織間の協力の合意についての履行保障に関わる制度への信頼性を示す「制度的信頼」，第2にそれに関わるパートナー組織の能力への信頼性を示す「能力的信頼」，第3に個別的な協力関係の共同発展についてのパートナー組織の意図への信頼についての「意図的信頼」が考えられる[10]。日本の企業間ネットワーク組織は，「企業間における分厚い人的ネットワーク[11]」を背景に支えられてきた。企業間における人的ネットワークの信頼関係は企業内では，従業員の定着率の高さ，組織変革への支持と促進，仕事の質や製品品質の高さにつながり，企業間では，合弁事業や提携関係の形成・発展，発注企業と外注企業の品質改善に向けた長期的な共同の品質改善等を促進すると考えられている[12]。

　企業間ネットワークを構築する際には，組織間で経営資源を補完的に活用することになるが，組織間の依存関係の度合いによって自社の他社への権力を高めることができる。なぜならば，「第1に，組織は，資源の希少性のために，その生存に必要な資源を外部の組織から獲得する必要があるので，組織間関係に関与せざるを得ない[13]」という前提があり，他社の資源を活用するために，他社の組織に依存することは，組織の間に影響力や権力そして管理システムを発生させる[14]。「第2に組織は自らの自律性を保持しようとし，他組織への依存を回避しようとする。そして他の組織が依存する場合には，それを強化して

自らの権力の水準を高め，その及ぶ範囲を広げようとする[15]」ことが考えられる。

　企業間ネットワークは自社の存立に必要な経営資源を得るために組織間関係を構築し，その経営資源の交換から発生する権力関係に関して，自らの依存度は下げて，他の組織の依存度を上げることで，権力を強める戦略を展開すると考えられる[16]。一方，企業間ネットワークを形成することで，参加している企業が不正行為等を行わない保証はない。企業間においては，「企業が埋め込まれている社会ネットワークがあるので，企業の経済的活動はそれを通じて取引規範や資源動員についての社会的文脈の影響[17]」を受けることになり，いわゆる機会主義[18]の抑制につながる。企業間ネットワークは社会ネットワークとの多くの紐帯が存在しており，その紐帯[19]がより緊密に構築されていれば，経済的取引における取引費用を社会的に抑制する面が考えられる。企業間における信頼関係は，「協調行動を促進し，機会主義を社会的に抑制するので，こうしたコストを削減する経済的効果[20]」を生み出すと考えられる。

2．サプライヤーの役割

❶　サプライヤーについて

　長期継続的な企業間関係に関する日本の文献として，浅沼（1989）が挙げられる。浅沼（1989）は下請中小企業が元請大企業からの要望に応えていくプロセスで，「貸与図メーカー」から「承認図メーカー」に発展することが長期継続的な企業間関係になるとしている。

　日本の長期継続的な企業間関係の議論は，取引関係の両社のメリットが発生することで，企業間関係が継続しているといえる。浅沼（1989）の**関係特殊的技能**による長期継続的な企業間関係の要因を検討することで，日本の長期継続的な取引関係を維持させる要因を説明する[21]。

❷ 企業間関係における関係特殊的技能

(1) 貸与図, 承認図の部品製造

　浅沼は, アセンブラー (元請大企業) とサプライヤー (下請中小企業) の取引関係を論じている。浅沼は自動車メーカーが下請中小企業から購入する部品について以下のようなタイプがあると指摘している。

　第1に中核企業 (元請大企業) が供給する図面にしたがって外部のサプライヤー (下請中小企業) が製造する部品である[22]。第2にサプライヤー (下請中小企業) 自身が作成し中核企業 (元請大企業) が承認する図面にしたがって外部のサプライヤー (下請中小企業) が製造する部品である[23]。

　浅沼は第1で説明している図面は「**貸与図** (Drawing Supplied)」と呼んでいる[24]。第2で説明している図面は「**承認図** (Drawing Approved)」と呼んでいる[25]。部品のカテゴリーに関するこの区分をサプライヤー (下請中小企業) のカテゴリー区分に持ち込んで, 主として貸与図の部品を供給しているサプライヤー (下請中小企業) を「貸与図のサプライヤー (DS suppliers)」, 主として承認図の部品を供給しているサプライヤーを「承認図のサプライヤー (DA suppliers)」と呼んでいる[26]。貸与図のサプライヤー (下請中小企業) は「基本的に, 取引される部品に関する製造能力だけを提供しているのに対して, 承認図のサプライヤーは製品開発能力をも提供している[27]」と定義している。

　浅沼は, さらに承認図を詳細に分類している。承認図の部品は市販品タイプの部品を起源として, その発展として生じるものと, 貸与図の部品を起源として, その発展として生じるもの, 主に, この2つの方向から生まれてくるものである。市販品タイプは,「中核企業が, サプライヤーに, 従来その産業の中のすべての買い手側企業に共通であった部品仕様の上に, この中核企業が感知しているなんらかの特定のニーズに対応して, 特別な部分的変更を加えてくれるよう要求すること[28]」, つまり, サプライヤーが, そのような部分的改良を加えた部品を生産することに同意するならば, ある市販品タイプの部品からの派生物として, 1つの承認図の部品が現れる。

　次に, 貸与図の部品を発展させたタイプは,「中核企業 (元請大企業) はサプ

ライヤー(下請中小企業)から，比較的単純な部品ないし簡単な加工サービスを買い入れる傾向がある。しかしながら，時が経つとともに，中核企業(元請大企業)は，すでに試してみたサプライヤー(下請中小企業)の中から相対的に質の良い企業をいくつか選び，これら選ばれたサプライヤー(下請中小企業)に，次第にアセンブリーの度合の進んだ形態で部品を供給させる[29]」。つまり，サプライヤー(下請中小企業)に貸与図で作らせた部品で，中核企業(元請大企業)がより高度な部品を製造したい場合に，そのサプライヤー(下請中小企業)の中から優良なサプライヤー(下請中小企業)を選び抜き，高度な部品を製造させるのである。部品の図面が，中核企業(元請大企業)が出す仕様に基づきながら，関係するサプライヤー(下請中小企業)によって全面的に描かれるようになることである。また，承認図は「準承認図部品(quasi DA parts)」と特徴づけることが適切であるような部品がいくつか存在する。そうした部品については，「中核企業(元請大企業)は粗い図面だけを提供し，詳細図面の完成は，関係するサプライヤー(下請中小企業)に委託する[30]」。

以上のように，元請大企業は下請中小企業に対して貸与図，承認図の部品製造を発注している。浅沼は，元請大企業が下請中小企業を貸与図か承認図の部品を製造しているかで，ランク付けを行っていると指摘している。例えば，下請中小企業を，A，B，C，Dの4つのランクに分類していると仮定する。浅沼は優良下請中小企業をAランクとBランクに区別し，一般下請中小企業は，CランクとDランクに区別している[31]。

以下では，各ランクを具体的に説明していく。Aランクの企業は，「みずからの評判を打ち立てるのにもっとも成功を収めた企業であり，中核企業は，それら企業については，ある程度の比率の株を持とうとすることが多い[32]」。Bランクの企業は，「もしそれが中核企業からのコメントに反応して，かなりの改善をなしとげるならば，しかるべき時点でAに分類し直してもらえる可能性がある[33]」。Cランクの企業は，「Bランクでいる時に，改善の見込みがない状態が続き格下げされた企業群である[34]」。Dランクの企業は，「「改善の見込みなし」と最終的に判定されるに至った企業であり，中核事業所は，このランク

に分類された企業とは，適当な時点で関係を打ち切ることを望む[35]」。

(2) 関係特殊的技能

　元請大企業は下請中小企業のランク付けを行って，下請中小企業を管理しているのである。浅沼は，優良外注先に求められる能力を考察している。浅沼は各ランクで説明されている元請大企業からの改善要求に対応する下請中小企業の技術的能力を関係特殊的技能と呼んでいる。関係特殊的技能とは，「中核企業（元請大企業）のニーズに対して効率的に反応するためにサプライヤー（下請中小企業）の側に要求される技能のことである。この技能を形成するには，サプライヤー（下請中小企業）が蓄積してきた基本的な技術的能力の基礎の上に，特定の中核企業との反復的な相互作用を通じての学習が付加されることを要する[36]」。

　「関係特殊的技能」は，個人が持つ技能というよりも，それを構成要素として含みはするが，サプライヤー（下請中小企業）が組織として持つ技能のことを指している。「関係特殊的技能」は，ある特定の中核企業（元請大企業）に対する関係の中でしか通用しないものではない。あるサプライヤー（下請中小企業）が中核企業（元請大企業）と取引関係を持つことを通じて学習を積み，技術的資産を蓄えれば，それによって達成された「技能」は，他の中核企業との関係に対しても正のスピル・オーバー効果を持つ[37]。

　その関係特殊的技能は次の4つの互いに重なりを持たないグループに分類することができる[38]。

　X1：開発段階の初期過程の間にサプライヤーが発揮することを要求され，かつ中核企業から見て目に見えるものとなる諸能力。

　X2：開発段階の後期過程の局面の間にサプライヤーが発揮することを要求され，かつ中核企業から見て目に見えるものとなる諸能力。

　X3：商業的生産段階の間に，製造プロセスのルーティン的なオペレーションに関してサプライヤーが発揮することを要求され，かつ納入のさいに中核企業から見て目に見えるものとなる諸能力。

X4：商業的生産段階の間に，製造プロセスの改善に関してサプライヤーが発揮することを要求され，かつ価格交渉のさいに中核企業から見て目に見えるものとなる諸能力。

　上記を具体的に説明していけば，X1は第1に中核企業から受け取った仕様に応じて部品を開発する能力，および第2に中核企業から受け取った仕様につき改善を提案する能力からなる。X2は第1に中核企業から貸与された図面もしくはサプライヤーが作成し中核企業の承認を受けた図面に準拠して製造工程を開発する能力，および第2にVE（Value Engineering）を通じて見込み原価を低減させる能力からなる。X3は，第1に品質を保証する能力，および第2にタイムリーな納入を保証する能力から構成される。X4は第1に合理化を通じて原価を低減させる能力，および第2にVA（Value Analysis）を通じて原価を低減させる能力から構成されるのである[39]。

　以上の関係特殊的技能が下請中小企業に求められ，これら全部の能力を有する下請中小企業がAランクに位置づけられ，存立基盤は最も強固になる。浅沼は，下請中小企業と元請大企業との受発注関係の内部に視点をおいて下請制を考察した。下請中小企業は貸与図と承認図に基づく受注関係があり，承認図の受注になれば，専門メーカーの立場になるとした。最初から承認図の受注ができるのではなく，貸与図の受注で信用等を元請大企業から得て，改善していける能力があると判断されれば，承認図の受注が可能となる。以下の図表8－1は貸与図，承認図の部品と関係特殊的技能の主要構成要素を表したものである。

　さらに，浅沼は6つのカテゴリーで貸与図，承認図を分類している。まず，Ⅰのカテゴリーは貸与図の部品で，かつ元請大企業が工程についても詳細に指示する。Ⅱのカテゴリーは貸与図の部品で，かつ下請中小企業側が貸与図を基礎に工程を決める。Ⅲのカテゴリーは貸与図の部品で，かつ元請大企業は概略図面を渡し，その完成を下請中小企業側に委託する。これまでが貸与図の部品のカテゴリーである。次にⅣのカテゴリーは承認図の部品で，かつ元請大企業は工程について相当な知識を持つ。Ⅴのカテゴリーは承認図の部品で，かつⅣ

図表 8 − 1　部品の主要カテゴリー別に見た関係特殊的技能の内容

部品の主要	関係特殊的技能の主要構成要素			
	X_1 開発段階の初期の局面で行われる相互作用を通じて目に見えるものとなる諸能力	X_2 開発段階の後期の局面で行われる相互作用を通じて目に見えるものとなる諸能力	X_3 生産段階で行われる納入の際に目に見えるものとなる諸能力	X_4 生産段階で行われる価格再交渉の際に目に見えるものとなる諸能力
承認図の部品	1. 中核企業から出された仕様に応じて製品を開発する能力 2. 仕様の改善を提案する能力	1. 承認を受けた図面に基づき工程を開発する能力（可能性は高い場合から低い場合までさまざまある） 2. VEを通じて見込原価を低減させる能力	1. 品質を保証する能力 2. タイムリーな納入を保証する能力	1. 工程改善を通じて原価を低減させる能力（可能性は高い場合から低い場合までさまざまある） 2. VEを通じて原価を低減させる能力
貸与図の部品	（関係なし）	1. 貸与された図面に基づき工程を開発する能力 2. VEを通じて（設計改善提案を通じて）見込原価を低減させる能力	1. 品質を保証する能力 2. タイムリーな納入を保証する能力	1. 工程改善を通じて原価を低減させる能力 2. VAを通じて（設計改善提案を通じて）原価を低減させる能力

出所：浅沼（1990）の35ページを抜粋し，若干加工している。

とⅥとの中間領域である。Ⅵのカテゴリーは承認図の部品で，かつ元請大企業は工程について限られた知識しか持たない。これまでのカテゴリーが承認図の部品である。

　下記の図表8−2のように，6つのカテゴリーで下請中小企業の受注する部品の製造過程をみて，浅沼は元請大企業と下請中小企業の長期継続的な企業間関係を論じている。

（3）カテゴリーの領域

　以上の元請大企業からみた下請中小企業の分類を総合して，浅沼は長期継続的な企業間関係を論じている。貸与図と承認図のカテゴリーをみた場合，Ⅰ，Ⅱの領域（貸与図）にある下請中小企業よりも，Ⅲ，Ⅳ，Ⅴ，Ⅵの領域（主に承認

図表8-2　部品および下請中小企業の分類

カテゴリー	買手の提示する仕様に応じ作られる部品（カスタム部品）					
	貸与図の部品			承認図の部品		
	Ⅰ	Ⅱ	Ⅲ	Ⅳ	Ⅴ	Ⅵ
分類基準	買手企業が工程についても詳細に指示する	供給側が貸与図を基礎に工程を決める	買手企業は概略図面を渡し，その完成を供給側に委託する	買手企業は工程について相当な知識を持つ	ⅣとⅥとの中間領域	買手企業は工程について限られた知識しか持たない
例	サブアセンブリー	小物プレス部品	内装用プラスチック部品	座席	ブレーキ，ベアリング，タイヤ	ラジオ，燃料噴射制御装置，バッテリー

出所：浅沼（1990）の25ページを抜粋し，若干加工している。

図）にある下請中小企業の方が長期継続的な企業間関係にあると論じている[40]。つまり，貸与図の部品を製造している下請中小企業は元請大企業から生産管理の面で介入されるので，自社独自で製品単価を決定できない。逆に承認図の部品を製造している下請中小企業は元請大企業から生産管理の面で介入されにくいので，自社独自で製品単価をある程度決定できる。また，元請大企業は下請中小企業にブラックボックス化された技術を構築されると，下請中小企業の部品の代替品を他社から購入するのが困難になる。それを受けて元請大企業と下請中小企業の企業間関係は長期に継続することになる。

3．中小企業の企業間ネットワークの形成と効果

中小企業側の視点における企業間ネットワークに関しては，イノベーションや地域社会との関係の視点で捉えることができる[41]。中小企業は自社単独で保有する製品・サービスが大企業と比較して少ないことから，既存の主力製品の改良・改善を行い，新製品の開発期間を短縮することによって新たな製品ライ

フサイクルの波をなるべく早く興していくことが必要となってきている[42]。中小企業は自社の存立維持を図るために，多様なネットワークを構築する可能性がある。中小企業の企業間ネットワークにおけるアプローチとしては，資源依存，協同戦略，取引コスト，制度化が考えられる[43]。

まず，資源依存アプローチでは，「中小企業が大企業ほど十分な経営資源を持たないため，他企業との経営資源の共有化を図って生き延びることが重要となり，この場合の経営資源には，単に資金・設備・人材だけでなく，情報・技術も含まれる[44]」。中小企業の企業間ネットワークにおいて，「参加企業間で資産特殊的取引の少ない，もしくは全くない場合には参入，離脱の自由度は一般的に高いと推定される[45]」。

協同戦略アプローチでは，「組織が相互依存を築く理由として，単なる組織存立の要件ではなく，変動する環境下，個組織が他組織との協同を通じて，組織間共同目標を追求するという積極的な側面に焦点」が置かれている[46]。この協同戦略アプローチの考え方に重要な「互酬性」は，中小企業のネットワーク化が産業調整を推進する1つのシステムとして捉えることができる[47]。

取引コストアプローチでは，「取引様式に注目し，取引がヒエラルキーによって調整された組織内で行われるのか，価格機構によって調整された市場によって行われるのかという，組織と市場との選択[48]」が重要となる。しかし，中小企業の企業間ネットワークでは，短期的な利益追求だけに固執すると，異業種交流のような人々の出会いや，情報や意見の交換，思いの表出を主とする関係は評価できないし，相互学習や知識創造のためのネットワークという視点も弱いといえる[49]。

制度化アプローチでは，「組織は制度化された環境の中に埋め込まれている[50]」という考え方である。例えば，スタートアップ企業が創業支援施設に入居し，そのネットワークに組み込まれることで，自社の存在を正当化し，権威付けしようとする動きである[51]。中小企業が企業間ネットワークを構築することで，メーカーや顧客に対して，まるで単一のグループであるかのように振る舞えば，規模の経済性を享受することができ，企業が保有している資源の異質

性（補完性）が高ければ，伸縮的専門化が同時に実現できる可能性がある[52]。

　中小企業の企業間ネットワークに関する各アプローチが存在するが，各アプローチから考えられる経済的効果等を創出し続けるためには，ネットワークを長期的に維持しなければならない。中小企業の企業間ネットワークに参加している企業にとって，各社に何かしらのメリットが発生し，そのメリットが各社の経営行動の戦略上役に立つものでなければならない。中小企業の企業間ネットワークにおいて，参加企業に共通目的として認識されやすい知識創造のネットワークを構築する必要がある。知識創造のネットワークとは，「知識創造やイノベーションのためのネットワーク[53]」のことである。企業間ネットワークを通じて，製品やサービス，労働力，情報，資金等が交流することで，新しい知識が創出され，蓄積されることが考えられる[54]。知識創造のネットワークはネットワークを介して獲得する諸資源も，ライバル企業が容易に獲得できないものだけに，持続的な競争力の源泉となり得る[55]。

　従来，企業は「経済活動をその存続の第1の目的とするが，その達成に向けて，政治的，社会的，文化的な活動[56]」といったさまざまな活動にも関与している。なぜならば，企業は「①不足する資源を他の企業との関係性によって補完するという資源の相互補完・相互活用の機能，②異質な組織や経営資源の組み合わせによって，それまでは成員の中に存在しなかった新しいものが生まれる創発性，③組織と組織のゆるやかな結びつきのほうが，環境変化に対して有効に対応できるという機能，④発達したネットワーク手段の活用による業務やコミュニケーションの効率化の4つの機能[57]」を保持する必要があるからである。

　中小企業の企業間ネットワークを通じて社会的，特に地域社会から得られる最も大きな効果としては地域の多様性（地域資源）を活用できることが考えられる。地域社会には，多種多様な業種・業態の企業をはじめ，特徴ある地域性に基づいた地域資源が存在している。市場が成熟化を迎えた今，新製品・新技術を開発しようとしても，1つの要素技術だけで完成できる余地は少なくなっており，多くは複数の要素技術が組み合わされている。そのため，企業規模の

小さい企業では自社単独でいくつもの技術を習得することは難しく，自社にない技術を保有する企業と連携を図り，新製品・新技術の開発に取り組む必要が生じてきた[58]。

一方，中小企業の企業間ネットワークでは，ある目的の事業を達成するために企業同士がお互い協力し合うことも考えられる[59]。中小企業の企業間ネットワークを形成する動機としては，企業の行動目標としての経済的利潤を獲得することである[60]。企業は企業間関係によって補足的な資源や能力を獲得し，この方法によって製品開発，有力な市場への参入ないし市場への速やかな参入の観点から，商品市場における競争力を強化し，総収入の増加を図ることができるのである[61]。中小企業の企業間ネットワークの形成としては「空間次元（地域，全国，グローバル），価値連鎖の次元（垂直的，水平的），時間次元（長期・短期），業種（同業種，異業種）等のいくつかの次元があり，その組み合わせにより，いくつかのパターン[62]」が存在する。

以下からは，中小企業の企業間ネットワークは具体的にどのような効果を生み出しているのか，集積地内，中小企業支援団体，地域社会等といった広範囲にわたるネットワークを形成している多摩地域の事例を取り上げる。

4．集積地を活かした連携事業

❶ 多摩地域について

東京都に存在する多摩地域は「先端的な開発型産業集積として現在注目されている地域[63]」として捉えることができる。多摩地域は「八王子，青梅等の織物業を基幹として発展してきた。現在のようなハイテク産業地域の萌芽は，戦前・戦中期に，航空機製造業や計測機器製造業等の軍事産業が都心部や京浜工業地帯から工場疎開し，軍事工場地域としての性格を持ったことに始まる。戦後，東京圏郊外地域の急速な宅地化による新興住宅街の出現など，工業地帯としての性格は弱まったが，大企業を中心とした基幹工場群が，先端技術化要請の中で，研究開発・施策等に従事する中枢的な母工場へと進化し，多摩地域の

ハイテク化はめざましい発展[64]」を遂げたといえる。

地域の特徴としては，「①大企業の有力工場（母工場）や研究所が集積している（主に，半導体・集積回路，コンピュータ，通信機器，計測・制御機器，光学関連機器，自動車等輸送用機器など），②理工系大学（20数校）など教育・研究機関が集積し，有数の研究開発集積を形成している，③200社以上の製品開発型中堅・中小企業，100社を超えるオンリーワン企業（日本におけるマーケットシェアNo.1企業）など，設計能力があり，自社製品を有している多数の製品開発型企業の存在，④製品開発型企業や大企業の母工場，研究所などを支える基盤技術型中小企業の集積[65]」等を挙げることができる。以下からは，町田市に存在するまちだテクノパークの集積地における中小企業の企業間ネットワークの取組について説明していく。

❷ まちだテクノパークについて[66]

多摩地域に存在するまちだテクノパークの中小企業における企業間ネットワークについて説明していく。まちだテクノパークは1998年に多摩高度化事業準備組合が設立されたのを機に誕生した[67]。まちだテクノパークは国際的にもトップクラスの優れた技術を持つ企業を集積させ，新たな創造を生み出すことを目的とした「産業クラスター計画」により集められた異業種による「研究開発型企業集積」といえる。まちだテクノパークは各中小企業では困難な事案についても結びつきの強いネットワークを構築することにより多くの取り組みを具現化できることこそが「まちだテクノパーク」の存在意義ともなっている。

（1）組合員企業によるネットワークと地域との関係[68]

個々の優れた技術を持ち寄ることで，より次元の高い高度なモノを開発する。産学官連携による共同開発は工業分野だけに留まらず「商工」「農商工」連携にまで拡がっている。異業種の研究開発型企業が集まることによって可能となっている各種の共同開発プロジェクトは日常的に行われている。また，個々の企業が持つ設備を，組合内のだれもが自由に利用できるシステムも存在する。

例えば，組合全体によるカーシェアリングをはじめ，各種の加工機，測定器等，自社で保有するには経済的に負担が大きいものでも互いに利用し合うことにより負担を軽減できる。

　まちだテクノパークは地域住民との交流を盛んに行っている。毎年秋には地域の商店会，町内会，警察，消防そして小中高校と一緒になり，まちだテクノパークを会場として大規模なお祭りである「アレサふれあいまつり」[69]を開催している。また，まちだテクノパークでは常時，工場見学を受け入れており，例年1,000人以上の子供が組合員の工場を見学している。

❸　共同事業について[70]

　まちだテクノパークでは，組合員企業による環境分野，エネルギー分野，医療分野，農業分野，防災分野等多くのテーマに積極的に取り組み，開発，実用化を進めてきている。特に「農業分野」については，A社[71]がコアとなり町田市，町田商工会議所と連携し**農商工連携**による水耕栽培の開発を数年に及ぶ期間を費やし完成させた。町田商工会議所の職員（当時）であるⅠ氏は，水耕栽培を開発する創成期から支援しており，水耕栽培の開発費用等の助成金等で積極的に力を貸していた。

　中小企業間のネットワークと町田商工会議所等の支援により，水耕栽培には適さないといわれてきたマスクメロンを1本の苗から60個の大玉メロン（糖度16度）を栽培・収穫することに成功した。しかし，水耕栽培の開発は容易ではなく，課題も多くあった。従来の水耕栽培技術では，メロンを栽培するには適さなかった。なぜならば，メロンの根が腐り，さらには糖度が上がらないのである。A社はその課題解決方法（仮説）を立て，研究開発を行ったことでメロンの水耕栽培でも根が腐らず，糖度を上げることに成功したのである。A社の社長はメロンの植物が本来持つ強い成長力，生命力を支援することに注力することが重要だったと説明している。

　この水耕栽培から誕生したマスクメロンは町田商工会議所で商標登録もされており，「まちだシルクメロン」として2015年に本格的に出荷が始まり，町田

市地域を中心に販売されている。しかし，A社はマスクメロンを栽培・販売することが主たる目的とはいえず，栽培可能とする装置の販売を実現することを目標としている。A社をはじめ栽培装置に携わっている中小企業は製造業である。各社の技術を応用した栽培装置を生産・販売することが共同事業の到達点といえる。現段階では，栽培装置の価値を高めるためには，優良なマスクメロンを大量に生産でき，販売実績を構築する段階でもある。

課題

1. 日本企業の組織間関係についてどのような意義があるのか考えてみよう。
2. 大企業と中小企業との取引関係について概念を整理してみよう。
3. 日本企業の組織間関係の事例を取り上げ，組織間にどのような効果をもたらしているのかを調べてみよう。

【注】

1) 若林（2006），54ページ。
2) 若林（2006），109ページ。
3) 若林（2006），109ページ。
4) 若林（2006），109-110ページ。
5) 「戦略的提携」には「合弁事業，資本提携，事業提携，フランチャイズ，継続的取引関係などの多様な組織間協働の現象」を含む（若林，2006，86-87ページ）。
6) 若林（2006），86ページ。
7) 長谷川（2010），長谷川（2011）から修正・加筆している。
8) 「関係レント」とは，特定のアライアンスのパートナーと共同して生み出される超過利益（supernormal profits）とする。
9) 若林（2006），5ページ。
10) 若林（2006），86-87ページ。
11) 若林（2006），4ページ。
12) 若林（2006），4-5ページ。
13) 若林（2006），45ページ。
14) 若林（2006），45ページ。

15) 若林（2006），45－46ページ。
16) 若林（2006），46ページ。
17) 若林（2006），55ページ。
18) 機会主義は企業行動に対して，相手の行動を監視するための情報コストや監視コスト再交渉を行う交渉コストを追加的に発生させる（若林，2006，21ページ）。
19) 第1に財やサービスについての「資源交換」の関係，第2にコミュニケーションによる「情報交換」の関係，第3に非対称的な交換から発生する「権力関係」，第4に共通の目的を達成する連合で生じる「企業境界を超えた調整関係」，第5に協同の連帯感を高め義務感を生む「感情的結合」の関係である。こうした五重の関係が濃厚に展開されるならば，企業間でも情報・資源だけではなく規範・意味の共有も進んでいる（若林，2006，55ページ）（Knoke, 2000, pp.65-66）。
20) 若林（2006），21ページ。
21) 浅沼萬里は浅沼（1987）において関係レントの概念に注目し，企業間関係を考察している。
22) 浅沼（1998），14ページ。
23) 浅沼（1998），14ページ。
24) 浅沼（1998），14ページ。
25) 浅沼（1998），14ページ。
26) 浅沼（1998），14ページ。
27) 浅沼（1998），14ページ。
28) 浅沼（1998），16－17ページ。
29) 浅沼（1998），17ページ。
30) 浅沼（1998），18ページ。
31) 浅沼（1998），20ページ。
32) 浅沼（1998），20ページ。
33) 浅沼（1998），20ページ。
34) 浅沼（1998），20ページ。
35) 浅沼（1998），20ページ。
36) 浅沼（1998），26ページ。
37) 浅沼（1989），75ページを参考にした。
38) 浅沼（1998），27ページ。
39) 浅沼（1998），27ページを参考にした。
40) 浅沼（1990），27ページ。
41) 西口（2003），31ページ。
42) 中山（2001），163ページ。

43) 西口（2003），33ページ。
44) 西口（2003），33ページ。
45) 西口（2003），34ページ。
46) 西口（2003），34ページ。
47) 西口（2003），35ページ。
48) 西口（2003），35ページ。
49) 西口（2003），36ページ。
50) 西口（2003），36ページ。
51) 西口（2003），36ページ。
52) 西口（2003），37－38ページ。
53) 西口（2003），36ページ。
54) 西口（2003），38ページ。
55) 西口（2003），38ページ。
56) 西口（2003），43ページ。
57) 粂野（2005），30－31ページ。
58) 文能（2005），118ページ。
59) 太田（2005），145ページ。
60) 柿崎（2001），150ページ。
61) 柿崎（2001），150－151ページ。
62) 太田（2005），146ページ。
63) 田中（2004），187ページ。
64) 田中（2004），187ページ。
65) 田中（2004），191ページ。
66) まちだテクノパークの取り組みについては，主にhttp://www.mtp.or.jp/index.htmlを参考にしている。また，筆者が2013年にまちだテクノパークの事務局に赴き，現状と課題もヒアリングしており，その内容も参考にしている。
67) 2000年に中小企業総合事業団（現中小企業基盤整備機構）により事業計画認定。東京都町田市小山町（多摩ニュータウン事業地内　現小山ヶ丘）に工場団地建設を決定。建設工事着手。2001年に第1期工事終了。2004年に業務核都市の中核施設に認定。2006年に第2期工事終了。2008年に環境省「エコアクション21」認証・登録取得（登録番号0002489号）。2011年に組合内共同開発グループ「合同会社マチダ・ラボ」設立。
68) まちだテクノパークHP（http://www.mtp.or.jp/）より抜粋・引用した。
69) 例年5,000人以上の入場者がある。
70) まちだテクノパークHP（http://www.mtp.or.jp/）より抜粋・引用した。

71) 各種産業用のエアーノズルの開発から設計・製造・販売を行っている。

〈参考文献〉

浅沼萬里「日本におけるメーカーとサプライヤーとの関係―関係の諸類型とサプライヤーの発展を促すメカニズム」土屋守章・三輪芳朗編『日本の中小企業』東京大学出版会，1989年，61－80ページ。

浅沼萬里「日本におけるメーカーとサプライヤーとの関係―「関係特殊的技能」の概念の抽出と定式化―」京都大学経済学会『経済論叢』第145巻第1号，2号，1990年，1－45ページ。

浅沼萬里「日本におけるメーカーとサプライヤーとの関係―「関係特殊的技能」の概念の抽出と定式化―」藤本隆宏・西口敏宏・伊藤秀史編『リーディングスサプライヤー・システム―新しい企業間関係を創る―』有斐閣，1998年，1－39ページ。

文能照之「ベンチャーの成長と地域の関わり」湖中齊・前田啓一・粂野博行編著『多様化する中小企業ネットワーク―事業連携と地域産業の再生―』ナカニシヤ出版，第6章，2005年，111－128ページ。

Dyer, J. H. and Ouchi, W. G., "Japanese-Style Partnerships : Giving Companies a Competitive Edge," *Sloan Management Review*, Vol. 35, No. 1, 1993, pp.1-63.

Dyer, J. H. and Singh, H., "The Relational View : Cooperative Strategy and Sources of Interorganizational Competitive Advantage," *The Academy of Management Review*, Vol. 23, No. 4, 1998, pp.660-679.

長谷川英伸「企業間関係における中小企業の優位性―「関係特殊的投資」に関する研究―」兵庫県立大学大学院学園都市キャンパス研究会『星陵台論集』第43巻第1，2号，2010年，95－110ページ。

長谷川英伸「長期継続的な中小企業と大企業の関係性―「関係レントの分配」と「関係特殊的技能」に関する研究―」兵庫県立大学大学院学園都市キャンパス研究会『星陵台論集』第44巻第1，2号，2011年，1－23ページ。

長谷川英伸「中小企業のネットワーク形成に関する一考察―多摩地域の事例を中心に―」大阪経済大学中小企業・経営研究所『中小企業季報』第2号，2016年，1－11ページ。

柿崎洋一「企業間関係の経営活動に関する一考察」東洋大学『経営論集』第54号，2001年，147－161ページ。

Knoke, David, *Changing Organization: Business Networks in the New Political Economy*, Boulder: West View Press, 2000.

湖中齊・前田啓一・粂野博行編著『多様化する中小企業ネットワーク―事業連携と地域産業の再生―』ナカニシヤ出版，2005年。

粂野博行「中小企業の「ネットワーキング」湖中齊・前田啓一・粂野博行編著『多様化

する中小企業ネットワーク―事業連携と地域産業の再生―』ナカニシヤ出版，第2章，2005年，29-48ページ。
中山健『中小企業のネットワーク戦略』同友館，2001年。
西口敏宏編著『中小企業ネットワーク―レント分析と国際比較―』有斐閣，2003年。
小川正博・西岡正・北嶋守『ネットワークの再編とイノベーション―新たなつながりが生むものづくりと地域の可能性―』同友館，2012年。
太田一樹「企業成長と多様化する企業連携」湖中齊・前田啓一・粂野博行編著『多様化する中小企業ネットワーク―事業連携と地域産業の再生―』ナカニシヤ出版，第7章，2005年，129-149ページ。
太田進一『ネットワークと中小企業』晃洋書房，2012年。
島田克美『企業間関係の構造―企業集団・系列・商社―』流通経済大学出版会，2010年。
田中史人『地域企業論―地域産業ネットワークと地域発ベンチャーの創造―』同文舘出版，2004年。
若林直樹『日本企業のネットワークと信頼―企業間関係の新しい経済社会学分析―』有斐閣，2006年。

第9章 人事管理・人的資源管理

本章のポイント

1. 企業が行う人材マネジメントには，人事管理と人的資源管理がある。いずれも労働者の雇用・採用・配置，処遇・報酬，教育訓練（能力開発），労使関係，モチベーションの管理などを含む経営管理である。その具体的実践は，管理活動の根底を成す人間観の違いがあることから国・地域や時代によって特殊性が生じ，多様である。

2. アメリカにおいて企業の人材マネジメントは，①経済人モデルに立脚する人事管理（1910年代から1920年代），②社会人モデルに立脚する人間関係論的人事管理，自己実現人モデルに基づく行動科学的人事管理（1920年代から1950年代），③人間を能力開発投資の対象とみなす戦略的な人事管理である人的資源管理（1960年代以降），④人的資源を競争力の中心課題とする戦略的人的資源管理（1980年代後半以降）へと発展してきた。

3. 日本企業の人材マネジメントは，いわゆる日本的経営の三種の神器（終身雇用，年功制，企業別組合）による人事管理（1950年代から1980年代）から，複線型雇用管理，成果主義賃金，個別的労使関係を特徴とする戦略的人的資源管理（1990年代以降）へと変化している。

4. 1990年代以降，ディーセントワーク（人間らしい働きがいのある仕事の実現）を目指すことが労働CSRの国際的な潮流になっている。ディーセントワークを達成するための課題は，ワーク・ライフ・バランスとダイバーシティ・マネジメントのための施策を講じることによってファミリー・フレンドリーな経営管理を確立することである。

第9章　人事管理・人的資源管理　　143

1. はじめに

　企業は，競争力の獲得・強化や収益の向上など経営目的を達成できるよう，人的資源，物的資源，財務的資源，情報的資源などの経営資源を組み合わせながら，生産活動を行う。経営資源のうち人的資源に関わる管理活動は，**人事管理**（PM：personnel management），あるいは**人的資源管理**（HRM：human resource management）と呼ばれる。人事管理と人的資源管理は，労働者の雇用・採用，処遇・報酬，教育訓練や労使関係などを含む一連の人材マネジメントであり，企業であれば，主として人事部が担当する。人材マネジメントの具体的実践は，国・地域や時代によって特殊性があり，多様である。その特殊性と多様性は，管理の対象としての労働者をどのように見るかという，管理活動の根底を成す人間観の違いによっている。本章では，アメリカを中心とする人材マネジメントとその人間観の発展を概観し，人事管理の延長上に現代的な人的資源管理が登場したことを議論する（2.）。次に，20世紀後半以降から現代までの日本企業の人材マネジメントを検討し，その特徴と変容（3.），および課題を議論する（4.）。これらの議論を通じて，現代企業の人材マネジメントの理論と実際を理解することが本章の目的である。

2. アメリカ企業の人材マネジメント

❶　人事管理の生成：1910年代から1920年代

　アメリカ企業の人事部による人事管理は，1910年代の雇用問題に対応することから始まった。当時，アメリカの産業界では，テイラー（Taylor, F. W.）によって考案された科学的管理（Scientific Management）が普及した。科学的管理は時間研究と動作研究によって設定される標準作業と標準作業量（＝課業），差別的出来高賃金，職能別職長制，および計画部によって構成される。科学的管理が導入される以前は，熟練労働者に管理を任せて経営者は生産現場に介入しな

いという内部請負制度と成行き管理によって，組織的怠業が生じていた。科学的管理の普及によって，計画と執行が分離され，作業現場の生産性は向上した。一方で，労働者を物的生産要素と並ぶ人的生産要素とみる人間観（＝労働者機械視）が生じた。第一次世界大戦（1914年から1918年）が勃発すると，アメリカではヨーロッパからの移民の流入がストップし，労働力不足が生じた。企業は**身体障害者，女性，南部の黒人**などを労働力として調達した。企業は，これらの労働者が他の職場に転出しないように，診療施設，食堂，貯蓄制度，図書館，社交クラブなどの福利厚生制度を重視した。このような人的生産要素の調達の問題（employment）と労働移動問題への対応策としての福利厚生活動を推進する役割を担ったのが，雇用部や人事部である。1918年には雇用管理者訓練制度が導入され，全国雇用管理者協会が設立された（今井，2011，240−241ページ）。こうして人事管理は人的生産要素ないし労働力としての人間を調達するための雇用管理として始まり，アメリカの産業内に普及していった。

　第一次世界大戦が終結すると，能率増進運動によって労働者機械視が生じたことを背景として，労働者の福祉の向上を求める労働組合運動が活発になった。従来の雇用管理としての人事管理によっては労使関係の管理に対応することに限界があった。この問題を解決するために，労働者を心理的存在として把握し，その人間的性質に対する理解に基づいて，労働者を指揮・調整すること，またそうすることによって協調的労使関係を構築すること，組織全体のモラールと生産能率を向上することが人事管理の課題になった（岡田，2004，196−198ページ）。人事部は労働者を単なる労働力としてではなく心を持った人間的存在として取り扱うようになり，人事管理は雇用・採用と処遇・報酬だけでなく労使関係の管理も対象とするようになった。1920年代のアメリカ企業は，年金，医療・生命保険，利潤分配などを含む金銭的な福利厚生を制度化し（welfare capitalism），協調的労使関係を目指した（伊藤，2011，236ページ）。

❷　人事管理の発展：1920年代から1950年代

　1910年代から1920年代にかけてアメリカで確立された，フォード生産システ

ムに代表される大量生産方式は，工場労働の点では，ベルトコンベアによる流れ作業，それを機能させるための作業工程の分割，単能工，および生産の同期化などを特徴としている。この生産方式が普及・定着するにつれて，現場の労働は単純化，反復化，単調化していった。また，作業者は機械の速度に合わせて作業を行わなければならず，作業者間の人間的接触は希薄化していった。生産設備の急速な機械化の下でのこのような他律的で単調かつ反復的な単純労働と労働疎外は生産性の低下の原因になっていた（岡田，2004，62ページ）。大量生産方式を導入しながら作業者の協働意欲の低下を防止し，生産性を向上することが1920年代のアメリカ企業の課題になっていた。

この課題に対する代表的な取り組みとして，ウェスタン・エレクトリック社のホーソン工場で行われた実験（以下，ホーソン実験と表記）がある。ホーソン実験とは，1924年から1932年にかけて行われた①照明実験（1924年11月から1927年4月），②継電器組立作業実験（1927年4月から1929年6月），③第二次継電器組立作業実験（1928年8月から1929年3月），④雲母剥取作業実験（1928年8月から1930年9月），⑤面接調査（1928年9月から1930年3月），⑥バンク配線作業観察（1931年11月から1932年5月）の総称であり，①を国立科学アカデミー全国学術研究協議会（1916年設立）が，②から⑥をハーバード・ビジネス・スクールのメイヨー（Mayo, G. E.）とレスリスバーガー（Roethlisberger, F. J.）を中心とする調査団が実施した。これら一連の実験・調査の結果，作業能率は，作業条件（照明の明るさ，給与の支払い方法，休憩時間の導入，軽食支給，就業時間の繰り上げなど）と明確な関係がないこと，それは作業現場で働く人々の行動は，その作業員が属する社会集団において他のメンバーと共有する社会的感情によって大きく影響を受けるからであることが明らかになった。つまり，作業能率は，費用の論理と能率の論理によって形成される公式組織における伝達（上司の命令）よりも，感情の論理によって支配される，従業員の自然発生的な組織である非公式組織の行動準則によって大きな影響を受けることが明らかになった。このようなホーソン実験の発見は，企業の技術的経済的側面ばかりにとらわれていた産学両界の目を企業の人間的側面に向けさせる契機となった。ホーソン実験は，

労働の対価として賃金を求めるという経済人モデルの人間観に立脚していたそれまでの人事管理に対して，人間は帰属する組織における仲間意識や連帯感を求めるという社会人モデルの人間観に立脚する人間関係管理の視点をもたらした。人間関係管理の具体的な施策として，人事相談制度，管理・監督者訓練，従業員態度調査（モラール・サーベイ），提案制度，青年重役会（ジュニア・ボード・システム），職場懇談会，社内報，レクリエーションなどが導入されるようになった（佐藤，2011，243ページ）。

労使関係の管理という点では，ニューディール政策の一環として全国産業復興法（1933年）やワグナー法（1935年）が制定され，団結権・団体交渉権・団体行動権が保障された。アメリカ労働総同盟（1886年結成）内に産業別組合会議（1938年）が創設されるなど，労働組合の組合員数と組織率は増加していった。このような法整備と労働組合の普及・拡大を背景として，アメリカ企業は団体交渉制度や従業員代表制を導入するなどして，協調的な労使関係の構築を図るようになった（岡田，2011，244-245ページ）。

しかし，第二次世界大戦後，アメリカ国内の労使関係は著しく敵対的なものへと変容した。ヨーロッパ諸国と日本が経済復興を遂げ，国際競争力を向上する一方で，アメリカ経済は，民間資本の海外流出，輸出の減少と輸入の増大，激しいインフレーションと高い失業率に直面した。産業別組合は大規模な労働争議を展開し，団体交渉制度が定着した。一方で，タフト＝ハートレー法（1947年）やランドラム＝グリフィン法（1959年）が制定され，労働組合運動や労働組合組織に対する規制が強化された。当時のアメリカ経済の不況は，国内の産業構造の転換と労働力構成の変化による影響も大きい。例えば，集積回路（IC）開発などの技術革新の進展やサービス産業の増大に伴って，1956年以降，ホワイトカラーの数がブルーカラーの数を上回るようになった。特に専門技術者や事務職が増大した（岡田，2004，100-101ページ）。

1940年代から1950年代にかけて，労働組合の普及・拡大，産業構造の転換と労働力構成の変化を背景として，アメリカ企業では，男性の長期勤続者が増大した。そのため，内部労働市場の管理が人事管理の新たな課題になった（伊藤，

2011, 237ページ)。経済人モデルや社会人モデルに立脚する人事管理は, 人間行動の一般原理を考慮することによる能率の向上を目指した。しかし, 従業員個人が働く動機はさまざまである。内部労働市場の管理を効果的に実施し, 高い生産性を確保するためには, 人間が働く動機を, 経済的動機か社会的動機かという静態的・単一的に捉えるのではなく, 動態的・複合的に把握する人事管理でなければならない (岡田, 2004, 124-125ページ)。この人事管理の新たな課題を解決するために, 1950年代以降に発展した行動科学の成果を踏まえた人事管理が発展していく。ここでは, 行動科学的人事管理の理論的基礎をなす研究として, 1950年代当時に展開された公式組織における人間の欲求・動機づけに関する代表的な研究, すなわちマズロー (Maslow, A. H.) の欲求階層説, マグレガー (McGregor, D.) のX理論・Y理論, およびハーズバーグ (Herzberg, F.) の動機づけ衛生理論を簡潔に見ていくことにする[1]。

マズローの欲求階層説によれば, 人間は①生理的欲求, ②安全の欲求, ③所属と愛の欲求, ④承認の欲求, ⑤自己実現の欲求という5つの基本的欲求を持っている (図表9-1を参照)。これら5つの欲求は階層的な構成を持っている。最も低次の欲求である①生理的欲求がある程度満たされると②安全の欲求が発現し, ②安全の欲求がある程度満たされると③所属と愛の欲求が発現するというように, ①から⑤へと段階的により高次の欲求へと向かうという。

この欲求階層説に基づきながら, マグレガーは, 仕事に対する人間の行動に焦点を当てて, X理論とY理論を提示している (図表9-2を参照)。X理論は, 低次欲求を比較的強く持つ組織構成員の行動モデルを想定し, 組織目標の達成に重点を置いて個人を活用する管理スタイルである。Y理論は, 高次欲求を比較的強く持つ組織構成員の行動モデルを想定し, 個人の成長欲求・自己実現欲求の充足と組織目標の達成を同時に実現する管理スタイルである。

ハーズバーグは, 人間はなぜ働くのか, どのような時に仕事から満足を得るのかという問題意識に基づいて, 1,865人の労働者 (下級監督者, 女性専門職者, 農業指導員, 引退直前の管理者, 病院保全要員, 工場監督者, 看護師, 食事運搬者, 軍人, 技師, 科学者, 付添婦, 教師, 技術工, 女性組立工, 会計士, フィンランドの職長, ハン

図表9-1 マズローの欲求階層説

欲求の種類	欲求の内容
自己実現	自分の持っている力を発揮し，夢・理想を達成しようという欲求。
承認	自己尊重の欲求（成就・権力・独立・自由の希求）と，他人からの尊重に対する欲求（名声・威光・注目・評価）がある。
所属と愛	集団に所属したい，集団に受け入れられたいという欲求。
安全	身体的安全（病気・怪我・災害などの危険を回避する欲求），経済的安全（将来の生理的欲求の欠如を免れようとする欲求），社会的安全（職業の安定や社会制度の安定を求める欲求）など。
生理的	衣・食・住・睡眠など生命維持のための基本的欲求

（高次←→低次）

出所：Maslow(1970)を参照して筆者作成。

図表9-2 マグレガーのX理論・Y理論

X理論：アメと鞭による管理論	Y理論：統合と自己統制による管理論
・人間は生まれつき仕事が嫌いである。 ・ほとんどの人は，強制，統制，命令され，処罰をもって脅しを受けたりしなければ，組織目的達成のための十分な力を発揮しない。 ・人間は命令される方が好きで，責任を回避したがる。	・人間は生まれつき仕事を嫌っているわけではない。仕事で心身を使うのは，遊びや休憩と同じように，ごく自然なことである。 ・外からの統制や処罰による脅しは組織目的達成のための努力を引き出す唯一の方法ではない。人間は自分が関与する目標実現のためには，自己を指揮・統制しようとする。 ・組織のために努力するかどうかは報酬（どのような欲求が充足されるか）次第である。 ・適切な条件があれば，人間は進んで責任を引き受けて行動する。 ・組織内の問題を解決するための能力は，たいていの人に備わっている。近代産業では，普通の人間が持つ能力はほんの一部しか活用されていない。

出所：McGregor(1960)に基づいて，筆者作成。

ガリーの技師など）を対象に，調査研究を行っている。その結果，人間が職務に満足を覚える要因と職務に不満を覚える要因，および両要因の関係を明らかに

した。ハーズバーグによれば，職務満足要因には，達成，承認，仕事そのもの，責任，昇進など，職務そのものと関係しているものが多い。一方，職務不満足要因には，会社の政策と経営，監督技術，給与，対人関係，作業条件など，職務を遂行する際の環境・外的条件と関係しているものが多いという。従来，職務満足要因と不満足要因は同一次元上にあると考えられていたため，例えば給与によって職務に対する満足度（・不満足度）は影響を受けると思われていた。しかし，ハーズバーグによれば，職務満足要因は欠如していても積極的満足が無いというだけであり，職務不満足要因が充足されていれば不満が生じることはない。また，職務不満足要因が欠如すると精神的不満の原因となるが，それが整備されたからといって，それだけで満足の原因にはなり得ないという。つまり，ハーズバーグによる調査は，職務満足と不満足は仕事の異なる要因と関連していて，互いに対立するものではないことを発見したのである。ハーズバーグは職務満足要因を動機づけ要因，職務不満足要因を衛生要因と称し，動機づけ＝衛生理論を提起した。従来のアメリカ企業において，管理者や人事部は，主に衛生要因への対応を行ってきたが，動機づけ要因への対応を怠ってきたという。人間の効率的利用と動機づけ衛生要因を組み込んで職務充実を図ることが，人事管理の課題であることをハーズバーグは提案している。

　上に見てきた，行動科学的人事管理の理論的基礎をなす研究によって，経済的動機や社会的動機のどちらか一方ではなく，その両方を含む自己実現動機に基づいて行動するという**自己実現人モデル**の人間観が形成された。自己実現人モデルに基づく行動科学的人事管理は，作業条件や管理制度によって従業員を一律的，外発的に動機づけることよりも，従業員個人の内発的動機づけを重要視することを特徴としている。ただし，その目的は，企業が経営目標を達成するために生産性を向上することにある。すなわち，1950年代以降のアメリカ企業における人事管理は，モチベーションの管理，より正確には個人の目的と組織全体の目的を統合するマネジメントの確立を課題とするようになった。

　以上のように，20世紀前半を通じて，アメリカ企業の人事管理とその人間観は社会や経済の状況に応じて発展してきた。その発展は，労働の対価として経

済的報酬を求める経済人モデルに基づいて人間を生産要素の1つとみなす人事管理から,人間は帰属する組織における仲間意識や連帯感を求めるという社会人モデルに基づく人事管理へ,さらに経済的動機と社会的動機を総合する自己実現動機によって人間は行動するという自己実現人モデルに基づく人事管理へというプロセスをたどってきた。この発展プロセスにおいて,アメリカ企業の人事管理は,雇用,処遇・報酬,労使関係,職場における人間関係,モチベーションを管理の対象とするようになった。

❸ 人事管理から人的資源管理へ：1960年代以降

　1960年代になると,アメリカでは人事管理と称されてきた管理活動は人的資源管理と呼ばれるようになった。この呼称の変化の背景には,労働者を,コストをかけて市場から調達する労働力としてではなく,教育訓練によってその能力を開発することが可能な投資価値のある経営資源として企業が認識するようになったことがある。この認識は,経済学における人的資本（human capital）論の発展によっている。

　人的資本論の発展は,途上国への経済援助が成果を上げなかったことを背景としている。第二次世界大戦後,ヨーロッパ諸国と日本は経済復興を遂げ,国際競争力を獲得してきた。その一方で,先進国は途上国への経済援助を繰り返し行ってきたが,援助対象の諸国の発展は遅々として進まなかった。こうした国際情勢から,金銭的な対外援助は経済の成長・発展に結びつかない活動であること,教育水準や技術の向上に向けた対策が必要であることが議論されるようになり,人間は社会経済の発展の重要な資本であるという認識が登場した。こうして,人的資本の能力開発が重要視されるようになった。1960年代,アメリカ国内においても,人的資本は経済発展に貢献する重要な社会経済的資本として認識されるようになった。企業は人的資本の効果的な開発を担う重要な機関として期待されるようになり,人事部は経営資源としての人材の管理,すなわち人的資源管理を志向するようになった（岡田,2004,148-149ページ）。

　1960年代から1980年代前半にかけてアメリカ企業が展開した人的資源管理

は，従来の行動科学的人事管理の自己実現人モデルの人間観を踏襲しながら，従業員を教育訓練によって能力開発することが可能な人的資源（human resource）として管理することを特徴とする（岡田，2004，pp.148－152ページ）。当時の人的資源管理はそのようなものであるとしても，欧米諸国における生産現場では，科学的管理やフォード生産システムが普及し，労働者の人間的側面と調和しないような工学的技術と管理技術の発展が見られた。そのため，職務に対する不満の増大，無断欠勤の日常化，労働移動の増大，サボタージュ，ストライキなど，いわゆる労働疎外症候群が顕在化した。労働疎外症候群に対応するために，スウェーデンの自動車メーカーのボルボが1970年代から1980年代にかけてベルトコンベアによる流れ作業方式を廃止するなど，ヨーロッパ諸国において労働の人間化（humanization of work）が課題となった。アメリカでは，労働生活の質（QWL；quality of working life）の向上というスローガンの下にヨーロッパ諸国における労働の人間化と同様の社会運動が展開された（嶺，1982，27－28ページ）。アメリカ企業はQWLあるいは労働の人間化への対応として，労働者が従事する仕事を定期的に交代する職務転換（job rotation），仕事量を増やす職務拡大（job enlargement），労働者が現場の意思決定に参加する職務充実（job enrichment），仕事の内容・手順・速度を作業チームのメンバー自身が決定するチーム作業方式＝半自律的作業集団（semi-autonomous work group）など人的資源管理の施策を展開した（今村，2011，248ページ）。

　人的資源管理は，競争力の観点から人材開発を試みるという点で，従来の人事管理よりも経営戦略との関連性が高い。1960年代から1980年代前半までの人的資源管理は，QWLないし労働の人間化に対応する一方で，経営戦略を実行するために必要な人材の能力を開発し，活用することをその役割としていた。人事管理がこのような役割を担うようになって人的資源管理と呼称を変えたことは，先述した経済学における人的資本論の発展だけでなく，戦略的経営（strategic management）という管理方法の登場にもよっている。

　1950年代後半から1970年代にかけて，多くのアメリカ企業は短期的収益の獲得を重視して，合弁や事業売却による多角化を戦略的課題としていた。当時，

多角化戦略の成果を向上させるために，製品ポートフォリオ・マネジメント（PPM：product portfolio management）やSWOT分析など，コンサルティング会社やビジネススクールが開発した分析的な戦略策定手法が産業界に普及した。分析的に策定された戦略は，絵に画いた餅にならないように，実行に移されなければならない。戦略が実行に移されるためには，その能力を備えた人的資源および組織が必要である。1970年代後半以降，経営者や経営陣（management team）による戦略計画と従業員や組織による戦略の実行を含めた管理プロセスは，戦略的経営として体系化され（岡田，2004，162ページ），人的資源管理は，特に戦略の実行プロセスを機能させることに対して重要な役割を担うようになった。こうして経営戦略との関連性を高めて，人事管理は人的資源管理へと発展した。

また，1980年代半ばから，持続的競争優位の構築という観点から，資源ベース（RBV：Resource Based View）の経営戦略が注目され，未利用の経営資源の有効活用が企業にとって戦略上の課題であると認識されるようになった。資源ベースの経営戦略では，経済的に価値があり，希少で，模倣困難な経営資源を組織化することが持続的競争優位の源泉になるとされる（Barney，2002）。資源ベースの経営戦略は，物的資源や財務的資源などの有形の資源（tangible asset）よりも，人的資源が備える能力・スキルや知識・情報などの無形の資源（intangible asset）を持続的競争優位の源泉として重要視する。人的資源の能力・スキルを開発し，その能力・スキルを組織的に活用することによって，企業は持続的競争優位を獲得することが可能になる。このような認識から，1980年代後半以降，人的資源管理は従来よりもさらに経営戦略との関連性を高めて，戦略的人的資源管理（SHRM：strategic human resource management）へと発展した（岡田，2004，167-170ページ）。

戦略的人的資源管理によって，雇用，処遇・報酬，教育訓練・能力開発，モチベーションの管理は，企業の競争力の観点から計画・実行されるようになった。戦略的人的資源管理は人的資源を物的資源や財務的資源など他の経営資源と並ぶ企業競争力の源泉の1つとして捉えて活用する管理活動であり，労働者の福祉の向上という人事管理の基本理念の1つが欠如する傾向が見られる（岡

田, 2004, 175-176ページ)。

　1960年代から1980年代前半にかけて, 労働者の人間的側面と調和しないような工学的技術や管理技術の発展を背景とするQWLないし労働の人間化という課題に対して, 企業は人的資源管理の施策によって対応した。この段階では, 人的資源管理は労働問題に対する解決策を提示しようとしていた。1980年代後半以降, 人的資源管理は経営戦略に包摂されることによって戦略的人的資源管理へと変貌し, 労働者の福祉は等閑視される傾向にある。このことは, 現在,「働きがいのある人間らしい仕事（decent work）」の実現という**労働CSR**が企業と社会の課題になっていることと無関係ではないように思われる。

3. 日本企業の人材マネジメント

❶　日本的経営の三種の神器

　20世紀後半以降の日本企業の人材マネジメントは, 第二次世界大戦後から1980年代までの**日本的経営の三種の神器**（以下, 三種の神器と表記）の時代と, 1990年代以降の『新時代の「日本的経営」』の時代に大別できる。日本的経営とは日本の多くの大企業に共通して見られる特徴であり, 終身雇用, 年功制, 企業別組合, 系列取引, 株式相互持合, メインバンク制を構成要素としている。これらの構成要素のうち雇用慣行に関わる終身雇用, 年功制, 企業別組合は日本企業の競争力の源泉として特に注目されたことから三種の神器と呼ばれる。以下では, 日本企業の人材マネジメントの特徴を理解するために, 三種の神器の生成と発展および転換を見ていく。

　企業別組合と年功制は戦後復興期（1945年から1955年）に生成され, 高度経済成長期（1955年から1970年代前半）以降, 終身雇用と相互に関連しながら日本の大企業の間に普及した。戦後復興期, 労働組合結成の奨励というGHQによる民主化政策を背景として, 日本では1945年10月に労働組合法が公布された。多くの労働組合が結成され, 生産管理闘争と呼ばれる労働争議が1940年代後半に展開された。一般的に, 労働争議は, 労働者が団結して集会, 行進, 打ちこわ

しなどのデモ活動を展開する抗議運動を方法としており，その間，事業所の操業は停止してしまう。これに対して，戦後の日本に広く見られた生産管理闘争は，労働組合が生産現場を占拠し，経営者に代わって生産管理を行うことを特徴とする。この労働争議の結果，日常的，合法的に経営について団体交渉による労使協議を行う機関として経営協議会が多くの企業に設置された。経営協議会を通じて，労働組合は企業経営全般に介入し，経営者の経営権と労働者の処遇に対する規制を敷くことができるようになった（黒田，2011，34－35ページ）。1950年代前半，経営者は経営権の復活や職場秩序の確立を図ろうとしたため，労働組合運動が再び活発になった。この運動の結果，共産党系指導者（現場活動家）が解雇され，経営協議会は解体された。また日本電気産業労働組合（電産）と全日本自動車産業労働組合（全自）という産業別組合は，それぞれ別個に賃金要求などの争議を展開するが，この過程で企業別組合へと解体されていった（長谷川，2011，36－37ページ）。こうして，戦後復興期に，企業別組合が設立された。

　企業別組合は企業を1つの組織基盤として形成される労働組合であり，当該企業の正規雇用者のみが加入できる。欧米諸国に見られる職種別組合や産業別組合とは違って，企業別組合は，労働者が所属する企業の別を越えて地域別あるいは全国レベルで横断的に組織することはない。そのため，個々の企業別組合は交渉力が弱い。交渉力を高めるために，産業ごとに共闘する仕組みや工夫が必要になる。実際に，1954年から1955年にかけて8単産共闘会議が結成され，日本の賃金交渉の基本パターンとなる春闘が開始された。高度経済成長期には，春闘による大幅な賃上げ（ベース・アップ）が行われるようになった。経営者は管理的な賃上げを可能にすること，ならびに労使関係の安定化を図って，人事査定を組み込んだ定期昇給制度を導入するようになった。こうして，高度経済成長期に，企業別組合と年功賃金制度は大企業の間に普及・定着していった（青山，2011，39ページ）。

　ここで年功制とは，勤続年数，能力，業績の視点から昇給・昇進を検討する人事管理制度である。第二次世界大戦後段階における年功賃金制度は労働者の生活を安定させることを主たる目的とする電産型賃金体系（1946年成立）をモ

デルにして設計されている。電産型賃金体系は，少額の基本給と数多くの諸手当を特徴とする戦前の賃金体系に対して，生活給的な性格の基本給を中心とするところに特徴がある。電産型賃金体系では，労働者の年齢と扶養家族数の増大に伴って賃金が上昇する生活保障給（本人給＋家族給）が8時間労働に対応する基準労働賃金（基本賃金＋地域賃金）の65％を占めている。この生活保障給のうちの本人給と能力給および勤続給の合計が基本賃金・基本給となる（加藤・藤原，2011，80-81ページ）。年功制の下では，若年労働者は先輩の正規雇用者よりも低い給与になる傾向がある。低い初任給から始まって勤続年数や年齢による定期昇給（年功昇給）が行われ，次第に賃金・給与が上昇する。それは，年功制による賃金は属人的要素に基づく生活給であり，扶養家族数も賃金決定の際に考慮されるからである。つまり，年功賃金制度が生活保障賃金を労働者に与えるという電産型賃金体系の特徴を継承しているからである。年功賃金制度にこのような特徴があるため，同制度の下での労働移動は，労働者個人にとって不利にはたらく。すなわち，年功制は労働者に対して生活を保障することによって人材を確保するという機能を持っている。年功制は終身雇用（＝長期継続雇用）を支える制度であるといわれるのは，同制度のこのような特徴と機能のためである。年功昇給による賃金・給与の上昇はあるけれども，各職位の賃金・給与には上限額が設定されている。同じ役職に留まる限り，賃金・給与の上昇はいずれ頭打ちになる。それ以上の賃金・給与を受給したい場合，組織に貢献し，昇進・昇格しなければならない。労働者個人にとって労働移動は得策でなく，職位が上がれば上がるほどポストの数は限られてくるため，年功制は，終身雇用の下での労働者間の熾烈な出世レースを醸成する設計になっている。

　1960年代，日本企業は，急速な経済成長に伴う仕事量の増加を背景として，慢性的な労働力不足に直面していた。この課題への対応策として個々の労働者の能力の開発・育成と有効活用が産業界において議論されるようになった。その結果として，1969年に日本経営者団体連盟（日経連）は，少数精鋭主義を基本にした能力主義管理を提唱した。職能資格制度によって，個人の職務遂行能力を評価し昇給・昇格を検討する能力主義的な賃金制度の考案である。日経連

によれば，能力は体力，適性，知識，経験，性格，意欲からなっている。評価対象となる職務遂行能力は顕在的なものと潜在的なものがある。職能資格制度による能力評価は，上司による人事考課による。人事考課は，「～ができる」を評価する能力考課（＝潜在的能力の評価），「～の結果・成果」を評価する業績考課（＝顕在的能力の評価），積極性・規律性・責任感・協調性などの勤務態度・意欲を総合的に評価する情意考課からなる。こうして能力主義的に決定される賃金・給与は職能給と呼ばれる属人給であり，仕事の内容・難易度・責任の度合いなどの視点から職務の価値を評価し決定する職務給とは異なる。職務給は1930年代にアメリカで開発され，成果主義や同一労働同一賃金を原則としている。日本では，1950年代に職務給の導入が検討されたこともあったが，電産型賃金体系をモデルとする年功制との関連で定着しなかった（幸，2011，89ページ）。職能資格制度と職能給は，人事考課による能力評価を年功的に運用することが可能であった一方で，職能資格等級と職位を分離し，各等級の標準的な滞留年数を設定することによって能力主義的に運用し，職階制における職位の不足に対応できた（守屋，2011，84-85ページ）。そのため，1970年代以降，日本の大企業の間に職能資格制度と職能給が普及した。こうして年功制は「生活保障的能力主義」（林，2011，277ページ）とでも呼べるような特質を持つようになった。

　勤続年数に基づくある程度の定期昇給と年功昇進，職能資格制度の下での人事考課による能力評価の年功的運用，これらの年功制の特徴は終身雇用を促進する機能を持っている。終身雇用とは，一般的に，新規学卒一括採用という方法によって雇用された労働者が定年制によって退職するまでの長期継続的な雇用である。終身雇用は法律，労働協約，就業規則などによって明示されているわけではない。労働協約や就業規則等に，雇用期間の定めがないこと（＝有期雇用ではないこと），解雇事由が限定されていること，定年制が設けられていることは明示されているとしても，これをもって長期継続的な雇用が保証されるわけではない。実際に，1990年代に入って資産価値の急激な下落（＝バブル崩壊）をきっかけに日本経済が不況になると，株式相互持合いの解消と大規模なリストラ（＝希望退職の募集という誘導的な退職勧告，実質上の指名解雇）が行われ

た。こうした事実から，戦後復興期から1980年代までの間に日本企業において成立した終身雇用は制度ではなく慣行であり，結果としての長期継続雇用である。この慣行を成立させた要因は，①年功制，②労働者の生活保障を重要視した戦後直後の労働争議や労働組合の存在を背景とする労使間の暗黙の合意，③株式相互持合による安定株主の維持（＝もの言わぬ株主の存在と株主総会の形骸化），④日本経済が成長し続けたことなどである。

　1970年代後半以降，日本の大企業は子会社や関連会社を設置することが多くなった。その子会社や関連会社の経営のために，出向形態による雇用調整が活発に行われるようになった。さらに，1980年代には，雇用調整の方法として出向先企業への移籍，転籍，転属が多くみられるようになった。このような雇用調整の方法によってグループ内において雇用が維持されていることを，関東経営者協会は単独企業による終身雇用から企業グループ内での終身雇用形成への変容を意味するとし，これを広域終身雇用と称している。広域終身雇用は，当初の企業からの退職を前提とせず，親会社による労働条件が保証されている場合に限り成立する概念であり，片道切符の出向，出向と転籍の結合など，出向が実質的に転籍と同義である場合，ならびに退職金を受給して（グループ内の）別会社に再就職する転籍の場合，それは終身雇用ではないとする研究もある（小越，2006，24-25ページ）。出向と転籍の結合による雇用調整を終身雇用の継続と認識しない場合，終身雇用および三種の神器による日本企業の人材マネジメントは1980年代に転換期に入ったことになる。

❷　雇用の弾力化と総額人件費の管理

　1990年代に入ると，日本企業は，バブル崩壊とそれに続く経済不況，円高によって従来の輸出主導・市場シェア第一主義の経営が限界を迎えたこと，技術革新によるICT（情報通信技術）の急速な発展，アメリカ企業の競争力の回復，グローバル化による規制緩和，地球環境問題の顕在化，BRICs（ブラジル，ロシア，インド，中国）に代表される新興国の台頭などさまざまな環境変化に直面した。こうした環境変化に対応するために，日本企業は1993年からリストラと称

される大規模な人員削減を行うようになった。こうした状況において，日経連は1995年に『新時代の「日本的経営」』を発表し，雇用の弾力化と総額人件費の管理（＝賃金水準の抑制）を提起した。

　日経連によれば，雇用の弾力化を追求するためには，従来の長期雇用を全面的に見直し，多様な雇用形態を設定することが重要である。そのための雇用戦略上の手法として，従業員を3つのグループに分ける雇用ポートフォリオによる複線型雇用管理が重要であるという。その3つとは，①長期継続雇用を前提とし，OJTによる能力開発の対象となる正規雇用者であり，管理職，総合職，技能部門の基幹職を担う人員である「長期蓄積能力活用型グループ」，②企業の課題に対して，専門知識，経験，技能によって問題解決に当たるために外部労働市場から調達される有期雇用の人員である「高度専門能力活用型グループ」，および③定型業務から専門的業務までを担当する有期雇用の人員である「雇用柔軟型グループ」である。②は企画，営業，研究開発などの専門部門を担うことが多く，問題解決や企業への貢献によって評価される年俸制や業績給が適用される。これに対して③は一般職，技能部門，販売部門などの職務を担当し，業務に応じた職務給や時間給が適用される。①の正規雇用者を少数精鋭化しながら，必要な時に必要な数だけ外部労働市場から調達するという雇用調整の対象として②③の非正規雇用者の比重を増やすという方向で，3つの雇用形態を組み合わせることによって，独自の「自社型雇用ポートフォリオ」を導入することが企業にとって重要であるという（堀，2011，86-87ページ）。

　このような雇用ポートフォリオを理念型として，実際に，雇用形態は多様化している。非正規雇用は，パートタイマー，アルバイト，契約社員を含む直接雇用と，派遣社員と請負企業社員を含む間接雇用がある。当然のことながら，これらの非正規雇用は年功制や終身雇用は適用されず，企業別組合に加入することはできない。そのため，正規雇用者と非正規雇用者の間にさまざまな格差が生じる。5年ごとに総務省が行っている「就業構造基本調査」によると，2012年度の正規雇用者と非正規雇用者の合計（会社などの役員・起業家を除く）は5,353万7,500人であり，そのうち正規雇用者は61.9％（3,311万400人），非正規雇

用者は38.1％（2,042万7,100人）である。非正規雇用者の68.2％（1,394万4,400人）は女性労働者が占めている。このことは，女性労働者は雇用調整の対象として活用されていることを意味する。また，こうした就業構造のあり方は男女間の賃金格差の原因になっている。

　20世紀後半以降の日本の雇用慣行は，差別的であるとしばしば批判される。この批判は，上記のような近年の統計データだけでなく，1980年代までの三種の神器によるメリットを享受しながら仕事生活を享受できたのは大企業の男性正規雇用者に限定されていたという事実にも基づいている。この事実は，性別による処遇の違いという点に注目すると，家事・育児は女性が担い，男性は家族を養うために就業し，生活時間のほとんどすべてを会社に捧げることを求められるという性別分業が原因になっている。こうした批判や事実に対して，対策がなされてこなかったわけではない。例えば，1985年に日本政府が国連の女性差別撤廃条約に批准し男女雇用機会均等法が成立したことを受けて，日本企業は雇用やキャリア形成における性差別の是正措置として，コース別雇用管理を導入するようになった。コース別雇用管理は，①仕事内容を限定せず遠隔地転勤もあるが，将来的に上級管理職への昇進も可能である総合職コース，②補助的な定型業務を担い転勤はないが，昇給や昇格などの処遇は限定的である一般職コース，③専門業務に特化し，特定地域内での転勤があり得る専門職コースなどコースを設定し，コースごとに採用・処遇・教育訓練を行う制度である。実際には，男性が総合職コースに，女性は一般職コースに採用されることが多く，ここでも男女間の賃金格差が生じる。1999年には男女共同参画社会基本法が公布され，翌年には男女共同参画社会基本計画が策定されている。社会のあらゆる分野における意思決定に男女が平等に参画することが社会的課題とされるようになっている。しかし，上に見たように，総務省による調査の結果等に見られるように，1990年代以降の日本企業の雇用政策の展開を1つの背景として，現在も，日本の雇用慣行は，性差別的な特質を持っている。

　日本企業は性差別的な雇用慣行を依然として残しながら，正規雇用者を縮小し非正規雇用者を増やすことによって，雇用の弾力化と流動化という目的を達

成している。正規雇用者が縮小したことによって，企業別組合の存続が難しくなっている。実際に，労働組合の組織率は低下傾向にあり，団体交渉による集団的労使関係・紛争が激減している。代わって，上司と部下との間で交渉・決定を行う個別的労使関係が新たに登場しつつある（岡田，2011，159ページ）。

　日本企業は，雇用形態を多様化する一方で，総額人件費の管理（＝賃金水準の抑制）のために**成果主義賃金**の導入を試みている。日本の成果主義賃金制度の特徴は，①勤続年数を評価対象とせず，給与のうち生活給を排除すること，②労働者の能力を行動レベルで把握したり，職能資格制度を厳格に適用したりすること，③目標管理によって業績評価の比重を拡大すること，④職務給，役割（職責）給の導入，といった点にある。成果主義賃金の導入の目的は，賃金水準を抑制するだけでなく，成果を上げた優秀な社員を給与の面で優遇し，そうでない社員を冷遇するという賃金制度によって，動機づけやモラールの向上を実現するという意図がある。このような特徴から，成果主義賃金制度は外的報酬を得るために働くことを労働者に要求する制度であり，内発的動機づけを抑制する機能を持っている（高橋，2004）。本章の第2節の議論を踏まえると，内発的動機づけは，自己実現人モデルに基づく行動科学的人事管理が重要視する管理方法である。日本企業が導入を試みている成果主義賃金制度は，経済人モデルに立脚する制度であり，マズローの欲求階層説が言うところの第2段階目の安全欲求に基づく労働行為を労働者に要請する制度である（図表9−1を参照）。また，動機づけ衛生理論によれば，労働者にとって賃金・給与は職務不満足要因である。そうであるならば，労働者を賃金によって動機づけるという成果主義賃金導入の意図は企業が期待する結果を得ることはできないだろう。実際に，成果主義賃金は動機づけとモラールの向上という点ではうまく機能していない。その原因は，仕事の成果（＝結果）を評価する方法の恣意性にあるようである（城，2004）。成果主義賃金の導入の失敗を踏まえて，近年では，職務遂行能力とコンピテンシー（行動特性）も含めて「能力―行動―成果」を評価基準とする「プロセス重視人事」（林，2011，277ページ）への変革が見られるようになっている（梅崎，2016）。

4. 日本企業の人材マネジメントの課題

　1990年代以降，グローバル化が急速に展開し，企業間競争の激化，労働者の権利の軽視・無視，所得格差の拡大（＝格差社会の到来），非正規雇用や失業率の増大が世界中の国や地域において見られるようになった。国際労働機関（ILO：International Labour Organization）が1999年にディーセントワーク（decent work）「働きがいのある人間らしい仕事」の実現を目指すことを提起して以来，その実現に向けて，「公正なグローバル化のための社会正義に関するILO宣言」において掲げられた戦略目標，すなわち，①雇用の創出，②社会的保護の拡充，③社会対話の促進と紛争解決，④雇用における基本権利の保障，およびこれらすべての戦略目標に関わる横断的目標である⑤ジェンダー平等が世界中の国や地域で課題になっている（図表9－3を参照）。ILOの提言を踏まえて，日本ではディーセントワークを，①働く機会があり，持続可能な生計に足る収入が得られること，②労働三権などの働く上での権利が確保され，職場で発言が行いやすく，それが認められること，③家庭生活と職業生活が両立でき，安全な職

図表9－3　ディーセントワーク実現のための目標

戦　略　目　標	
①　雇用の創出	必要な技能を身に付け，働いて生計が立てられるように，国や企業が仕事を作り出すことを支援。
②　社会的保護の拡充	安全で健康的に働ける職場を確保し，生産性も向上するような環境の整備。社会保障の充実。
③　社会対話の促進と紛争解決	職場での問題や紛争を平和的に解決できるように，政・労・使の話し合いの促進。
④　雇用における基本権利の保障	不利な立場に置かれて働く人々をなくすため，労働者の権利の保障，尊重。
横　断　的　目　標	
ジェンダー平等	上記4つの戦略目標が性差なく実現されること

出所：国際労働機関のホームページ（http://www.ilo.org/tokyo/about-ilo/decent-work/lang--ja/index.htm）を参照して，筆者作成。

場環境，雇用保険，医療・年金制度などのセーフティネットが確保され，自己の鍛錬もできること，および④公正な扱い，男女平等な扱いを受けること，としている。こうした政策課題を背景として，日本企業では長時間労働，女性差別，不当労働行為，労働基準法違反が解決を急ぐべき課題として認識されるようになり，その対策として，ワーク・ライフ・バランス (work-life balance)，ダイバーシティ・マネジメント (diversity management)，内部告発制度，コンプライアンス（法令遵守）の実践が見られるようになっている（みずほ情報総研株式会社，2012）。ここでは，ワーク・ライフ・バランスとダイバーシティ・マネジメントについて簡潔に述べる。

　ワーク・ライフ・バランスとは，職業生活，家庭生活，社会生活，個人生活という4つの生活（4L）の充実を目指すマネジメントである（渡辺，2016, 20ページ）。日本社会に特徴的な働き方，すなわち，家庭生活を犠牲にした職業生活への専念は，長時間労働，肉体的・精神的な健康問題，過労死・自殺の原因になる。労働時間の短縮（時短），残業ゼロ，短時間勤務，ワークシェアリング，フレックス制，テレワークや在宅勤務，産休・育休，企業内保育所などは，個人のライフステージにあった就労環境の整備，ならびに職業生活と家庭生活における性別役割分業の緩和を支援するファミリー・フレンドリーな管理手法である（中村，2011, 174ページ）。このような管理が確立されることによって，男性も家庭生活（家事・育児）に参加できるようになること，女性が出産・育児をためらわない職業生活を選択できること，すなわち日本的雇用慣行の欠点である性差別の是正が，日本企業がディーセントワークを追求するうえで重要になる。

　ワーク・ライフ・バランスを追求することによって，人材と雇用形態の多様性が増大する。またグローバル化の進展と超高齢化社会の到来は外国人労働者と高齢労働者の増加につながる。今後，労働者の多様性に基づいた管理，すなわちダイバーシティ・マネジメントはますます重要になる。ワーク・ライフ・バランスとダイバーシティ・マネジメントは多くの点で重なり合っており，それらを両立することは日本企業の人事管理・人的資源管理の課題である。

課題

1. 日本企業とアメリカ企業の人事管理・人的資源管理の特徴を比較し，共通性と違いを考えてみよう。
2. ワーク・ライフ・バランスの実践事例を調べてみよう。
3. ダイバーシティ・マネジメントの実践事例を調べてみよう。

【注】

1) 行動科学の成果を踏まえた人事管理の代表的な理論・研究として，ここで取り上げたもの以外に，アージリス（Argyris, C.）による未成熟－成熟理論，リッカート（Likert, R.）のリーダーシップ・スタイル研究に基づく集団の動機づけ管理に関する研究もある。アメリカの人事管理とその人間観の発展を検討するという本章の目的に照らして，ここではこれらの研究に関する議論は割愛する。

〈参考文献〉

Barney, J. B., *Gaining and Sustaining Competitive Advantage*, Second Edition, Prentice-Hall, 2002.（岡田正夫訳『企業戦略論』上中下巻，ダイヤモンド社，2003年）

林正樹「日本的経営の行方」林正樹編著『現代日本企業の競争力：日本的経営の行方』ミネルヴァ書房，2011年，271－284ページ。

Herzberg, F., *Work and the Nature of Man*, Thomas Y. Crowell, 1966.（北野利信訳『仕事と人間性～動機づけ－衛生理論の新展開～』東洋経済新報社，1968年）

Herzberg, F., *The Managerial Choice: To Be Efficient and to Be Human*, Dow Jones-Irwin, 1967.（北野利信『能率と人間性～絶望の時代における経営～』東洋経済新報社，1978年）

城繁幸『内側からみた富士通：『成果主義』の崩壊』光文社，2004年。

Maslow, H. A., *Motivation and Personality*, 2nd ed., Harper & Row, 1970.（小口忠彦監訳『人間性の心理学』改訂新版，産業能率短期大学出版部，1987年）

Mayo, G. E., *The Human Problems of an Industrial Civilization*, New York: Macmillian, 1933.（村本栄一訳『産業文明における人間問題』第5版，日本能率協会，1973年）

McGregor, D., *The Human Side of Enterprise*, New York: McGraw-Hill, 1960.（高橋達男訳『企業の人間的側面』新版，産業能率大学出版部，1986年）

嶺学「日本における『労働の人間化』の動向とその特質」『社会労働研究』28 (3・4) 法

政大学社会学部学会，1982年，27－52ページ。
みずほ情報総研株式会社「ディーセントワークと企業経営に関する調査研究事業報告書」平成23年度厚生労働省委託事業，2012年（http://www.mhlw.go.jp/bunya/roudouseisaku/dl/decentwork.pdf）。
日経連能力主義管理研究会編著『能力主義管理：その理論と実践』日経連出版部，1969年。
小越洋之助『終身雇用と年功賃金の転換』ミネルヴァ書房，2006年。
岡田行正『アメリカ人事管理・人的資源管理史』同文舘出版，2004年。
労務理論学会編『経営労務事典』晃洋書房，2011年。
――――― 青山茂樹 2-3「春闘と『三種の神器』」38－39ページ。
――――― 伊藤健市 11-1「人事労務管理論の展開とその特質」236－237ページ。
――――― 今井斉 11-3「1920年代の人事管理論」240－241ページ。
――――― 今村寛治 11-7「人的資源管理論・QWL（労働生活の質の向上）論」248－249ページ。
――――― 岡田寛史 7-8「規制緩和と労使関係」158－159ページ。
――――― 岡田行正 11-5「労使関係管理論」244－245ページ。
――――― 加藤正治・藤原篤志 4-2「日本的経営と年功賃金―電産型賃金体系―」80－81ページ。
――――― 黒田兼一 2-1「敗戦と戦後復興期の人事労務管理」34－35ページ。
――――― 佐藤健司 11-4「人間関係論―ヒューマン・リレーションズ―」242－243ページ。
――――― 中村艶子 8-5「少子高齢社会と女性労働」174－175ページ。
――――― 長谷川義和 2-2「大争議と『経営権』の復活」36－37ページ。
――――― 堀龍二 4-5「成果主義賃金と年俸制」86－87ページ。
――――― 守屋貴司 4-4「職能資格制度・職能給」84－85ページ。
――――― 幸光善 4-6「人事考課制度の編成」88－89ページ。
新・日本的経営システム等研究プロジェクト編著 日本経営者団体連盟『新時代の「日本的経営」：挑戦すべき方向とその具体策』日本経営者団体連盟，1995年。
総務省統計局「平成24年度就業構造基本調査結果」総務省，2013年(http://www.stat.go.jp/data/shugyou/2012/pdf/kyoyaku.pdf)。
高橋伸夫『虚妄の成果主義：日本型年功制復活のススメ』日経BP社，2004年。
梅崎修「日本企業の『成果主義』人事制度―1980年代後半以降の『制度変化』史―」RIETI Discussion Paper Seroies 16-J-024，独立行政法人経済産業研究所，2016年。
渡辺峻「企業社会と会社人生の変貌」齊藤毅憲・渡辺峻編著『個人の自立と成長のための経営学入門：キャリア戦略を考える』文眞堂，2016年。

第10章

生産管理

本章のポイント

① 生産管理とは生産の効率化を図る活動だけを指すのではなく，製品の品質・コスト・納期を包括的に捉えながら生産方式を計画・統制する管理活動である。生産管理の機能は生産計画と生産統制に大別され，それぞれはマーケティング活動による需要予測や顧客要求に基づく製品企画・開発などと密接な関係にある。

② 生産管理の歴史を考える際に，大量生産，フォード生産システム，科学的管理を無視することはできない。フォード社による移動式組立ラインおよび専用工作機の導入によって製造のリードタイムを大幅に短縮することを可能とした。また，科学的管理の提唱による適切な労働賃金の決定は大量生産の時代を支える重要な要素であった。

③ 顧客要求の多様化・高度化へのフレキシブルな対応が困難であったフォード生産システムに代わり，徹底的なムダの排除に着目したトヨタ生産システムが登場した。ムダの排除を行うために考案されたかんばん方式，平準化生産，段取り替え時間の短縮は自動車産業だけでなく，世界の製造業で採用されている生産方式である。

1. 生産管理とは何か，生産管理の機能

　日本工業規格において，**生産管理**とは「財・サービスの生産に関する管理活動」と定義され，さらには備考として「1．具体的には所定の品質Q（quality）・原価C（cost）・数量及び納期D（delivery, due date）で生産するため，又はQ・C・Dに関する最適化を図るため，人，物，金，情報を駆使して，需要予測，生産計画，生産実施，生産統制を行う手続き及びその活動。2．狭義には，生産工程における生産統制を意味し，工程管理ともいう」と示されている[1]。この定義からわかるように，生産管理とは単に製造工程の改善による生産効率化のみを指すのではなく，製品の生産に関係する項目のP（plan）・D（do）・C（check）・A（act）を包括的に回しながらマネジメントを行う活動と解釈できる。生産計画から生産統制に至る活動の主な内容と重視すべきポイントは以下の通りである。

❶　需要予測・生産計画

　ここでは，マーケティング活動によって収集された顧客の要求に適合する製品の企画，開発，設計が行われる。顧客に受け入れてもらえるような製品を開発するためには，顧客の要求を的確に把握し，これを製品で具現化する必要がある。顧客の要求把握にはアンケート調査や顧客の行動観察などが行われ，これに競合他社の製品分析や市場トレンドの解析などが加えられる。近年では顧客要求や商品の販売状況の把握にICT（information and communication technology）が用いられている。

❷　生産実施

　ここでは，生産計画に基づく生産の実施が行われる。その際に，ねらい通りの生産が行われているかどうかを生産能力とスケジューリングの両面から確認する必要がある。ねらい通りの生産を実施できている場合はよいが，そうでない場合は生産統制による工程の改善が必要となる。

❸ 生産統制

　ここでは，生産の実施が計画通りに行われているかどうかをチェックして，計画と実績に相違がある場合には必要なアクションが取られる。また，製品を製造する工程が不安定な状況にある場合には品質管理による工程改善を行い，最適化を図る。このアクションを狭義の生産管理や工程管理と呼ぶことがある。

　以上に述べた生産管理全体の概要を図表10－1に示す。

図表10－1　生産管理の全体

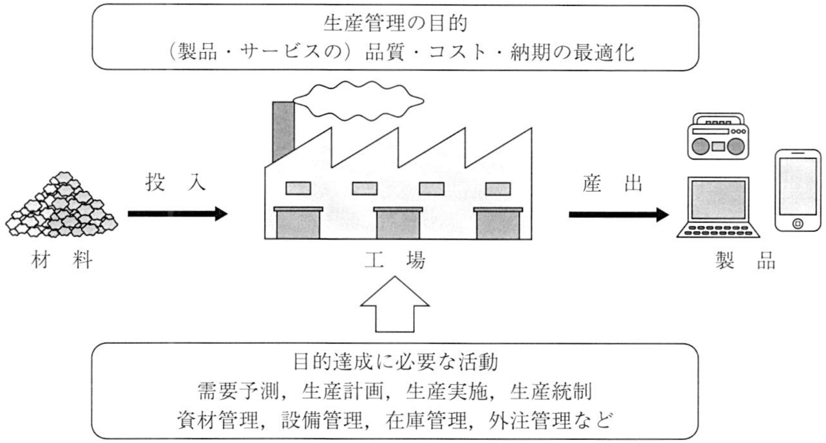

生産管理の目的
（製品・サービスの）品質・コスト・納期の最適化

投　入　　材　料　　工　場　　産　出　　製　品

目的達成に必要な活動
需要予測，生産計画，生産実施，生産統制
資材管理，設備管理，在庫管理，外注管理など

出所：筆者作成。

　生産管理は製品の品質・コスト・納期の最適化を目的としているので，生産システムに対して"**生産性**"と呼ばれる尺度で評価を実施する。生産性の概念式としては以下がある。生産性を高めるためには分母である投入資源を小さくすると共に，分子の生産数量を大きくすることが求められる[2]。

$$\text{生産性（\%）} = \text{産出（アウトプット）} \div \text{投入（インプット）} \times 100$$
$$= \text{生産数量} \div \text{投入資源} \times 100$$

＊投入資源とは材料，設備・方法，作業者，使用エネルギー，土地・建物，時間によって構成される。

投入資源の各項目は具体的に材料（歩留り），設備・方法（設備生産性），作業者（労働生産性），使用エネルギー（原単位），土地・建物（面積あたり生産高），時間（時間あたり生産性）によって評価される。改善を進めるにあたっては，漠然とした評価尺度や，過去の経験に頼った解析が行われるのではなく，定量的な評価尺度を用いて，データに基づいた解析がなされる。

　次に**生産管理の機能**（役割）について述べる[3]。生産管理の役割を大別すると生産計画と生産統制からなり，企業の生産管理部門は社内外のさまざまな変動を考慮して生産の調整を行う管理部門と位置づけられる。生産計画では先にも説明したように，市場動向や顧客要求の分析から製品の企画・開発・生産数量が設定される。この際に製品を市場に展開する納期が決められることから，実際に工場で製品を製造するための時間を適切に見積もる必要がある。この時間を"**製造リードタイム**"という。製造リードタイムを見積もるためには，標準時間と呼ばれる値を算出する必要があり，作業研究や時間研究と呼ばれる手法によって解析がなされる。

　さらに工場で生産を進めるためには製品の材料を発注し，納入する必要がある。この発注・納入に係る時間を"**調達リードタイム**"という。製造リードタイムや調達リードタイムは設備開発の遅れ，加工機のトラブル，材料納入の遅れなど，予期せぬトラブルから計画通りにいかない場合がある。計画と実施に差異がある場合には，これを改善するための生産統制を行う必要がある。

　生産計画に含まれるもう1つの基本機能に**工数計画**がある。工数計画とは産出すべき生産量と工場の能力を定量的に表現したものであり，生産量が生産能力を上回ってしまう場合に100％を超える値となり，所定の納期に製品を納められない状況となる。逆に生産能力が生産量に対して高い場合には100％以下の値を示す。これは生産に余裕が生まれ，いわゆる製造できるのに物を作らないというムダになる。つまり，負荷がかかり過ぎ，かからなさ過ぎるの両方が工数計画上は望ましくない。したがって，社内外で発生すると思われるトラブルを計画段階で先読みし，これに対する措置を事前に講じることが求められる。

　生産統制の基本機能には，現品計画，余力計画，進捗計画がある。現品管理

は生産計画に含まれる生産計画に対してP・D・C・Aを回しながら改善を進めることであり，同様に余力管理は工数計画に対する生産統制である。また，進捗管理は日程計画に対する生産統制であるのが理解できよう。以上に述べた生産管理の機能を図表10－2に示す。

図表10－2　生産管理の機能

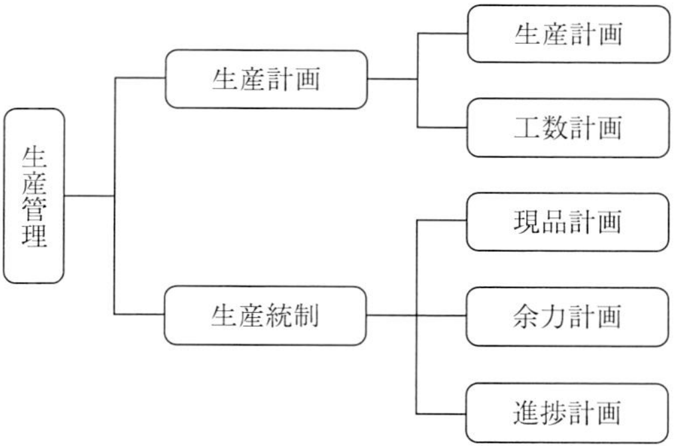

```
                    ┌─ 生産計画 ─┬─ 生産計画
                    │            └─ 工数計画
生産管理 ─┤
                    │            ┌─ 現品計画
                    └─ 生産統制 ─┼─ 余力計画
                                 └─ 進捗計画
```

出所：筆者作成。

2．大量生産とフォード生産システム[4]

　1800年代の自動車産業では，自動車の年間生産量が100台強であった。当時の生産工程は自動車のシャーシ（車台）を定置し，ここにエンジンやその他の部品を持ってきて組み立てる，"**定置組立方式**"と呼ばれる方法が採用されていた。この当時の自動車構造は馬車のようなシャーシに小さなエンジンを付けたもので，"馬なしの馬車（horseless carriage）"と呼ばれていたそうである。年間の生産販売台数が100台強であったので，この組立方法はしばらく採用され続けた。その後，自動車構造の高度化により，現在の自動車の原型に発展したといわれている。

　他方，米国においては1908年に発売されたフォード社の"T型フォード"によって自動車生産システムが変化を遂げた。T型フォードは画期的な技術を用

いた自動車であること，さらには使いやすさを備え，低価格であったことから売り上げが好調であった。好調な売り上げに対応するために，ハイランドパーク工場に導入された"移動式組立ライン"によって大量生産が可能となった。この組立ラインの特徴は，シャーシがラインを移動しながら必要な部品が付けられていく方式であること，専用工作機の導入による生産効率の向上，作業細分化の導入などで大量生産を可能とし，他社に比べて競争力を得た。この移動式組立ラインの導入により，定置組立方式では12時間半かかっていた自動車の組立てが1時間半へと短縮でき，"フォード生産システム"として脚光を浴びた。フォード生産システムは鉄鉱石を高炉に投入して自動車のフレーム部を製造し，自動車組み立て終了までが約48時間という驚異的な超短時間生産を可能とした。

しかしながら，フォード生産システムにも弱点が存在する。いわゆる専用工作機（T型フォード専用の工作機）の導入により，自動車のモデルチェンジへの対応が遅れてしまうことである。そもそもフォード社は頻繁なモデルチェンジを想定した自動車開発を意識していなかったため，フォード生産システムによる大量生産で競争優位性を築くことができた。しかし，1920年代になるとアメリカの消費者は自動車に対して多様な要求と変化を求めるようになり，自動車メーカーは頻繁なモデルチェンジを強いられるようになった。この状況に対応するために導入されたのが，ゼネラル・モーターズ（GM）社による"**フレキシブル大量生産システム**"である。

フレキシブル大量生産方式は定期的モデルチェンジ，部品共通化，デザイン・開発部門の強化などにより，一時期はフォード車を上回る売り上げを達成した。これに対抗するためにフォード車はT型フォードからA型フォードへのモデルチェンジを行ったが，工場の設備変更に半年以上の工場閉鎖を必要としており，フォード生産システムの弱点を物語っている。

1900年代に自動車の生産システムを劇的に変化させたフォード生産システム，モデルチェンジへの対応を柔軟としたフレキシブル大量生産システムによって自動車産業の生産システムは大きな変化を遂げている。これらはいずれも，

図表10-3　フォード生産システムとフレキシブル大量生産システム

	フォード生産システム	フレキシブル大量生産システム
マイナーチェンジへの対応	あり シャーシを変更せずに車体や部品を変更可能	あり シャーシを変更せずにモデルチェンジが可能
フルモデルチェンジへの対応	低い 工場の生産切り替えに相当の時間を要した	やや高い フォードと比較して短時間で生産切り替えが可能
工作機械	専用機 T型フォード専用の工作機械	汎用機 さまざまなモデルの自動車に使用できる工作機械
工場レイアウト	製品別	製品別
製品開発力	やや弱い モデルチェンジに対する意識が少ない	比較的強い デザイン部門の強化によって競争力を高めた

出所：藤本（2001）を一部修正。

大量生産による製造コストの低減をするというアメリカ式の製造システムが背後に存在する。専用機の導入によって高精度の部品を大量に生産したことから、いわゆる熟練作業者による部品の最終調整作業が不要となり、さらには互換性のある部品を使用することで、最終的に大量生産方式を確立できたのである。以上に述べたフォード生産システムとフレキシブル大量生産システムの対比を図表10-3に示す。

3．テイラーによる科学的管理とギルブレスによる動作研究[5)6)]

生産管理を学ぶにあたり、テイラー（Taylor, F.W.）による科学的管理を見過ごすことはできない。テイラーによる科学的管理は後に説明する時間研究（time study）による標準時間の設定で有名であるが、その背景には労使関係における適正賃金の決定がある。

19世紀後半の米国の機械産業系企業では、経営者と現場作業者の間に距離が

あり，いわゆる内部請負制のシステムが採用されていた。内部請負制とは，経営者が現場作業者を直接的にコントロールすることができず，現場作業者をコントロールできるのは現場作業者をまとめる親方に相当する人間であり，賃金の決定を含む労使交渉は経営者と親方の間で行われていた。経営者から見れば不透明な労働力と賃金支払いに不満が高まっており，逆に労働者から見れば正当な労働に対する賃金の支払いに疑問が高まり，結果として労使の双方に不満が生じていたのである。

　この問題に対し，テイラーは"**工場管理法**"および"**科学的管理法**"の提唱をする。これは，1日あたりの公正な作業量を測定し，標準作業を決定することである。そして，標準作業に見合う賃金を決定し，標準作業量を超えた場合には高賃金の支払いを，逆に標準作業量を下回った場合には低賃金を支払う方法を提案した。これにより，労働者を科学的に管理することが可能となり，さらには経営者と労働者を親密に協働させることを可能とした。

　テイラーの提案した**時間研究**とは，一連の作業を主要な要素（測定が可能な作業の集まり）に分割し，それぞれの要素作業にかかる時間をストップウォッチで測定する。この結果に対してレイティング（補正作業）を加え，作業の標準時間を決定する。この標準時間が当時は支払い賃金の決定に使用されたが，現在では 1. に述べた生産計画や工数計画に使用され，作業の改善に用いられている。

　テイラーによる時間研究と共に，ギルブレス（F. B. Gilbreth）による**動作研究**（motion study）がある。動作研究とは，作業動作に含まれる人の身体的動作と眼の動きを分析し，非効率な動作の排除や動作の組み換えによって改善を行い，作業効率の向上を図る方法である。動作研究を進めるにあたっては図表10－4に示すような**サーブリッグ記号**を用いて作業を行う際の身体的動作を表現する。ちなみに，サーブリッグとは動作研究を提唱したギルブレス（Gilbreth）の名前を逆から綴ったサーブリッグ（therblig）から名付けられている。

　図表10－4に示したサーブリッグ記号で一連の作業を記号化し，以下の原則を照らしながら動作の改善を進める。

図表10－4　サーブリッグ記号

分類	名称	略字	記号
第一類	① 空手（手をのばす）	TE (transport empty)	⌒
	② つかむ	G (grasp)	∩
	③ 運ぶ	TL (transport loaded)	⌒
	④ 組立	A (assemble)	#
	⑤ 分解	DA (disassemble)	H
	⑥ 使う	U (use)	U
	⑦ 手を放す	RL (release load)	◠
	⑧ 調べる	I (inspect)	○
	⑨ 位置を正す	P (position)	9

分類	名称	略字	記号
第二類	⑩ 探す	SH (search)	◎
	⑪ 見出す	F (find)	◎
	⑫ 運ぶ	ST (select)	→
	⑬ 考える	PN (plan)	?
	⑭ 用意	PP (pre-position)	8
第三類	⑮ 保持	H (hold)	∩
	⑯ 避け得ない遅れ	UD (unavoidable delay)	△
	⑰ 避け得る遅れ	AD (avoidable delay)	∟
	⑱ 休む	R (rest)	♀

出所：筆者作成。

① 人体使用：両手を同時に休ませない
　　　　　　両手の動きは反対方向に動かす
　　　　　　動作をできるだけ小さくする　など
② 設備配置：手の届く範囲に材料や道具を置く
　　　　　　椅子等を使う場合には疲労を十分に考慮する　など
③ 器具設計：工具を組み合わせて設計する
　　　　　　足で操作する装置に対し，手を用いないこと　など

以上に述べたテイラーによる時間研究は**作業研究**または作業測定技法（work measurement）として発展し，ギルブレスによる**動作研究**は方法研究（method study）として発展した。この２つは**IE**（industrial engineering，経営工学）と呼ばれる分野の基礎的な柱とされている。

4．トヨタ生産システム[7]

❶ トヨタ生産システムとは

　1900年代に自動車の生産システムを劇的に変化させたフォード生産システム，モデルチェンジへの対応を柔軟にしたフレキシブル大量生産システムはいずれも大量生産による競争優位性に寄与したが，1970年代からは深刻な事態に直面する。顧客ニーズの多様化に対して柔軟性を持って対応するのが困難になったのである。結果としてアメリカ自動車産業の競争力は低下し，貿易赤字を生む結果となった。これに対して，大量生産の考え方を踏襲しつつ，生産性・品質・スピードを高める生産システムが登場した。これが"トヨタ生産システム"である。

　トヨタ生産システムは"**トヨタ生産方式**（TPS：Toyota production system）"，"**ジャストインタイム生産方式**（JIT：just in time）"とも呼ばれ，その名の通りトヨタ自動車によって開発・推進された生産システムである。1930年に日本企業が直面した石油ショックによる業績不振を克服するために考案されたシステムである。

　トヨタ生産システムが有する目的は徹底的なムダの削減である。ここでいうムダとは，過剰な在庫のムダ，作りすぎのムダ，過剰な人員のムダであり，これらを徹底的に排除することで原価低減を図ることを意味する。例えば作りすぎのムダによって，過剰な在庫が生まれ，結果として在庫製品を保管する倉庫が必要になり，倉庫まで製品を運ぶ運搬のムダが生まれ，倉庫管理を行うための人員のムダにつながり，在庫製品を監視するための管理費のムダへと発展する。したがって，各種のムダを排除することで，材料費，労務費，減価償却費を低減し，低コスト体質の企業へと変革する。

　ムダの排除を行うためにトヨタ自動車が提唱した生産システムを支える考え方に，"ジャストインタイム"と"自働化"（自動の動に"にんべん"がついていることに注目）である。ジャストインタイムは製品のスムーズな流れを意識した

考え方であり，いい換えれば必要なものを，必要な時に，必要な量だけ作ることである。また，自働化とは不良品が発生した際に機械が自動的に停止し，後の工程へ良品のみを送るようにすることを意味している。ただ自動的に動くのではなく，自動で働くことを意図して用いられている。これはトヨタで発明された自動織機に対し，稼動中に糸が切れた際に自動で停止する装置が組み込まれていたことに由来している。

❷ トヨタ生産システムを支える要素

ジャストインタイム生産方式を実現するための具体的手段として，"かんばん方式"，"生産の平準化"，"段取り替え時間の短縮"などがある。かんばん方式のイメージを理解するために図表10－5に示すイメージで説明する。①に示した組立工程で働いている作業者は，加工に必要な部品が空になると，空の部品箱と引取りかんばんを持って②に示す部品製造工程へ行く。そこで引取りかんばんに示されている部品名と必要数量を補充し，自分の工程に戻る。部品が補充されていた箱には生産指示かんばんが付いており，作業者が所定の部品を引き取ると生産指示かんばんを外すことになっている。この外された生産指示かんばんの情報にしたがって②の部品製造工程では，指示された部品を指示された数量だけ加工する。つまり，製品を加工する流れは図の左から右であるが，生産指示の流れは右から左となっている。これは，次の工程から指示された数量しか作らない，いわゆる作りすぎのムダを排除する考え方であり，"**後工程引取り**"ともいわれている。実際にはこれほど単純ではないが，各種のかんばんを用いて生産量をコントロールしているのが，かんばん方式である。

次に，**平準化**とは"平らにならす"ことを意味する。例えば図表10－5で考えると，生産指示かんばんに示されている部品名と数量に極端な違いがあると，部品製造工程ではそのばらつきを許容できず，思うように部品を製造できない。このばらつきを最小限とするために各種の製品を毎日均等に，均等な数量だけ製造すればよいように生産計画を立てるのが平準化の考え方である。

最後に**段取り替え時間の短縮**である。段取り替えについて，例えば大きな型

図表10−5　かんばん方式のイメージ

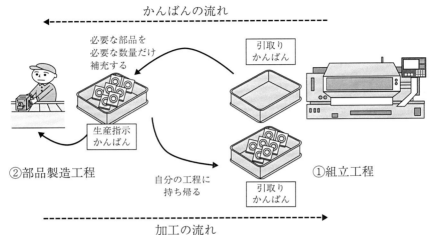

出所：筆者作成。

を用いてプレス加工を行うような工程を想像してみよう。加工ではさまざまな種類の製品を製造するため，所定の製品の加工が終わると，次の製品を加工するために型を入れ替える必要がある。この入れ替え作業には相当の時間がかかるため，入れ替え中は製造がストップしてしまい，生産性が低下する。トヨタでは工程の段取り替え時間に当初2〜3時間を要していたが，これを15分に短縮し，最終的には3分に短縮した。この改善には"外段取り"という考え方が用いられる。外段取りとは製品を加工中に次のプレス型を準備しておき，交換に要する時間を最小とするものである。

　以上に説明したように，あらゆるムダの排除を目的として確立されたトヨタ生産システムは自動車産業のみならず，多くの製造業への展開がなされ，今では世界の主流ともいえる生産方式となっている。

5．IoT（internet of things）と生産管理

　インターネットの普及・拡大・超高速化に伴い，IoT（internet of things）と

図表10－6　IoTによる生産設備のリアルタイム監視

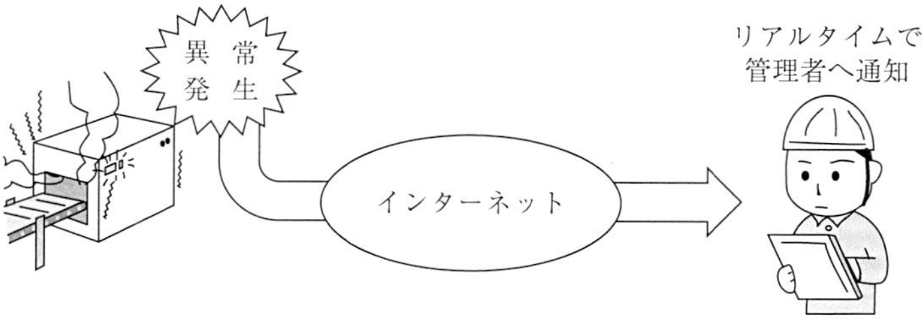

出所：筆者作成。

いう言葉が日常生活で使われるようになっている。IoTとは"モノのインターネット"を指し，我々が使用する製品がインターネットに接続され，さまざまな情報をやり取りする仕組みである。例えばデジカメで撮影した写真がインターネットで即座にクラウドに保管されることで，デジカメ内にある保存媒体からデータを移行しなくてもよい，あるいはモーションセンサーによって家のペットの状況をリアルタイムにスマートホンで確認できるなど，モノのインターネットによって我々の生活は利便性が高くなっている。モノのインターネットは生産管理の場においても応用が進んでいる。

　ドイツ政府が主導する**インダストリー4.0**（Industry 4.0）は，"**第4次産業革命**"とも呼ばれ，その中心となるのが考える工場を意味する"スマートファクトリー"である。スマートファクトリーとは，製品や設備に取り付けられたセンサーから得られる膨大な量のデータをリアルタイムで収集し，これを分析した結果から製造工程の管理を進めることである。例えば図表10－6に示すように，ある加工機で異常が発生した場合に，加工機に取り付けられたセンサーからの信号がインターネットを経由して管理者へ通知され，管理者は加工機で異常が発生していることをリアルタイムで知ることができる。また，生産設備からは稼動状態の情報に加え，生産数の状況を短い周期で送信することが可能となっている。これにより，生産設備の実際の稼動状況など，これまでは現場の作業者が感覚的に感じていた生産設備の状況をデータ化することが可能となった。

　IoTを生産管理に導入することで，これまでは人に依存していた生産状況の

データがリアルタイムで可視化できるようになり，生産管理のレベルはこれまでに比べて非常に高い水準へと進化している。

最後に，本章では生産管理の概念的な説明に留めたが，実際の生産管理は数理的な根拠に基づいた計画や統制がなされる。これについて興味のある読者は他の専門書を参考にしてほしい。

課題

[1] IEと呼ばれる分野において，動作分析以外にどのような手法があるかを調べてみよう。
[2] 本章で述べた以外にトヨタ生産システムの特徴について調べてみよう。
[3] コマツ社のKomtraxとは何かについ調べてみよう。

【注】

1) JIS Z 8141（2001）。
2) 吉本ほか（2001）。
3) 木内（2015）。
4) 藤本（2001）。
5) 藤本（2001）。
6) テイラー（1969）。
7) 門田（2006）。

〈参考文献〉

藤本隆宏『生産マネジメント入門Ⅰ』日本経済新聞出版社，2001年。
JIS Z 8141「生産管理用語」日本規格協会，2001年。
木内正光『生産現場構築のための生産管理と品質管理』日本規格協会，2015年。
門田安弘『トヨタプロダクションシステム』ダイヤモンド社，2006年。
テイラーF.W.『科学的管理法』産能大出版部，1969年。
吉本ほか『メソッドエンジニアリング』朝倉書店，2001年。

第11章

マーケティング

本章のポイント

1. マーケティングとは，利益を上げながら顧客や社会のニーズに応えることである。ニーズに応えることで顧客が商品やサービスを「欲しい，必要だ」という気持ちになり，売り手が無理な売り込みをしなくとも自然に購入する状態にすることがマーケティングの本質である。

2. マーケティング発想は企業活動を顧客中心に考えていくということである。マーケティング発想の必要性を示すものとして，自社事業中心の発想をして衰退したアメリカの鉄道会社の例がある。もし，鉄道という事業にこだわらず，顧客のニーズである事業の目的（鉄道会社であれば「輸送」）に焦点を当てていれば事業の形態は変わっても会社としての衰退を招くことはなかったかもしれない。

3. マーケティングの基本コンセプトは，「STP」と「4P」という言葉に集約できる。「STP」は，セグメンテーション，ターゲティング，ポジショニングの頭文字をとったものであり，ターゲット市場を選択し，その中で，どのように自社を位置づけるかを考えることである。「4P」とはマーケティングの具体的な手段のことであり，製品，価格，流通，販売促進からなる。「STP」と「4P」はそれぞれがバラバラに検討されるものではなく，統合的に検討されなければならない。

4. 顧客のニーズは時代や環境によって大きく変化するため，マーケティングを行う上で市場環境の変化を適切に把握することが重要となる。市場環境を分析するための情報としては，企業内部の情報と企業外部の情報がある。

1. マーケティングとは何か

❶ マーケティングの概念

　マーケティング（Marketing）という言葉を聞いて，どのようなイメージを持つだろうか。マーケティングという言葉自体，カタカナ用語であり漢字での用語とは違って，意味合いを言葉からイメージすることが難しいかもしれない。なんとなく，売り上げを上げる方法であったり，広告を行うことをイメージしたりするだろう。ただし，それらはマーケティングの一部を説明しているに過ぎない。

　多くのマーケティング研究者や学生が参照するのが，アメリカマーケティング協会（American Marketing Association: AMA）の定義である。ところが，この定義も時代の変遷とともに変化している。最新の定義は，2007年にAMAの理事会で承認されたもので，次のように訳すことができる。「マーケティングとは，カスタマー（顧客）・クライアント・パートナー，そして社会全体にとって価値を最大化するような提供物を創造し，伝達し，配送し，交換するための活動であり，一連の制度であり，プロセスである。」

　これはかなりフォーマルな定義であり，日本語にするとややわかりにくいものとなってしまっている。世界的に使われているマーケティングの教科書にフィリップ・コトラーとケビン・ケラー（Philip Kotler and Kevin Keller）による『マーケティング・マネジメント（Marketing Management）』があるが，この第15版では，マーケティングの最も短い定義として「利益を上げながら（顧客や社会の）ニーズに応えること」，というものを紹介している。先ほどのフォーマルな定義よりもシンプルであることに加え，顧客や社会のニーズに応えることが彼らにとっての価値を最大化することに他ならず，AMAの定義とも矛盾することはない。

　本章では，読者の理解のためマーケティングをこのコトラーとケラーの教科書に準じる形で，「利益を上げながら顧客や社会のニーズに応えること」とし

ておこう。

　なお，世の中には，マーケティングを単なる「売るための技術（Art of Selling）」と考える人も少なくない。しかし，その考えは正しくない。経営学者であるピーター・ドラッカー（Peter Drucker）はマーケティングについて「売るための技術」であることを否定し，「マーケティングの目的とは販売（Selling）を不要にすることだ。マーケティングの目的とは顧客を十分に知り，理解することで，商品やサービスが存在するだけで売れることにある。その際に必要なのは，（顧客が）商品やサービスを手に入れることができるようにするということだけだ。」と述べている。顧客を騙して売り込む，無理やり買ってもらう，というようなやり方はマーケティングではなく，顧客を「欲しい，必要だ」という気持ちにすることで商品やサービスを購入してもらうことがマーケティングの本質なのだ。

❷　ニーズとウォンツ

　マーケティングの定義にもあるように，**ニーズ**はマーケティングにおいて最も重要な概念である。ニーズとは人間として持つ欲求のことである。食べ物を食べたい，人から良く思われたいといったことである。心理学者のアブラハム・マズロー（Abraham Maslow）は，人間の欲求をベーシックな欲求から高度な欲求へと5つの段階に分けて整理している。これを**マズローの欲求五段階説**（Maslow's Hierarchy of Needs）という。

図表11－1　マズローの欲求五段階説

欲求の段階	内　容
自己実現欲求	理想とする自分を実現したい
尊敬・名誉欲求	他人から尊敬されたい，名誉に対する欲求
所属・愛の欲求	他人から愛されたい，集団に所属したいという欲求
安全欲求	暴力などから逃れ，安全に生活したいという欲求
生理的欲求	睡眠，食欲などの生きるための基本的な欲求

（高度な欲求　↑）

出所：筆者作成。

一方，ニーズと混同されがちなのが**ウォンツ**である。ウォンツはニーズが具体化し，ニーズを満たす手段が明確化している状態のことを示している。例えば，単に食べ物が食べたいということではなく，寿司が食べたい，マクドナルドのハンバーガーが食べたいといった状態である。

 ニーズについての注意点は，マーケティングによってニーズを作り出すことはできないということである。前述のニーズの説明にもあるとおり，ニーズとは人間が持つ欲求のことで，もともと人間の中に存在しているものである。ただし，顧客がニーズに気づいているとは限らない。マーケティングは，あくまでニーズに気づいてもらい，そのニーズを満たすための手段として自社の製品があるという考えを促進するにすぎないのである。

2．マーケティング発想

❶ マーケティングコンセプト

 日本企業にはマーケティング発想が足りないと言われることがある。この要因として，製造業が産業の中心で「ものづくり」を重視してきた日本企業の体質にもあると考えられる。例えば日本企業における社長の出身部門を調べてみると，マーケティング部門出身という社長が少なく，技術畑といわれる製造部門の出身者や財務，人事出身という社長が多いことに気づくだろう。このことに関して，ネスレ日本の代表取締役社長である高岡浩三氏は取材に対して次のように語っている[1]。「ネスレグループの執行役員は約30名ですが，そのほとんどがマーケター出身。これはネスレグループに限らず，グローバル企業では普通のことだと思います。一方，日本の企業ではマーケティング部門よりも営業や製造部門出身のトップが多くいらっしゃいます。裏を返せば，それは日本の企業ではマーケティングが中心にない。つまりは，お客様中心の経営体制にはなっていないということです。」

 ここでは，欧米でマーケティング発想がどのように形作られてきたのかを見ておくことで，マーケティング発想が生まれた背景を確認し，欧米企業と従来

型の日本企業の発想がどのように異なっているかを確認しよう。

欧米でも企業の発想の原点は生産にあった。「手ごろな商品が広く手に入る」ことを重視し，大量生産を行って低コストを実現するとともに，さまざまな場所で手に入るような流通の設計を行っていくことを「**生産コンセプト**（Production Concept）」と呼ぶ。1920年代にフォードがT型フォード1車種に絞り込んで大量生産することによって低価格で自動車を提供することが可能となり，爆発的なヒットとなったのが有名な事例である。発展途上国のメーカーなどは初期の段階でこのコンセプトを採用することが多い。

次に，安くてそこそこの商品から，消費者は最高の品質，性能，革新的な機能を追求しているという前提のもと，より高い品質，性能，革新的な機能の商品を提供することを重視するようになる。これを「**製品コンセプト**（Product Concept）」と呼ぶ。

さらに，大量生産した製品の売れ行きが鈍り始めると，拡大する在庫を売り切るために宣伝や販売促進を重視する発想が出てくる。これを「**販売コンセプト**（Selling Concept）」と呼ぶ。しかし，必ずしも消費者のニーズに合わない商品を売り込むことは消費者の反感を生み，再購入を妨げることになるなど，リスクも高い。

「販売コンセプト」を経て1950年代に登場したのが「**マーケティングコンセプト**（Marketing Concept）」である。これまでの製品中心の発想ではなく，顧客と顧客のニーズを中心に捉えるという点に特徴がある。これまでのように自分たちの商品に合う顧客を見つけて売っていくのではなく，ターゲットとする顧客のニーズを知り，そのニーズにあった商品を提供していくという発想である。

このように欧米企業は「生産コンセプト」から出発して，「マー

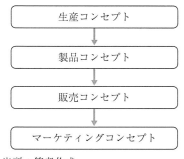

図表11-2　マーケティングコンセプトの変遷

出所：筆者作成。

ケティングコンセプト」に至る発想の転換を実施してきたといえる。一方の日本企業では，マーケティングの概念を戦後の早い段階から取り入れてきたものの，最近まで「良い（技術の高い）製品を提供すれば顧客がついてくる」という生産や製品視点の発想が強かったといえるだろう。

　例えば，かつて日本メーカーのテレビは世界を席巻していたが，その後，韓国などのメーカーにシェアを奪われてしまった。その要因の1つとして「マーケティング発想」の有無を指摘できる。日本のテレビが席巻していた時代（1990年代）に日本のメーカーは高画質を実現する技術力の競争を行っていた。その当時，韓国のメーカーは技術力では日本に劣っていたが，顧客のニーズの変化に注目した。海外の顧客はテレビに対してよりデザインを重視するようになっていたのである。そこで，韓国メーカーは機能や画質よりも手ごろな価格でデザインを重視した機種を投入した。日本のメーカーがあまり重視していなかった顧客のニーズを捉えることで，韓国のメーカーは海外の消費者の支持を集めることに成功したのである。

　なお，ここで注意したいのは，マーケティング発想を持つことは生産や技術を軽視するものではないということだ。現在ある技術をどう生かすか，既存の技術をどう発展させるかということを考える際に，技術からの発想だけではなく，マーケティング的発想を持つ必要があるということなのである。

❷　マーケティング近視眼

　マーケティング発想を理解するのに役に立つのがセオドア・レビット（Theodore Levitt）が『マーケティング発想法』という著書の中で言及した「（4分の1インチ・ドリルが売れたのは）人びとが4分の1インチ・ドリルを欲したからでなく，4分の1インチの穴を欲したから」という言葉である。これは，要約すれば，手段ではなく目的に注目せよ，ということであり，製品ではなく顧客のニーズに着目せよと言い換えることもできる。ドリルを製造するメーカーとしては，「ドリル」という製品を前提に高機能化，高性能化を進めるという発想になりがちである。しかし，顧客のニーズは，「ドリル」が欲しいのでは

なく，「穴」が欲しいのであって，もし穴をあけることができる他の手段が提供され，その機能や価格に優位性があれば，その新たな手段にシフトしてしまう可能性もあることに注意しなくてはならない。

　また，レビットは別の論文で，「**マーケティング近視眼を避けよ**」と主張している。近視眼的になって事業の本質を見失わないようにということなのだが，これもマーケティング発想に基づくものだ。マーケティング近視眼の例としてレビットが紹介しているのが，アメリカの鉄道会社である。アメリカの鉄道会社はかつてアメリカの輸送の中心を担っていたが時代の流れとともに，他の輸送手段にとって代わられてしまった。これは，鉄道会社が鉄道という手段にのみ注目して事業を行っていたためであり，輸送という目的に注目していなかったためである。このように，自分の事業にのみ注目してマーケティングを考えてしまうことをマーケティング近視眼（Marketing Myopia）と呼ぶ。もし，鉄道会社が輸送という目的に注目していれば，鉄道という事業にこだわることがなく，航空機や自動車など新たな輸送手段をいち早く取り込んでいくことができただろう。

3．マーケティングの基本コンセプト

　マーケティングの基本コンセプトは，「STP」と「4P」という言葉に集約できる。**マーケティング・マネジメント**とは，STPに基づいてどのように4Pを実践していくかを管理することに他ならない。なお本章で取り扱っているマーケティングの基本コンセプトは，自社の製品を消費者に販売していくというメーカーのマーケティングを前提としている。サービス業のマーケティングや企業間取引におけるマーケティングについては，専門書を参考にしてほしい。

❶　STP

　STPは，**セグメンテーション**（Segmentation），**ターゲティング**（Targeting），**ポジショニング**（Positioning）の頭文字をとったものである。マーケティ

図表11－3　STPの検討プロセス

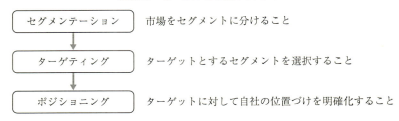

出所：筆者作成。

計画を検討する際には，セグメンテーション，ターゲティング，ポジショニングの順番で検討を行っていくことになる。

　まず消費者は等しく「手ごろな商品」が欲しいというように市場を単一と捉えて考えるのではなく，消費者は多様であり異なるニーズを持っていると考えることが出発点となる。ただし，1人ひとりを識別し，ニーズを把握して商品を提供していくようなことはコストや労力などの面で難しい。そこで，共通のニーズを持つ人々をグループ化し，これらのグループに対してマーケティングを行っていくことになる。このグループのことをセグメントと呼ぶ。セグメンテーションは，正式にはマーケット・セグメンテーションと呼び，日本語で市場細分化とも訳され，市場をセグメントに分けることをいう。セグメントを分ける切り口はさまざまである。セグメンテーションの切り口は，主に住んでいる場所など地理的なもの，年齢や性別など人の属性に関わるもの，ライフスタイルなど心理的なもの，購入経験など行動に関わるものなどがあり，複数の要素を組み合わせてセグメントを分けることも多い。

　次にターゲティングは，セグメントを選択することをいう。資金や資源に余力のある企業はセグメントごとにそのセグメントにあったマーケティングの施策を実施し，すべてのセグメントをカバーする。例えば，ユニクロの親会社のファーストリテイリングは，高価格帯のセオリー，中価格帯のユニクロ，低価格帯のGUと所得が異なる3つのセグメントすべてにブランドを展開することで，市場全体をカバーしていこうとしている。一方で，大企業ではない高級車

メーカーのフェラーリのような企業は，高所得者のみをターゲットとし，他のセグメントを捨てるような戦略を取っている。

最後のポジショニングとは，ターゲットとする顧客に対して自社の商品やサービスをどのように位置づけるのかを考えることである。これは，他社の商品と何が異なるのか，差別化のポイントを明確化することに他ならない。例えば，ボルボという車のポジショニングは「安全な車」である。スポーティな車，ラグジュアリーな車ならば他にもあるが，他とは異なる「安全」を全面に打ち出すことで，ユニークなポジションを確立することができているのである。なお，多くの場合，ポジショニングを説明するときにポジショニングマップと呼ばれるグラフを作成して位置づけを表現することが多い。ポジショニングマップは感覚的に作成される場合と，消費者アンケート調査などのデータを用いて客観的に表現する場合がある。

❷ 4P（マーケティング・ミックス）

マーケティングの具体的な手段を4つのPから始まる単語に集約したものが

図表11－4 4Pの概念図

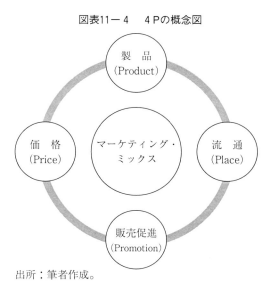

出所：筆者作成。

4Pである。4Pは、マーケティング手段の組み合わせであることから、**マーケティング・ミックス**と呼ばれることもある。

まず、第一のPは**製品**（Product）である。顧客のニーズに対してどのような製品を提供するのかを検討することである。製品の仕様（機能や品質、サイズなど）やデザイン、パッケージなどの検討が含まれる。また、製品そのものだけではなく、ブランドについての検討もここに含まれる。

第二のPは、**価格**（Price）である。製品の利益と消費者が買ってもよいという価格のバランスを考えながら、適正な値付けを検討することである。価格を考える上では、製造コスト、競合の価格、消費者の心理などを踏まえる必要がある。製造コストに一定の利益を乗せて価格を設定するというアプローチが一般的ではあるが、それ以外の価格設定の方法も広く用いられている。例えば、競合の価格に合わせて価格を設定し、その価格で見合う製品仕様を検討するというアプローチもある。また、あえて利益が出ないような水準の安い価格を設定し、いち早くマーケットシェアを確保するというアプローチもある。早期にマーケットシェアを獲得することで、コストの削減や将来の値上げによって中長期で利益を確保しようという戦略である。

第三のPは、**流通**（Place）である。どのような場所で販売するのか、販売する場所までどのように商品を流通させていくのかを検討することである。例えば、高級化粧品のメーカーがスーパーでは自社製品を販売せずに百貨店のみで販売するといった意思決定を行うことである。流通を担うプレーヤー、具体的には小売業や卸売業のことをマーケティングチャネルまたは略してチャネルと呼ぶ。社外のプレーヤーに関することであるため、マーケティング計画を立てても自社の思い通りにならないことも多い。いくらメーカーが新製品を積極的に売りたいと思っても、小売業の理解や協力を得られなければ、そもそも商品を取り扱ってもらえないといった事態も発生する。そこで、自社のマーケティングに協力してもらえるようなチャネルの管理が重要となる。

第四のPは、**販売促進**（Promotion）である。どのように消費者に対して自社の製品の特徴やポジショニングを伝えていくかということに他ならない。具体

的な方策として，広告，広報（PR），人的販売，狭義な意味での販売促進がある。狭義な意味での販売促進とは，顧客に直接アプローチする施策であり，例えばポイントの付与やクーポン券の発行，サンプルの提供，コンテストなどのイベント，チラシ，デモンストレーション，増量キャンペーンなどが含まれる。広告は，広告費用を支払ってメディアに伝えたいメッセージを掲載することである。メディアにはテレビや新聞，雑誌，インターネットの他，交通広告などがある。ターゲットに合わせて適切なメディアを組み合わせて広告を掲載していくことをメディア・ミックスと呼ぶ。広報は，情報発信をして新聞，雑誌，インターネット等のメディアに取り上げてもらうことである。話題性のある情報や公益性の高い情報であれば，メディアが情報を取り上げてくれることも多い。広告のようにお金を払っているわけではないので，企業が意図したように取り上げてくれるわけではなく，メッセージが伝わらない可能性もある。

　マーケティング・マネジメントにおける4Pのポイントは，4つのPがバラバラに検討されるのではなく，STPに基づいて統合的に検討され，それが維持されることである。例えば，ある菓子メーカーが，富裕層をターゲットとして（ターゲティング），自然な原料にこだわって健康に配慮した上質な菓子（ポジショニング）を展開するとしよう。このようなターゲティングやポジショニングに基づき製品を開発して販売を開始したところまったく売れなかった。そのため，メーカーは4Pの価格に注目し，値引きや特売を多用することで商品の売り込みを図ろうとするかもしれない。しかし，これはSTPと4Pが連携されておらず，マーケティングがマネジメントされていないという悪い見本である。値引きや特売を多用することで，購入者は増えるかもしれないがターゲットとした富裕層ではない人が購入の中心になる可能性が高い。また，そのような層が購入することで当初のターゲット層が離反する可能性もある。さらに，価格が値引きされることで上質なイメージが薄れてしまう。その一方で，パッケージや原材料にはコストがかかったままで，利益を圧迫することになる。最悪のケースは，利益を確保するために安い原材料に変更して利益を確保せざるを得なり，当初設定したSTPとはまったく関係のないコンセプトの製品になってし

まい，ますます売れなくなるという負のスパイラルを生じてしまうことである。

4．市場環境とマーケティング

❶ 市場環境を分析するための情報

　マーケティングは顧客のニーズに応えることであるが，そのニーズは時代や環境によって大きく変化する。したがって，マーケティングのSTPや4Pを検討する上で市場環境の変化を把握することが重要となる。実際のマーケティング計画を作成する際には，最初に市場環境の分析を行い，その分析をもとにSTPや4Pを検討していく。市場環境を分析するための情報としては，企業内部の情報と企業外部の情報がある。企業内部の情報は，受発注に関するデータや在庫，コスト，営業に関するデータなど，企業活動を記録したデータが中心となる。企業外部の情報には，マクロ環境に関する情報，産業に関する情報，競合や顧客に関する情報などが含まれる。内部情報は企業活動の記録であるため，基本的に発生した結果の情報である。一方で外部情報は，現在，世の中で起きていることを収集することである。内部情報は企業によって利用される情報も異なるため，ここでは一般的に利用される外部情報の分析について詳しく見ておこう。

❷ 外部情報の分析

　外部情報，特にマクロ環境に関する情報の収集によってトレンドを把握することができる。トレンドは未来を形成するような方向性を示すもので継続的な事象である。例えば，健康志向の拡大といったものである。トレンドを把握することで，市場機会を発見し，顧客のニーズの変化に対応した製品やサービスを提供できるようになる。

　外部情報のマクロ環境に関する情報は主にデモグラフィック（Demographic），政治・制度，経済，自然，社会文化，技術の5つの領域に分けることができる。デモグラフィックとは人口動態に関連する情報であり，具体的には年齢層，性

別，家族形態といったものがある。例えば日本は，少子化という現在の状況により人口に対する高齢者の割合が将来高まっていくことがわかっている。高齢者の割合が高まることが予想されているのであれば，高齢者をターゲットとしていくことがマーケティングの1つの方向性として考えられるだろう。このように，マーケティングの方向性を検討する上で，それぞれ5つの領域から環境がどのように変化しつつあるか，そして今後どのように変化していくかを見据えていくことが大切である。なお，マクロ環境に関する情報は主に政府統計など政府機関の提供する情報によって得られる。

　産業に関する情報は，主に産業の市場規模や市場動向に関する情報である。産業の市場規模の推移などを見ながら，今後の事業展開や売上目標などマーケティング計画を具体化する際に用いられる。産業に関する情報は，政府等の統計で得られる情報に加えて，各産業の業界団体や調査会社の情報を活用することが多い。

　顧客や競合に関する情報は，マーケティングを検討する上での直接的なインプットとなる。顧客が何を望んでいるのか，競合がどのようなマーケティングを行っているかを知ることで，自社の具体的なマーケティングを検討していくことができる。顧客の情報に関して顧客が企業である場合には，営業担当者による顧客へのヒアリングなどによって情報を収集していく。一方で顧客が消費者の場合には，消費者調査によって直接顧客の声を収集する。競合の情報については，業界について特集している雑誌や新聞，取引先などから情報収集を行うことができる。競合のSTPや4Pを整理し，自社と比較することで，自社の強みや弱みの理解に役立つ。

❸　推定と予測

　外部情報の分析により，市場機会の領域が見いだせたら，それらの市場機会がどれくらいの売上規模や成長や利益をもたらすのかを推定していく。この推定は，企業においてマーケティング計画の承認や必要な投資を得るために必要な作業となる。

市場機会の推定は，潜在的な需要がどのくらいあるかを推定することである。最も簡単な推定方法は，買い手の人数と購入頻度と購入単価の掛け算で可能となる。例えば，ある製品カテゴリーについて日本の人口が1.3億人だったとして，そのうちの20％が購入するとしよう。そして1人当たりの年間購入回数が3回くらいは可能で，1回あたりのその製品の購入単価は5,000円を見込むとすると，市場機会すなわち潜在的な市場の年間売上規模は3,900億円となる。おそらく現実の製品の市場規模は，3,900億円よりも小さいはずであり，潜在的な市場の売上規模と実際の製品の市場規模の差が成長余地となるのである。なお，買い手の人数，購入頻度，購入単価といった変数については，いかに説得力のある数値を使用できるかが重要である。市場の規模を推定したら，その中で自社がどのくらいのシェアを獲得していけるかを推定していくことになる。

将来の予測については，買い手となる顧客や専門家に予想を聞く定性的方法に加えて，過去の売上の推移から分析する定量的方法がある。多くの企業では両者を用いながら市場や自社のシェアの予測を行い，マーケティングの売上目標等を定めている。

5．マーケティング計画の策定

本章のまとめとして，これまで示してきたマーケティングの基本コンセプトと市場環境の分析について，実際の**マーケティング計画**（Marketing Plan）策定の視点から整理しておく。

マーケティング担当者はマーケティング計画を立案し，企業内での承認を得て，マーケティングプログラムを進めていく。マーケティング計画は，全社レベルの戦略計画（Strategic Plan）とは異なり，製品や特定の目的のために実施されるマーケティングのための計画である。

マーケティング計画策定のプロセスは主に①情報の収集と分析，②目標と戦略の立案，③プログラムの立案，④収支の予測，⑤進捗の管理によって構成される。このプロセスは，決裁者に承認を得るためのマーケティング計画書の章

立てにもなる。

「①情報の収集と分析」は，本章の第4節に対応する内容である。マクロ環境や競合などの分析を通じて市場機会の発見を行う。「②目標と戦略の立案」は，本章の第3節で示した「STP」を検討することが含まれる。「③プログラムの立案」は，本章の第3節で示した「4P」を検討することである。「④収支の予測」は，本章

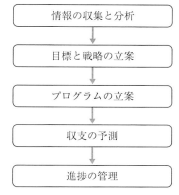

図表11－5　マーケティング計画策定のプロセス

出所：筆者作成。

の第4節の推定と予測に対応する内容であり，市場の成長を予測し，その中での自社のシェアから収支の予想を立てていく。「⑤進捗の管理」については，本章では取り上げていない。計画を実行するだけではなく，それが想定通りに進捗しているのか，進捗していない場合どのような対応を取るのか代替案などを検討するプロセスである。指標で効果を測定するか，どのような方法で測定のためのデータを入手するかなどをあらかじめ決定しておく必要がある。

課題

1. アルバイト先など自分が身近な企業や店舗を1つ取り上げ，そのターゲットやポジショニングを整理してみよう。
2. 上記の企業や店舗の4Pを整理してみよう。ターゲットやポジショニングに即した4Pになっているだろうか。
3. もし自分が地元で飲食店のオーナーとして起業するとしたら，マーケティング計画立案のためにどのような外部情報を収集すればよいだろうか。具体的に考えてみよう。

【注】
1) アドバタイムズ「経営とは，マネジメントではない。マーケティングである。―ネスレ日本 代表取締役社長兼CEO 高岡 浩三氏」2014年10月2日掲載（https://www.advertimes.com/20141002/article171594/ 2017年12月1日アクセス）

〈参考文献〉

広田章光・石井淳蔵編著『一からのマーケティング（第三版）』碩学舎，2009年。
Kotler, Philip and Kevin Lane Keller, *Marketing Management 15th edition*, Pearson Education, 2016.
小川孔輔『マーケティング入門』日本経済新聞出版社，2009年。

第12章

研究開発と知識創造

本章のポイント

① 研究開発は企業の競争優位を確保するために不可欠な活動である。新製品の開発はそのすべてが成功するわけでなく，失敗によるリスクを伴う。しかしながら，研究開発をやめるということは経営をやめるといっても過言ではない。

② イノベーションによる顧客価値創造は研究開発を成功に導くための重要な要素である。イノベーションを成功させるためには既存の製品や技術の延長線上で開発を考えるのではなく，新たな価値提供軸を設定することが必要である。

③ 新しいことを産むためには，新しいことを考えることのできる人材の育成と企業内に存在する知識資産のマネジメントが必要である。ナレッジマネジメントによって新たな知識創造が可能となり，連続的なイノベーションを可能とする。

1．企業における研究開発の位置づけ

研究開発はR&D（research and development）と呼ばれ，研究と開発の両者を一まとめで表現することが多い。ここでは研究と開発それぞれの概要と違いについて整理する。研究とは以下に示すように，**基礎研究**，**応用研究**に大別される[1]。

① 基礎研究：製品化やその他の特別な応用や用途を考慮せず，未知の現象や

物質を探求して新たな知見を確立するための理論的・実験的活動である。
② 応用研究：基礎研究から得られた知見を用いて新製品の実用化や新しいビジネス領域への応用を研究する活動である。

　さらに，①の基礎研究は，その目的を意識しない純粋的な基礎研究と，ある程度の実用化を見据えた目的基礎研究に分類することができる。実際に企業ではここまで厳密に区分をするというよりも両者をまとめて"研究"と表現することが多い。これらの研究成果は必ずしもすべてが事業へと発展するのではなく，場合によっては企業内の知見として蓄えられることがある。また，技術に関する新たな知見が得られても，これをどのような用途で事業化すればよいかがわからないような技術を"シーズ（seeds）技術"と呼ぶことがある。例えば，今ではあたり前のように文房具として使用される付箋（ふせん）は，そもそも貼る・剥がすを繰り返して使用できる糊の素材が開発され，これをどのような用途で製品化するかは未知であったが，付箋として製品化したところ，ヒット商品になったのは有名な話である。

　次に開発とは，基礎研究や応用研究から得られた知見を用いて，企業の事業計画を実現するのに必要とされる製品や技術を考える活動であり，その具体的成果が製品という形や技術という形で要求される。例えば，ハイブリッド型エンジンや電気モータ式のエンジンは基礎研究から得られた知見に基づき，事業化計画に基づいて市場へと展開された例である。研究と開発はその内容と目的が異なるため，企業内で両者をどのようにマネジメントするかも当然異なってくる。研究はまさに未知の領域に対するチャレンジであるのに対し，開発は製品や技術の成果目標が明確にされている活動である。両者のマネジメントの比較を図表12－1に示す。なお，以降の説明では研究と開発を特別に区別せずに説明する。

　企業経営において，研究開発は重要な役割を担う。研究開発の結果として市場に展開された製品はヒットする場合もあれば，そうでないこともある。仮に，新製品が市場で思うように売れず，予定している売上を達成できなかった場合

図表12-1　研究と開発のマネジメント

	研　究	開　発
ベースとなる戦略	技術戦略 新たな現象や技術の発見	事業戦略 他社との競争優位性を築く製品や技術
形　態	探索型であり，納期などの厳しい要求は少ない	目的が明確であり，事業計画に基づいて進められる
評　価	実用化できるかどうか	事業として成立するかどうか
かかわる人	専門知識を持った個人	専門知識を持った人によるチーム
活動期間・納期	中長期計画に基づく	事業計画による明確な納期

出所：浦川（2010）を筆者が一部修正。

に企業は多額の損失を負うことになる。例えば医薬品メーカであるファイザー社（Pfizer）は2007年に30億ドル弱の損失を出し，また，米国の航空機メーカであるエクリプス・アビエーション（Eclipse Aviation）は研究開発に10億ドルもの投資をしたが，事業がうまくいかず倒産に至ったという報告がある[2]。また，PDMA（Product Development Management Association）によれば，新製品の約40％は失敗に終わっており，工業製品の20〜25％，一般消費財の30〜35％が失敗に終わっているという報告がある[3]。このように研究開発にはリスクが伴うが，企業は研究開発への投資をやめることはできない。なぜならば，常に新製品を市場へ展開しなければ他社との競争に勝つことはできないからである。新製品開発はリスクが伴うものの，相応の投資をしなければ，企業の存続につながるのである。研究開発への投資額は企業によって異なり，東洋経済社による研究開発費の調査結果を図表12-2に示す。自動車業界はハイブリッド車，燃料電池，自動運転などへの対応を必要としているだけに，巨額の研究開発費を投資していることがうかがえる。

図表12－2　研究開発費が大きい会社

順位	社名	研究開発費 (億円)	売上高 (億円)	売上に対する 割合（％）
1	トヨタ自動車	1兆0,556	28兆4,031	3.7
2	ホンダ	7,198	14兆6,011	4.9
3	日産自動車	5,319	12兆1,895	4.4
4	ソニー	4,681	8兆1,057	5.8
5	パナソニック	4,498	9兆5,537	6.0
6	デンソー	3,992	4兆5,245	8.8
7	東芝	3,609	5兆6,686	6.4
8	武田薬品工業	3,459	1兆8,073	19.1
9	日立製作所	3,337	10兆0,343	3.3
10	キヤノン	3,285	3兆8,002	8.6

出所：http://toyokeizai.net/articles/-/166463（2017年11月23日アクセス）をもとに筆者作成。

2．製品開発の形態とマネジメント

　製品の開発形態は，その対象となる製品に応じてさまざまである。一般消費者を対象として開発される製品から，宇宙で使われるような特殊性を有した製品まで多岐にわたる。ここでは，いくつかの代表的な製品に対する開発の形態について説明する[4]。

❶　**市場牽引型の製品開発**（The market-pull development process）
　市場牽引型の製品開発のプロセスを図表12－3に示す。
　この開発プロセスについて，我々が想像できる身近な商品として携帯電話を例に考える。携帯電話が初めて市場に展開された時に，電話はバッテリーを含めて女性のハンドバッグほどであり，実際に電話を肩からかけて持ち歩くほどの大きさであった。当時は携帯電話そのものの存在が画期的であったので，あまり細かい要求は顧客から発せられなかったが，マーケットが拡大し，利用客

図表12-3　市場牽引型の製品開発

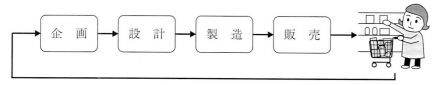

出所：筆者作成。

が増加してくると，顧客は持ち運びのしやすさを要求するようになった。この要求を実現するために，携帯電話の小型化が進められた。そして，ある程度の小型化が進むと，続いてはバッテリーの持ち時間などが問われるようになり，これも大幅に改善された。そして現在では携帯電話は単なる通話機能だけでなく，メール機能，ホームページ閲覧機能，デジカメ機能，さらには音楽プレーヤー機能などが付加された複合商品として市場に展開されている。いわば携帯可能なPCといっても過言ではないほどに進化を遂げている。このように，初期のモデルから逐次改良が加えられていく商品は，いずれも市場や顧客からの要求を実現するための開発が進められるので，市場牽引型商品開発と呼ばれる。このタイプの商品開発において最も大切なことは，開発の早い段階でいかに顧客の要求を的確に収集するかである。欧米と比較して日本人が発する要求は極めて高度かつ多様であり，さらには個人差が大きいといわれている。開発した製品がある顧客には受け入れられたとしても，他方ではまったく関心を抱いてくれない顧客が存在するため，製品を開発する側にとっては，"どのような顧客にどのような商品を提供するか"を考えるのが非常に難しくなっている。これには第11章で説明されているマーケティングでのマーケットセグメンテーションやターゲティングの概念が関係する。

❷　技術先行型の製品開発（The technology-push development process）

技術先行型製品開発のプロセスを図表12-4に示す。

技術先行型製品の主たる対象は，新規に開発された素材や部品である。した

図表12-4　技術先行型の商品開発プロセス

出所：筆者作成。

がって，これに該当する企業は素材メーカや部品メーカである。先にも紹介したが，現在では文房具としてあたり前のように使われている付箋（ふせん）は市場や顧客の要求に基づいて開発されたものではなく，素材（糊）が先に開発され，糊の用途をどのような製品に活かすかを企業側が考えて市場に展開された例である。この糊は貼る・はがすという行為を繰り返しても，粘着力が低下しないという特徴を持っていた。この特徴を有する素材が研究によって開発されたが，これをどのような用途で製品化すればよいかがわからず，検討の結果，付箋として製品化されたのである。当然であるが，新たな素材が開発されたからといって，これがすべて事業化につながるとはいえない。日の目を見ない新規素材や部品はたくさんある。したがって，開発された素材や部品をどのような用途で使用し，そしてどのような製品で実用化するのかを考えることがポイントになる。さらには，開発プロセスの先頭である研究・開発でどのような新規素材を開発できるかに成功の鍵が存在する。多くの企業では，社内に研究所と呼ばれる組織を有している。研究所にはその分野のエキスパートが集められ，日々新しい研究に取り組み，新規素材の開発に力を注いでいる。つまり，新しい発見をどのように実用化するかを考え，製品を市場へ展開するプロセスが技術先行型製品といえる。

❸　**市場不在型の製品開発**（The non-market development process）

　市場不在型の製品開発は読んで字の如く，一般消費者が存在しないような製品開発を意味する。例えばスペースシャトルが市場不在型製品の1つである。遠い将来には家庭に1機を所有する時代が来るかもしれないが，現時点で一般

図表12-5　市場不在型の製品開発

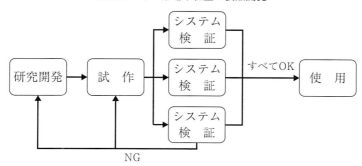

出所：筆者作成。

　消費者がスペースシャトルを購入することはない。このような製品の開発プロセスイメージを図表12-5に示す。
　市場不在型の製品開発において大切なことは，製品の性能を間違いなく発揮できること，製品が使用される際に絶対に事故を起こさないことである。上述したスペースシャトルを例に考えると，スペースシャトルを飛ばした際に事故は絶対に許されず，一度の事故が大問題へと発展する。したがって，製品をいくつものシステムに分解し，それらのシステムが正常に動作するかどうかの検証行為を繰り返すことに力点が置かれる。超劣悪な環境での実験と検証を繰り返し，すべてのシステムが正常に動作することが確認された時点で初めて使用が認められる製品である。ここではスペースシャトルという極端な例を用いたが，我々が日常利用している自動車や電車なども，見方を変えれば市場不在型の商品に含まれる。製品の欠陥が大事故につながり，社会的な問題へと発展してしまうことがあるため，企業ではシステムの検証に力を入れて製品開発を進めているのが現実である。
　また，開発プロセスそのものをマネジメントする方法として，**ステージ・ゲート・システム**（stage gate process）と呼ばれる方法がある[5]。ステージ・ゲート・システムは1980年代に米国のクーパー（Cooper, R. G.）によって，提案されたシステムであり，日本においてもこのシステムを採用している企業が増えて

いる。ステージ・ゲート・システムは，開発プロセスが進む各ステージにゲートを設け，事業化のために必要な検討項目や判断基準に基づいて，開発を先に進めるか，あるいは中止するかの意思決定をするシステムである。製品開発の失敗を可能な限り少なくし，研究開発の効率化をねらいとしている。各ゲートでは開発製品に対して創出されたアイデアなどが選別（screening）されることになるが，特に開発の上流段階である研究や企画の段階で乱暴にアイデアをふるい落としてしまうと事業化のための貴重な情報を消失してしまうため，注意が必要である。したがって，不要なアイデアをふるい落とすという観点よりも，むしろ新しいアイデアを事業化のためにどう活かすかという建設的な視点から検討を進めることが大切といわれている。

3．イノベーションによる顧客価値創造

❶ イノベーションとは

イノベーションという言葉は"革新"と訳される。これまでの延長線で何かを考えるのではなく，新たな新機軸をもって現状を打破することと解釈される。日本では長い間にわたりイノベーションを"技術革新"と訳してきた。また，経営学の分野でイノベーションを論ずる場合には，経済学者であるシュンペーター（Schumpeter, J. A.）による主張の引用が多い。同氏によるイノベーションの定義は「新規の，もしくは，既存の知識，資源，設備などの新しい結合」であり，必ずしも技術に限定したものではなく，さまざまな経営資源を結合することで新たな価値を創出することが強調されている。さらに，シュンペーターの主張する新結合には以下の5つの方法が示されている[6]。

① 消費者に知られていない新しい商品や商品の新しい品質の開発
② 未知の生産方法の開発
③ 従来参加していなかった市場の開拓
④ 原料ないし半製品の新しい供給源の獲得
⑤ 新しい組織の実現

第12章　研究開発と知識創造　203

　以上からもわかるように，経営学におけるイノベーションとは，企業が社会に対して新しい価値を提供するための革新を指し，そのためにさまざまな経営資源を結合することである。これにより，経済成長を牽引すること，社会生活に変化をもたらすこと，企業の競争優位性の確保が期待されている。

　特に①の"消費者に知られていない新しい商品や商品の新しい品質の開発"に対しては，企業が保有する技術が深い関係にある。また，技術をベースとした商品の新しい品質の開発に対して以下のアプローチが考えられる[7]。

　第1はシーズ技術をビジネスモデルへと発展させるタイプである。先にも例示した付箋（ふせん）に用いられる糊のように，使途不明のシーズに対して用途を加えることで新たな価値を創造することが可能となる。

　第2は既存製品の性能では競争力に限界があるものの，これを大幅に向上することで新たな価値を創造するタイプである。胃カメラを例に考えると，従来のカメラは口からの挿入が常識であったものの，この性能水準を大幅に向上して超細形のカメラを実現することで鼻からの挿入が可能となり，患者の苦痛を低減する検査が可能となっている。

　第3は既存製品の用途では限界が見えているものの，この用途を変えることで価値を創造するタイプである。例えばマイクロ波は主としてレーダに使用されるものであるが，これを食べ物に照射すると調理に使えることから電子レンジという製品が生まれた。このように本来とまったく異なる効果の発見はセレンディピティ（serendipity）と呼ばれる。セレンディピティは極めて偶発性の高い製品開発となるので，これをマネジメントすることが可能であるかは議論の余地があるものの無視できない。

　第4はこれまでに述べてきた複数技術を複合することで新たな価値を提供するタイプである。例えばプロジェクター技術とビデオ技術を複合したプロジェクター付ビデオカメラは撮影した動画をその場で壁に投影できるという価値を提供している。

❷ プロセスイノベーションとプロダクトイノベーション

　製品開発におけるイノベーションには，"プロセスイノベーション"と"プロダクトイノベーション"という言葉がある。プロセスイノベーションとはものづくりの方式に関するイノベーションであり，従来とはまったく異なる方式で生産を行うことを意味する。例えば，第10章で述べたフォードシステムは，従来の"**定置組立方式**"と呼ばれる自動車の生産方式を"**移動式組立方式**"へと変更したという意味でプロセスイノベーションに相当する。現在は多品種少量生産が主流であり，これに対応するために移動式組立方式から"**セル生産方式**"や"**屋台生産方式**"と呼ばれる方式が行われる。これらは，作業者が一部の作業のみを繰り返し担当するのではなく，1人で始めから終わりまでの作業を担当する方式である。フォード生産方式は作業を細分化し，作業者に特定の作業を訓練することで作業効率を高め，結果として大量生産への対応を可能とした。しかし，この方式では作業員がすべて同時・同一空間にいなければものづくりを行うことができず，多品種少量生産には不向きな方式である。しかし，セル生産方式や屋台生産方式は作業者がすべての作業を1人で担当するため，生産量の調整が容易となり，さらには作業者自身の努力によって生産性を高める改善を行うことができる。このように，時代の変化（生産形態の変化）によって，生産方式が新しい形式になり，これがプロセスイノベーションと呼ばれる。

　これに対し，プロダクトイノベーションとは，製品の品質改善や新製品によるイノベーションを指す。例えばPCで作成した文書などの電子ファイルを保存する際に，数十年前はフロッピーディスク（FD）と呼ばれる保存媒体が用いられていた。FDの保存容量は1MB程度であり，容量の大きなファイルを保存することはできないし，何枚ものFDを持ち運びする必要があった。しかし，プロダクトイノベーションによるUSBメモリの開発によって状況は一変する。1GBを超えるファイルサイズであってもメモリに保存することが可能であるし，大量のファイルを1つの保存媒体に保存できるので，保存媒体を何枚も持ち運びする必要がなくなった。つまり，プロダクトイノベーションは我々の社

会生活に変化をもたらすのである。現在ではインターネットのクラウドを使用することで，保存媒体を所持する必要性すらない状況である。

　以上に説明したイノベーションを論ずる際に，"ドミナント・デザイン(dominant design)"という言葉も用いられる。ドミナント・デザインとは画期的な新製品が市場に展開され，次第に成熟化していく中で発生していく標準的・支配的なデザインのことを意味する。例えば，動画を保存するカセットには，サイズの異なる"ベータ方式"と"VHS方式"があり，それぞれに異なる再生機が必要とされていた。しかし，市場が習熟していく過程で消費者はVHS方式を選択し，これが標準的・支配的なデザインとなった。これがドミナント・デザインである。プロダクトイノベーションによって自社の製品がドミナント・デザインとなれば企業の競争優位性を高めることができる。しかし，これで企業が安泰になる訳ではない。現在では，VHS方式の再生機など存在せず，ドミナント・デザインはDVDやBlue-Rayへと変化している。このことからも，企業が永続的に発展するためにはプロセスイノベーションやプロダクトイノベーションを継続的に進める必要性がわかる。

❸　新たな価値提供軸の創造

　プロダクトイノベーションを起こす新製品を開発するためには，これまでとは異なる価値の提供軸を考えることが求められる。なぜならば，既存製品の延長線上で製品の性能向上だけを考えても，新しい価値を創造するのは難しいからである。例えば音楽を聴くためのカセットプレーヤーを例に考えてみる。カセットプレーヤーは音響機器の1つであるから，その重要な品質には音質がある。家電メーカが音響機器の音質という延長線上で製品開発を考えている限りは限界がある。仮に従来よりも音質の良いプレーヤーを開発したとしても，そのメカニズムは競合他社に分析され，すぐに低価格で同様のレベルに追いつかれてしまう。したがって，音質を追求することとは異なる価値提供軸を考えなければ，イノベーションにつながるとはいえない。この例についてしばしば引用されるのは，ソニー社のウォークマンである。従来の音響機器はあくまでも

室内で音楽を聴くことを前提にされていたものが，"外で音楽を楽しむ"という新たな価値提供軸を創造することで，プロダクトイノベーションに発展したのである。これ以外にも鉄道業を例に考えれば，鉄道における重要な品質には輸送力があり，これを増強することで利用者の利便性が向上する。しかし，輸送力向上には物理的な限界もあり，この延長線上で新たな価値創造を考えるのは難しい。彼らは新たな価値提供軸として"エキナカ"を考えたのである。鉄道業でありながらも物販ビジネスという価値提供軸を考え，利用客の増加につながった。

　ここに述べる新たな価値提供軸の創造には，新たな価値提供軸を考える能力だけが注目されそうである。これに加えて創造されたアイデアを取捨選択する意思決定力も重要になる。羽根のない扇風機として有名なのはDyson社である。しかし，それ以前に東芝は羽根のない扇風機を開発し，特許権を取得している。つまり，東芝は扇風機においてプロダクトイノベーションを起こしていたものの，これを事業化する意思決定においてDyson社と異なっていたのである。

4．知識創造理論

　イノベーションによる新製品や新プロセスを生むためには，新しいことを考える知識創造力を有した人材の育成と，企業内にある知識資産をマネジメントする両面が求められる。個人が有する知識を組織として共有し，ここから新たな知識を創造する活動はナレッジマネジメントと呼ばれる。

　ナレッジマネジメントの実践には情報技術分野からの議論と組織論を中心とした経営学からの議論がある。情報技術分野からのアプローチとしては，1980年代以降に知識共有を行うためのデータベース構築やグループウェアなどの情報システムの構築が進められた。しかしながら，システムを構築しても社員がデータベースそのものを利用しないなどの問題から，知識共有が思ったように図られないといった問題が発生した。他方，ナレッジマネジメントに対する経営学からのアプローチとしては，1960年代にドラッカー（Drucker, P. F.）が知

図表12-6 知識創造のプロセス

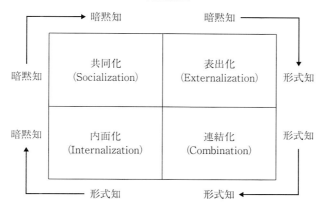

出所：野中・竹内（1996）。

識時代の到来を予期し，その後1990年代にセンゲ（Senge, P. M.）が学習する組織によって知識の共有と創造に発展すると提唱し，ナレッジマネジメントに対する関心が高まった。

ナレッジマネジメントについて野中らは「組織的知識創造が日本型イノベーションの鍵である」とし，知識創造をベースとした連続的イノベーションの誘発と，企業の競争優位性を確保する重要性を説いた[8]。図表12-6に示す4つの知識変換モード（SECIモデルともいわれる）が非常に有名である。知識の共同化・表出化・連結化・内面化のスパイラルを回すことで，知識創造へと導くモデルを提案している。

① 共同化（Socialization）：暗黙知から暗黙知への変換

共同化は個人が有する経験の共有によって，暗黙知を創造するプロセスを指す。例えば，弟子が師匠の振る舞いや技能を観察することでノウハウを学び取る行為を指し，言葉を使わずに他人の暗黙知を獲得することを意味する。

② 表出化（Externalization）：暗黙知から形式知への変換

表出化は個人が有する暗黙知を明示的に表現するプロセスを指し，表出化の作業の多くは言語が用いられる。個人の暗黙知がコンセプトとして明示化され，

これは対話や共同的な思考によって引き起こされる。身近な例としてはグループによるディスカッションが共同化の作業である。

③ **連結化**（Combination）：形式知から形式知への変換

連結化は複数のコンセプトを組み合わせて新たな知識体系を創造するプロセスを指す。この作業においてはデータベースの積極的な活用など，情報技術を積極的に用いるとよい。身近な例としては，ディスカッション後の発表で自グループのコンセプトと他グループのコンセプトを体系化することを意味する。

④ **内面化**（Internalization）：形式知から暗黙知への変換

内面化は連結化によって創造されたコンセプトを個人の暗黙知として蓄えるプロセスを指す。ここで蓄えられた知識は個人の知識財産となる。この知識財産をもとに再度，共同化・表出化・連結化・内面化のプロセスを経ることで知識創造のスパイラルが回ることになる。

課題

1. 身の回りにある商品でプロダクトイノベーションを起こしたと思われるものを探し，その特徴を整理してみよう。
2. 身の回りにある商品でドミナント・デザインとなっているものを探し，その特徴を整理してみよう。
3. 新たな価値提供軸の創造によってビジネスの発展に成功した企業を探し，その特徴を整理してみよう。

【注】
1) 浦川（2010）。
2) Garcia（2014）.
3) Garcia（2014）.
4) 小原監修（2009）。
5) Cooper（1988）.
6) 一橋大学イノベーション研究センター編（2017）。

7) 永井（2017）。
8) 野中・竹内（1996）。

〈参考文献〉

Cooper, Robert G., *Winning at New Products*, Basic Books, 1988.
Garcia, Rosanna, *Creating and Marketing New Products and Services*, CRC Press, 2014.
一橋大学イノベーション研究センター編『イノベーション・マネジメント入門（第2版）』日本経済新聞出版社，2017年。
永井一志『品質機能展開の基礎と活用』日本規格協会，2017年。
野中郁次郎・竹内弘高『知識創造企業』東洋経済新報社，1996年。
小原芳明監修『はじめて学ぶ経営学』玉川大学出版部，2009年。
浦川卓也『イノベーションを目指す実践研究開発マネジメント』日刊工業新聞社，2010年。

第13章 企業の国際化
Internationalization of a Firm and Management

LEARNING POINTS
1. What is international business and the significance of a multinational corporation?
2. How to analyse the international business environments using a PEST analysis.
3. Developing products/services for an overseas market based on the strategic fit between the voice of customer and company strategy.
4. The merits and demerits of regionalism and regionalization for international business.

1. WHAT IS INTERNATIONAL BUSINESS?（国際ビジネスとは？）

International business, in simple terms, refers to how companies manage the flow of **goods, people, money** and **information** across national borders. Figure13-1 shows the different types of international business.

❶ Goods (and Services): International Trade

A company can engage in international business through **international trade**—the export and import of goods and services. This type of company

Figure 13−1 Types of International Business

FLOWS	EXAMPLES OF INTERNATIONAL BUSINESS
Goods	International Trade
People	Overseas Subsidiary
Money	Franchise
Information	Technological License

manufactures goods in its home country and exports them to other countries. Until the 1985 Plaza Accord, many Japanese companies in the textile, electric and electronics, automobile, industrial machinery, and shipping industries conducted international business in this way. The Plaza Accord was an agreement to adjust the foreign exchange rate to reflect market forces instead of set artificially by governments. This resulted in the Japanese yen **appreciating** from 360 yen to the dollar to as high as 90 yen. Suddenly Japanese goods became four times more expensive in overseas markets. Consequently we now see more Japanese companies manufacturing overseas.

Nevertheless, Japanese companies continue to conduct international business through trade but in higher **value-added** products — the difference between the **production cost** (materials, labor, capital) and sales price. Despite the high production cost in Japan, Toyota Motor, for example, can assemble and export its hybrid Lexus to overseas markets because its sales price is also high. More and more Japanese companies are using this high value-added domestic production and low value-added overseas production strategy.

❷ People: Overseas Subsidiaries

To cut costs after the Plaza Accord, Japanese companies began to establish overseas **subsidiaries**— that is, a separate company but controlled by a parent company. Japanese companies first moved production to Northeast

Asia (South Korea, Taiwan, and Hong Kong) in the 1970s and 1980s and later to Southeast Asia, especially in Thailand, Indonesia, the Philippines, Malaysia, and Singapore, in the 1980s and 1990s. Because the production cost is lower in these countries than Japan, Toyota can assemble its lower priced cars, such as the Corolla, and still maintain its profit margins.

In this connection, they began sending employees to manage their overseas subsidiaries, called **expatriates**, and employing local people. This growing flow of people across national borders created new challenges for Japanese companies: managing a global human resource system and improving cross-cultural communication. Indeed, they now employ more workers overseas than in Japan.

❸ Money: Franchise

Another way to conduct international business is for a Japanese company to grant a foreign company a **franchise**. A franchise gives the foreign company the right to do business in a proscribed manner but not access to the **intellectual property** — idea, invention, or process. In return the granting company earns a fee or commission. The Yakult Company, for example, does not reveal the formula for its beverages to overseas franchise partners. It only allow them to bottle and distribute the beverages through the famous "Yakult ladies" system.

Other examples of the flow of money include equity (stocks, bonds, other financial instruments), debt (loans, credit, etc.) and business transactions (remittances, foreign exchange, etc.).

❹ Information: Technological License

If a Japanese company grants a foreign company the use of their intellectual property in producing goods and services, it is usually done as a

license. Unlike a franchise, however, the granting company does not proscribe to the foreign company how to run their business. It represents just the flow of information to a foreign company. In turn, it has the right (license) to use, modify, or resell the intellectual property. In return, the foreign company pays a **royalty**—compensation for the intellectual property.

Large Japanese companies use licensing to develop overseas business partners. Panasonic, for example, licenses its unique multi-layer resin board technology to AT&S Austria Technologie & Systemtechnik Aktiengesellschaft in order to develop a business presence in the European electronics industry. Small and medium-sized enterprises (SME) use licensing when they find it difficult to physically do business overseas. Instead they can earn revenue (royalty) from overseas markets by giving a license to a foreign company.

Among these types of international business, perhaps the multinational corporation gains the most attention because it requires the simultaneous management of the flow of goods, people, money and information across national borders.

2．MULTINATIONAL CORPORATION（多国籍企業）

A **multinational corporation** (MNC—American English) or multinational enterprise (MNE—British English) is a company that operates:
- "subsidiaries in one or more overseas countries . . .
- . . . through foreign direct investment."

In practice, **foreign direct investment** (FDI) includes managing the flow of not only money, but also goods, people and information. This contrast with international trade, franchise, and license types of international business that only involves one or two of the four flows. In short, a MNC must have one or more overseas subsidiary producing goods and service (goods), managed by expatriates and local staff (people), engaging in financial transaction (money), and the transfer of technology (information).

Based on this criterion, there are three basic organizational types of MNC: wholly owned subsidiary, joint venture, merger and acquisition.

❶ Wholly Owned Subsidiary

A company can establish a **wholly owned subsidiary** (WOS) — that is, 100% owned by a **parent company** (see Figure 13-2).

Figure 13 – 2 Wholly Owned Subsidiary (WOS)

In principle, a parent company prefers a WOS because it can independently decide all business functions (R&D investment, new product development, manufacturing, human resources, finance, etc.). This makes it easier to smoothly manage the flow of goods, people, money and information across national borders.

Moreover, with a WOS, a parent company can protect its core technologies from "leaking" to competitors. Toray, a major synthetic fibre manufacturer, segments its product line from low value-added to high value-added. In its low value-added products, it has many overseas business partners. But in its high value-added medical devices products, it adopts a WOS strategy.

❷ Joint Venture

A **joint venture** (JV) is established by two or more companies. Each company invests a percentage of the total capital. The company with the highest percent is called the **majority owner** and the other partner(s) the

minority owner(s). In Figure 13-3, Company A owns 51% and Company B 49% of the JV. In this case Company A is the majority owner and Company B is the minority owner of the JV.

A MNC forms a JV to minimize risk and maximize market access. To achieve these goals, sometimes it is necessary to include more than two partners, as illustrated in Figure 13-3 with the inclusion of Company C. Many times the business partner is another company or organization—for example, a trading company, university, bank, and the State—especially when the business risk is high. No matter how many companies are involved, however, the one making the largest investment has the rights as majority owner.

Figure 13 - 3   Joint Venture

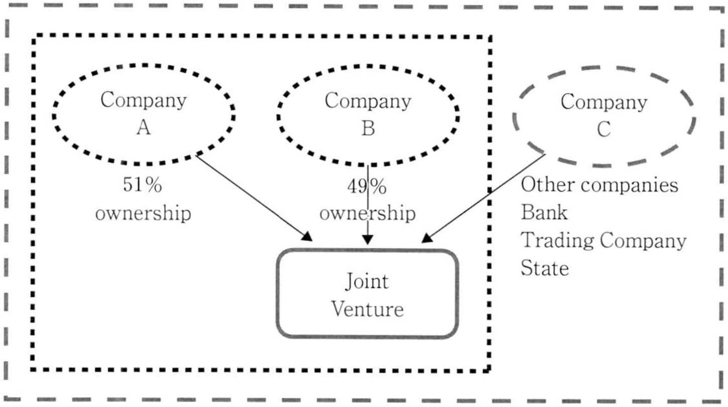

```
┌─────────────────────────────────────────────────────────┐
│  ┌──────────────────────────────┐                       │
│  │  Company      Company        │    Company            │
│  │    A            B            │      C                │
│  │                              │                       │
│  │  51%          49%            │  Other companies      │
│  │  ownership    ownership      │  Bank                 │
│  │                              │  Trading Company      │
│  │        Joint Venture         │  State                │
│  └──────────────────────────────┘                       │
└─────────────────────────────────────────────────────────┘
```

A JV is the preferred type of MNC where the investors want to spread business risk and/or gain greater access to the local/regional market. Toshiba, for example, wants to increase the sale of medical devices in Malaysia. Rather than take the time and expense of creating its own local sales network, it decided to established a distribution and logistics JV with Abex Medical System (AMS) Sdn. Bhd. Initially a JV is a win-win situation; however, over time it is difficult to maintain this balance.

❸ Merger and Acquisition

A **merger and acquisition** (M&A) is where two independent companies either merge or one company acquires the other company. After the M&A, both companies consolidate their capital in a completely new company. In Figure 13-4, Company X and Company Y cease to exist after the M&A and establish Company Z.

Figure 13 − 4 Merger and Acquisition

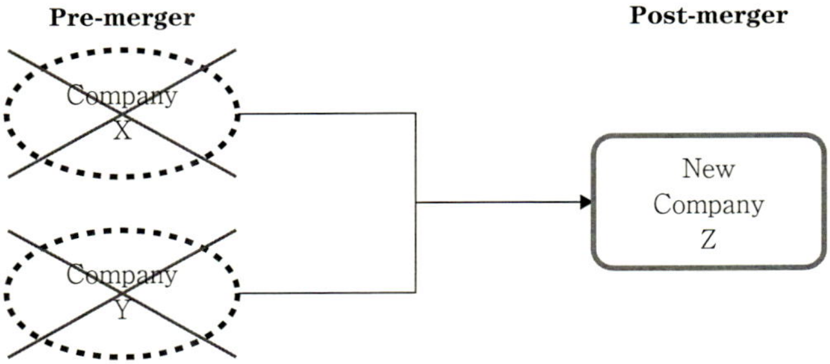

Rather than build a business over time, a company will pursues M&A to acquire products, markets, or technologies where they are weak. The strategy is to grow the company at a faster pace than possible as a WOS. Take the M&A case of the Komatsu American, a subsidiary of Komatsu Corporation. Komatsu is well known for its heavy equipment business but it is weak in the mining market segment. To quickly enter this market, in 2017 it pursued an M&A with Joy Global to become one of the major market players in mining equipment. The new company's name became the Komatsu Mining Corporation.

A MNC's choice among these three organizational types depend on the business environment they encounter overseas.

3. BUSINESS ENVIRONMENT（ビジネス環境）

Why does a domestic company decide to conduct international business? Some domestic companies find better business opportunities overseas. One way they can understand the overseas **business environment** is to evaluate the political, economic, social and technological conditions in a country through a **PEST Analysis**.

There are many factors a business should consider before entering an overseas market. In Figure 13-5 we will simplify our discussion to the keywords for each dimension of the PEST analysis—political, economic, social, and technological—and some related factors affecting the flow of goods, people, money and information.

❶ POLITICAL

The keywords for the political dimension are policy and regulation. **Policy**

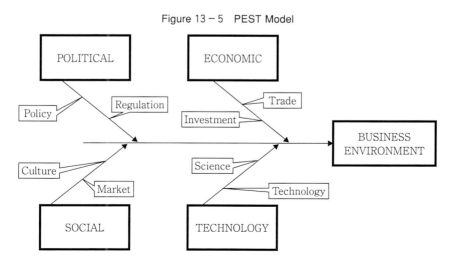

Figure 13-5　PEST Model

refers to a country's plans for socio-economic development. On the one hand, a company focuses on the effectiveness and efficiency of the policy makers: government bureaucracy and political parties. And on the other hand, they focus on the actual policies, including legislation in areas such as trade (goods), labor (people), fiscal and monetary (money) and intellectual property rights (information).

Regulation refers to how government authorities control the way something is done or the way people behave. In short, a country's "rules of the game." Regulations concern economic factors — for example, taxation, tariffs, and financial transactions — as well as social factors, such as consumer and environmental protection.

❷ ECONOMIC

The keywords for the economic dimension are trade and investment. International **trade** refers to the exchange of not only goods/services, but also people, money and information across national borders. Important factors affecting these flows include home economy situation, international trade/monetary issues, market routes and distribution trends

Investment is the act of putting money, effort, and time into a business to make a profit. Factors that affect a company's return on their investment become important. These include interest and inflation rates, exchange rates and currency stability, market and trade cycles, economic growth and gross domestic product (GDP).

❸ SOCIAL

The keywords for the social dimension are culture and market. **Culture** is a set of values and norms of a particular community or group of individuals. This is reflected in a country's language (dialects), race (ethnicity), and religion.

In turn, these factors influence lifestyles, major events (festivals, holidays, etc.), fashion trends and consumer attitudes and opinions.

A **market** is a place where buyers and sellers transact to exchange goods and services. While companies "supply" goods and services, the consumer "demand" side characteristics is the main focus in the PEST analysis: demographic composition by age, sex, income, and etc. These characteristics influence market factors such as fashion and role models, brand trends, and consumer buying patterns.

❹ TECHNOLOGICAL

The keywords for the technological dimension are science and technology. **Science** is the systematic acquisition (i.e., scientific method) and storage of knowledge. Scientific factors include a country's basic R&D (research and development), research funding, science and engineering education, research facilities/clusters, etc.

Technology, on the other hand, refers to the use of knowledge (science) to develop innovative products and processes. The Japanese government has targeted three technological areas: information technology, biological technology, and nano-technology. Technological factors related to these three areas include information and communication technology (ICT) sector, manufacturing maturity and capacity, new product development eco-system, and technology access through licensing, patents, etc.

A PEST analysis is a systematic way to organize the factors that are important for a company considering moving overseas. Once a company evaluates the global business environment to select a potential target country and/or region, it must decide how to enter that market.

4．MARKET ENTRY（市場参入）

A **market entry strategy** is "the planned method of delivering goods or services to a new target market and distributing them there." The start line for entering a market is understanding the voice of the customer in the target market and works backward to sales and market → manufacturing → design and engineering → R&D. On the other hand, a company must assess its core competence to meet this challenge.

❶ Voice of Customer

When a company knows the customers' needs, it can increase the sale of products and services. Japanese companies often use the QCD + S Function to evaluate systematically what customers tell a company, both good and bad—that is, **voice of the customer**. The **QCD + S Function** refers to quality, cost, delivery and (after) service.

Quality: The keyword is customer experiences. There are many definitions of quality; but, in practice, how customers experience a good or service through their five senses (smell, taste, sound, feel, and sight) influences their opinion. Mazda Motor, for example, used a sensory engineering (*kansei*) approach to design its RX-4 sports car. They found that the "feel" of the seat, the "sound" of the motor, and the "sight" of the instrument layout were important "experiences" for their customers. When they incorporated these "experiences" into the design of their RX-series sports car, it became a very popular seller for them. The question to ask, then, is, "what experiences and expectations are customers telling the company?" And answer with "how can the company modify its products and services to meet customer needs?"

Cost: The keyword is value-added not price. Customers want less (a cheaper price) when a company should give them more (value-added). A simple example is the point cards many businesses use in Japan. When a consumer sees "value for money," they will often be willing to pay more not less for a product or service. The question to ask is, "what value-added feature can a company add that will influence the customer to purchase its product or service?"

Delivery: The keyword is speed. The *takkyubin* (overnight delivery) service is, for example, a big improvement over the post office. And experiments with drones promising to change delivery systems on the horizon. The question to ask is, "when and where do customers say they want a product or service?" And answer with "how can a company better deliver it in the shortest time?"

Service: The keyword is after service. Most companies treat each transaction as a new customer when in fact they should treat it as a possible repeat customer. One reason Toyota Motor commands high customer loyalty is because of its good after-service. In this connection, the question to ask is, "what services do customers require after they have purchased a product or service?"

❷ Core Competence

By responding to the voice of customer, next a company can conduct a SWOT analysis to identify four things: leveraging existing assets, new competencies they need to develop, new business opportunities, and possible business risks. In this connection, a **SWOT analysis** is a useful analytical tool. It consists of evaluating a company's internal strengths and weaknesses plus its external opportunities and threats.

The first two SWOT factors — strengths and weaknesses — refer to the internal situation of a company.

Strengths: The first question to ask is what is the company famous for and then ask why, why, why to identify its **core competence** — the combination of pooled knowledge and technical capacities that allow a business to be competitive in the marketplace. For example, the 7-Eleven convenience store (CVS) is famous for its *bento* (box lunch). By asking why, why, why, we can discover the root strength of 7-Eleven's box lunch strategy lies in its item-by-item management system. Another way to evaluate the strengths of a company is to ask what advantages do customers and competitors find in its goods and services.

Weaknesses: This factor refers to ways a company either does not live up to the expectations of its customers or it has some disadvantages compared to its competitors. Addressing the weaknesses factor requires asking, what is the company doing wrong and what does it need to improve? Asking why, why, why helps to deepen this analysis to get to the root cause.

The next two SWOT factors — opportunities and threats — refer to the external situation of a company.

Opportunities: A better way to think of this factor is to ask, what business chances (opportunity) are available in the business environment? Usually these opportunities appear as an emerging technology, a new market trend, or changes in government policies.

Threats: This factor refers to a company's competitor and unforeseen events that have a negative impact on a business.

Once a company understands the voice of the customer and its core competence, it can turn to the task of finding the right **strategic fit** for the overseas market. For example, what if the voice of an elderly customer concerns complains about the small keys on her mobile phone? They are having an unpleasant quality "experience" that calls for a mobile phone with a larger keyboard—that is, the feel and sight of her current mobile phone. Next, we need to ask what are the company's core competencies — that is, its strengths to provide this product. This assists a company in determining whether or whether not there is a niche it can fill in this overseas market.

5. REGIONALISM and REGIONALIZATION (地域統合と生産ネットワーク)

Although a company may want to enter an overseas market, sometime a country is unable to meet all of their business needs. Singapore, for example, is a good business destination but it does not have a large market. To off-set this weakness, it cooperates with neighboring countries to integrate each other economies. Under this scenario, MNCs can combine Singapore's excellent transport hub with the manufacturing capacity of Malaysia and Indonesia. When MNCs invest in Southeast Asia, then, they are more likely to consider the regional more than the national business environment. This national strategy is encouraging the trend towards regional integration. MNCs have responded by spreading business functions across national borders in the form of production networks. Consequently, international business is becoming less country-specific and more regional-specific.

❶ Regionalism

There are a number of key international organizations governing the global flow of goods **(World Trade Organization)**, people **(International Labor Organization)**, money **(Bank for International Settlement)**, and information **(International Telecommunications Union)**. These international organizations represent the key drivers of globalism — the convergence of countries on a

Figure 13-6 Stages of Regional Integration

LEVELS STAGES	Economic Cooperation	Social and Monetary	Fiscal and Economic
Free Trade Area FTA	Elimination of trade barriers among member countries		
Custom Union CU	FTA + common trade policy to external countries		
Common Market CM		FTA + CU + labor and capital mobility	
Economic Union EU			FTA + CU + CM + Fiscal and Economic coordination

borderless world — in international business. A stepping stone towards this goal is regionalism.

Regionalism is a top-down state-driven process where neighboring countries agree to integrate the flow of goods, people, money and information across their national borders under specific conditions. Figure 13-6 shows the four stages (free trade area, common union, common market, economic union) and three levels (economic cooperation, social and monetary, and fiscal and economic).

Free Trade Area: This is the most basic form of economic cooperation. Member countries remove all barriers to trade between themselves but are free to independently determine trade policies with nonmember nations. An example is the North American Free Trade Agreement (NAFTA).

Customs Union: This type provides for economic cooperation as in a free-trade zone. Barriers to trade are removed between member countries. The primary difference from the free trade area is that members agree to treat trade with nonmember countries in a similar manner. The Gulf Cooperation Council (GCC) is an example.

Common Market: This type allows for the creation of economically integrated markets between member countries. Trade barriers are removed, as are any restrictions on the movement of labor and capital between member countries. Like customs unions, there is a common trade policy for trade with nonmember nations. The primary advantage to workers is that they no longer need a visa or work permit to work in another member country of a common market. An example is the Common Market for Eastern and Southern Africa (COMESA).

Economic Union: This type is created when countries enter into an economic agreement to remove barriers to trade and adopt common economic policies. An example is the European Union (EU).

- **Association of Southeast Asian Nations (ASEAN)**

In Asia, let's focus on the Southeast Asian region. In 1967 the countries of

Figure 13 − 7 Map of ASEAN Region

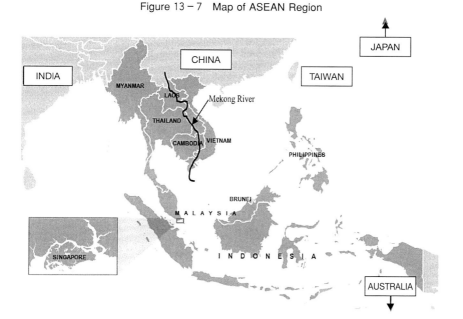

Southeast Asia established an organization called **ASEAN** — **Association of Southeast Asian Nations**. There are ten member countries (see Figure13-7). The most economically developed member countries are called the **ASEAN4**: Indonesian, Malaysia, the Philippines, and Thailand. The developing countries in ASEAN are located around the Mekong River and referred to as the **CLMV** — Cambodia, Laos, Myanmar, and Vietnam. Singapore and Brunei round out the 10 ASEAN member countries

Since the 1960s, ASEAN has evolved from a free trade area **(AFTA)** to a customs union (**ASEAN+3** — ASEAN plus China, Japan and South Korea) and now developing a common market (**AEC** — ASEAN Economic Community). Consequently as the ASEAN region has progressed through the "stages of regional integration," FDI by MNCs over the decades, especially Japanese companies, have increased dramatically.

By pursuing regionalism, the ASEAN region is projected to become the fourth largest economy in the world by 2030. Moreover, the region's GDP is predicted to be around US$4.7 trillion by 2020, double its current economic size. However, each ASEAN country has its strengths and weaknesses. Japanese companies have responded to the business opportunities and minimized the risks across the ASEAN countries by developing production networks.

❷ Regionalization

Regionalization is a bottom-up stakeholder-driven process that integrates the flow of goods, people, money and information across their national borders. In international business, the main stakeholder driving this process is the MNC. Take the case of Japanese companies in Southeast Asia.

第13章　企業の国際化　◈――― 227

- **Production Networks**

A **production network** refers to the networking of goods, people, money and information across national borders. MNCs do this by segmenting the production and/or service process and locate business functions (R&D, design and engineering, manufacturing, marketing and sales) in different countries. Depending on the business environment in a country, the MNC's investment maybe be in the form WOS, JV, or M&A.

Take the case of Toyota Motor's entry into the ASEAN regional market. Toyota Motor encountered a number of initial problems to manufacture in the ASEAN region. First, many of the Southeast Asian countries, except Singapore and Brunei, have been agricultural based. Therefore, there were few manufacturers, especially suppliers of automobile parts and components. On the other hand, the ASEAN governments requested Toyota Motor to increase the **local content** ― the percentage of parts and components make by local manufacturers ― of the motor vehicles (cars and trucks) they assembled in their country. Faced with this dilemma, Toyota Motor decided to segment the manufacturing process and create a division of labor among the ASEAN countries. Figure13-8 illustrates how it addressed this issue by developing a production network.

First, Toyota Motor assigned each Southeast Asian country to manufacture certain parts and components. Malaysia would focus on bumpers and wire harnesses, Thailand pressed metal parts, Indonesia engines, and the Philippines transmissions. Initially, plastic mould injection parts suppliers could not be found in Southeast Asian manufacturers and so these were imported from Taiwan. As a reflection of the growth of the Southeast Asian manufacturing base, local suppliers can now provide more of the sophisticated parts and components. In addition, suppliers from the CLMV countries, especially Vietnam, are becoming a part of this production network.

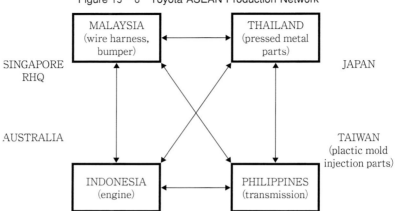

Figure 13-8 Toyota ASEAN Production Network

Next, to achieve **economies of scale** — the cost advantage that arises with increased output of a product — each country would manufacture enough parts and components for not only their local Toyota plant, but also all the Toyota plants in the other Southeast Asian countries. To the extent possible, other parts and components were procured locally or imported from Japan. A **regional headquarters** (RHQ) is located in Singapore; but, actually much of the **intra-**regional coordination is done by Toyota's plant in Thailand.

And finally, to ensure a stable demand for its motor vehicles, Toyota Motor exports some of its ASEAN production to the Oceania region (Australia, New Zealand, and Pacific Island Nations).

Toyota Motor's ASEAN story is just one part of it larger international business. Today it assembles more motor vehicles overseas than inside Japan. Moreover, Toyota is just one company in a growing list of companies conducting international business. This trend makes it even more important to understand how to manage the flow of goods, people, money and information across national borders.

EXERCISES 課題

In this chapter, students will engage in an active learning approach for understanding the internationalization of a firm and management. **Active learning** is where students rather than the teacher take the initiative to explore a subject. This means:

- ❖ BEFORE class, students must read the required materials and prepare the required assignments.
- ❖ DURING class, students engage in active learning techniques — group work, simulations, case studies, and etc. — to exchange information and opinions necessary for understanding a topic.
- ❖ AFTER class, students apply their new knowledge to write a report and/or prepare a presentation.

1. The purpose of this chapter is to understand what is international business and the significance of a multinational corporation?
    - ☐ Select a Japanese company and go to its homepage.
    - ☐ Write a 1 − 2 page report (see format on next page), including the following information: (a) a brief description of the company, (b) does it have overseas subsidiary(ies) and where, (c) does it make foreign direct investments (FDI), and (d) explain why or why not it is a multinational corporation.

2. The purpose of this exercise is How to analyse the international business environments using a PEST analysis.
    - ☐ Select any country that begins with the letters A, C, E, G, I, K, M, O, S, U, Z. Use the PEST model to analyse its business environment.
    - ☐ Write a 1 − 2 page report (see format on next page), including the following information: (a) a brief description of the country, (b) concisely describe two factors (merits or demerits) for each dimension of the PEST model, and (c) briefly explain why or why not a Japanese company should invest in the country you selected.

	FACTOR 1 (merit or demerit)	FACTOR 2 (merit or demerit)

3. The purpose of this exercise is to understand the merits and demerits of regionalism and regionalization for international business.

☐ Japan is promoting the formation of a TPP (Trans Pacific Partnership). Write a 1－2 page report (see format on next page), including the following information: (a) what type of regional cooperation is the TPP (e.g., free trade area, customs union, common market, economic union), (b) who are the current member countries (include a map in your report), and (c) what do you think are the merits and demerits for Japan.

〈REFERENCES（参考文献）〉

Business Dictionary
　　http://www.businessdictionary.com/
Central Intelligence Agency. (annual) *World Fact Book*
　　https://www.cia.gov/library/publications/the-world-factbook/
外務省『国・地域』http://www.mofa.go.jp/mofaj/area/index.html
ジェトロ（日本貿易振興機構）（年報）『ジェトロ貿易投資白書』ジェトロ。
経済産業省（年報）『わが国企業の海外事業活動』国立印刷局。
国際協力銀行（年報）『わが国製造業企業の海外事業展開に関する調査報告』
　　www.jbic.co.jp
根本孝・茂垣広志・池田芳彦編『国際経営を学ぶ人のために』世界思想社，2001年。
東洋経済（年報）『海外進出企業総覧　国別編』東洋経済新報社。
Weblio
　　https://ejje.weblio.jp/

REPORT FORMAT

① First Year Seminar
Hanako Tamagawa
153410###

② **TITLE**
題名

③ **PAPER SIZE：** A4

④ **FONT：**（フォント）＝ Times New Roman（or Century）

⑤ **FONT SIZE：**（フォントサイズ）＝ 12 pt.（pt. = point）

⑥ **LINE FORMAT：**（段落）→ justify（段落 → 両端揃え）

⑦ **MARGINS：**（余白）＝ Select the PAGE LAYOUT option on the menu bar at the top of the screen → Select MARGINS option. → 1 inch (25.4mm) left/right, upper/lower
　　上下右左　25.4mm
　（ページレイアウト → 余白 → 上下右左 ＝ 25.4mm）

⑧ **SPACING：** single space

⑨ **TABLES/ILLUSTRATIONS：** Number and give title for each table (e.g., Table 1 Analytical Framework)

⑩ **FOOTNOTES：** Place at the bottom of the relevant page.

⑪ **PAGE NUMBERING：**（ページ番号）Select the INSERT option on the menu bar at the top of the screen → Select the PAGE NUMBER option
　　挿入 → ページ番号 → ページ下部 → 番号のみ2

⑫ **PARAGRAPH INDENTATION：** Use the TAB key on the keyboard.
　　段落の最初の行のインデント ＝ TAB（2.5文字分スペースをあける）

⑬ **SPELL CHECK：**（スペルチェック）Select the REVIEW option on the menu bar at the top of the screen. Select SPELL CHECK option.
　　校閲 → スペルチェックと文章校正

第14章 企業と社会
Company and Society
CSR, CSVによる持続可能な企業活動

> **LEARNING POINTS**
>
> 1. Understanding the different levels of **accountability** between the modern corporation and stakeholders since the 19th century, and applying it to a case study.
> 2. Analyzing where a company lies on a continuum between corporate social responsibility (CSR) and creating shared value (CSV), and evaluating its **transparency** to society.
> 3. Using a Triple Bottom Line framework for evaluating the impact a company has on society and determining its **sustainability**.
> 4. Practicing 3 critical thinking skills: understanding, analysing and evaluating.

1. COMPANY and SOCIETY（企業と社会）

What is the purpose of a business in society? As illustrated in Figure 14-1, the answer to this question can be filtered through three principles: accountability, transparency, and sustainability.

In this chapter, we will learn about each of these principles through brief explanations in the text and active learning exercises (see Exercises section)

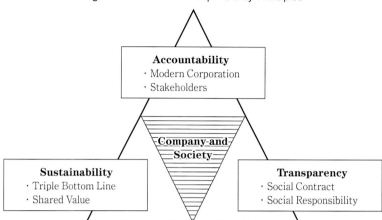

Figure 14−1 Social Responsibility Principles

2. ACCOUNTABILITY（責任（のあること））: Company and Stakeholders

The accountability principle refers to how well a (modern) corporation responds to the demands of its stakeholders.

❶ Modern Corporation

All companies have a social responsibility to society; but, the rise of the modern corporation from the late 19th century best demonstrates the nature of the company-society nexus. In simple terms, a **modern corporation** is where ownership is separate from management. Instead of one or a few owners, there are many owners called **shareholders**—individuals and organizations that own a **share** (stock) in the company. Furthermore, a modern corporation is run not by the owners but by **managers** with professional skills, such as finance, operations, marketing, and so forth.

Over time, the rise of the modern corporation changed its role in society. Figure14−2 shows the evolution of the modern corporation since the 19th

Figure 14-2 Evolution of Corporate Accountability

Period	Guiding Theory	Purpose
~1900s	Social Darwinism (3 Cardinal Stakeholders)	Economic Profits
1930s~ present	Social Liberalism (3 CS + government & community)	Legal and Ethical Corporate Citizen
1960s~ present	Stakeholder Capitalism (5 CS + ecosystem)	Social Social Responsibility

century.

Social Darwinism: Into the late 19th century, Social Darwinism was the dominant theory of corporate accountability. **Social Darwinism** argues a successful company is the biggest and strongest competitor in the market. Some examples of such companies include Ford, Standard Oil and Mellon Bank in the United States and the Mitsui, Mitsubishi and Sumitomo keiretsu (corporate group) in Japan. Management's job is to balance the interests of owners and the market. In short, the purpose of the modern corporation was simply to make a **profit** (economic) — that is, create value for the stockholders.

Social Liberalism: From the beginning of the 20th century, however, the pursuit of pure economic profits began to have a harmful impact on the daily life of people. In response, citizens became attracted to the idea of **Social Liberalism** — the belief that government must protect citizens from being harmed by others — to hold businesses accountable. As citizens voted liberal governments into power in developed countries, politicians began to legislate regulations — that is, legal rules made and maintained by an authority — to improve working conditions, protect consumers, and other safety net policies. Management's job now required balancing regulations with its profit making objectives. The new purpose of the modern corporation is to become a good **corporate citizen**.

Stakeholder Capitalism: By the mid-20th century, Rachel Carson's book, *The Silent Spring*, exposed how companies were destroying the earth's **ecosystem**—the biological community of interacting organisms (plants, animals, humans) and their physical environment (air, land, water). In its wake the concept of **stakeholder capitalism** emerged—that is, balancing the demands of economic and non-economic individuals and organizations. Corporate citizen now includes its **social responsibilities**.

❷ Stakeholder Theory

The underlying principle of **stakeholder theory** is "those whose lives are touched by a company hold a right and obligation to participate in directing it." A **right** is defined as a stakeholder's entitlement to have or do something. An **obligation** can be defined as something that stakeholders must do because of a law, necessity or because it is their duty. Figure14-3 is a partial listing of a company's possible stakeholders.

Range of Stakeholders: As the purpose of the modern corporation expanded from economic to legal to social, so has the number of potential stakeholders. However, who are the legitimate—have rights and obligations—stakeholders? In Figure14-3, it is clear the **3 cardinal stakeholders**—shareholders, employees, customers—plus 2—government and local communities—hold a right and obligation to participate in directing a company. The employees, for example, have employment rights, such as a fair salary, reasonable working hours, etc. In turn, they have the obligation to show up for work on time and perform their job. Thus rights and obligations are a

Figure 14 – 3 Stakeholder Framework

	3 Cardinal Stakeholders + 2	
	COMPANY	
• Government	• Shareholder (Owner) • Employees • Customers	• Local Community
Legal Dimension • Regulators • Financial Institutions • Legal System • Professional accrediting associations	**Economic Dimension** • Labor Unions • Competitors • Suppliers and other stakeholders along the supply chain	**Social Dimension** • NGOs • Health and Education • Media • Religions • Ethnic groups • Gender

two-way street (interaction) between a company and its stakeholders (society).

Furthermore, Figure14-3 shows the possible range of other stakeholders categorized into three dimensions: economic, legal and social. On the **economic dimension** are the stakeholders located along the flow of its products and services from concept (new product development) to consumer (market). On the **legal dimension** are the stakeholders who have legislative, legal, or fiduciary powers to regulate a company. In addition to government regulatory agencies, there are financial (banks, securities firms, rating agencies, etc.) and legal (courts, lawyers, police, etc.) stakeholders. And on the **social dimension**, the stakeholders are not only people (e.g., local community), but also the ecosystem (physical and organic environment). This latter area is where **NGOs** (non-government organizations) are playing a growing role as a company's stakeholder.

Boundary of Stakeholders: The outer limits of stakeholders are blurry, however. Some argue that everyone in the world counts as a stakeholder because we are living in a globalizing economy. This is where stakeholder theory helps to identify the boundaries of relevant stakeholders by asking such questions as, "What is the stakeholder's legitimate claims on the company?" "What rights do they have with respect to the company's actions?" and "What kind of responsibilities and obligations can they justifiably impose on a particular company?"

- **Asian Rare Earth, Sdn Bhd**

Let's examine the range and boundary of stakeholders in the case of Asian Rare Earth (ARE). Remember that the <u>range</u> refers to all possible stakeholders. And among these stakeholders, the <u>boundary</u> refers to those who have rights and <u>obligations</u>.

Established in 1979 as a joint venture between Mitsubishi and a local Malaysian partner, ARE's main business is extracting yttrium, a rare earth material, from monazite. Soon after, the villagers began complaining of stinging smoke and bad smell from ARE's factory, which made them choke and cry. Worse was to come. From 1982, health officials noticed here was a sharp rise in the incidence of leukaemia, infant deaths, congenital disease and lead poisoning. In 1985, eight men — a welder, a shoemaker, a general worker, a pensioner, a barber, a tractor driver, a crane-operator and a cancer victim — sued ARE on behalf of themselves and 10,000 other residents of Bukit Merah and the environs in Perak. They wanted to shut down this rare earth plant in their village near Ipoh because its radioactive waste was endangering their lives. For the first time in Malaysian legal history, an entire community has risen to act over an environmental issue, to protect their health and environment from radioactive pollution.

In this day of fake news, it becomes even more important to develop our critical thinking skills to uncover the facts. This narrative forms the basis for our **understanding**, a critical thinking skill for finding the main ideas, summarizing, explaining trends and significance. In short **data collection**. The next step in critical thinking is **applying** a theory to a new situation. Consequently, based on this narrative, we **apply** the stakeholder theory framework in Figure14-3 to the ARE case.

Figure14-4 below is a partial list of the legitimate stakeholders. In later sections of this chapter we will use other critical thinking skills — evaluating and analysing — to differentiate fake news from real facts.

Most likely you would have listed a few stakeholders; but, using a critical thinking approach helps to see the bigger picture. In this regard, although the main purpose of ARE company is to make a profit, we can see from the above Exhibit the external pressures it faces from multiple stakeholders. Go to the

Figure 14 – 4 ARE Company Stakeholders

Understanding Summary of stakeholder theory in Figure 2	**Applying** Applying stakeholder theory to a new situation—that is, the ARE case
Economic Dimension *Examine the supply chain*	INPUT • Suppliers and potential suppliers to the company THROUGHPUT • Competitors • Owners/shareholders • Employees OUTPUT • Customers and potential customers (Competitors, Owners/shareholders, Employees, Customers and potential customers → Cardinal Stakeholders)
Legal Dimension *Examine public and private regulators*	REGULATORS • Government regulators of industry, environment, and health FINANCIAL INSTITUTIONS • Creditors (Banks, etc.) LEGAL SYSTEM • Court, lawyers, and police
Social Dimension *Examine the ecosystem*	LOCAL COMMUNITY • Residents of Ipoh city • Local businesses reliant on ARE employees (restaurants, grocery stores, etc.) SOCIAL/PROFESSIONAL ORGANIZATIONS • NGOs

ARE website, https://www.consumer.org.my/index.php/health/454-chronology-of-events-in-the-bukit-merah-asian-rare-earth-developments, to see if you can identify additional stakeholders.

3．TRANSPARENCY（透明性）: Social Contract and Social Responsibility

From the ARE case study, we can see that the days of Social Darwinism are disappearing and Social Liberalism does not always protect society. Rather, a modern corporation must manage not only its business, but also its stakeholders. In this connection, the **transparency principle** refers to whether a company understands its social contract and communicates its social responsibility to its stakeholders. By doing so, a company can improve its relations with the rest of society.

❶ Social Contract

A **social contract**, as applied to business, is an implicit agreement between a company and its stakeholders to cooperate for the greater benefit of society. Table 2 shows that a company's social contract can vary by how much they cooperate with their stakeholders, however.

In connection to stakeholder theory, we can focus on four types. We hear a lot about the first two types: for-profit companies and non-profit organizations. On the left side of social contract continuum in Figure14−5 is the purely **for-profit company**. Its social contract narrowly focuses on their cardinal stakeholders to maximize profits and make a minimum contribution to society. At other end of this continuum in Figure14−5 is the **non-profit organization** (NPO), dedicated to furthering a particular social cause or advocating for a shared point of view. The problem for the modern corporation of this type of social contract is the NPO by definition does not make a profit.

Figure 14 − 5 Social Contract Types and Characteristics

Types Characteristics	For-Profit	**CSR**	**CSV**	Non-profit
Value	Doing good as a social cost		Doing good as an economic benefit	
Agenda	Activities and projects		Company strategy	
Impact	Piecemeal, short-term		Systemic, long-term	

The last two types of social contracts draw us in closer to the debate about the role of the modern corporation in society: corporate social responsibility (CSR) and creating shared value (CSV). **Corporate Social Responsibility** is a concept whereby companies engage in legal, ethical, philanthropy, environmental as well as economic through projects and activities. For example, a company organizes a project to plant trees to improve the environment or conducts activities such as scholarships for poor students in a developing country. No one would criticize these projects and activities; however, they are usually piecemeal and last as long as there is money. In contrast, **Creating Shared Value** is a strategy to incorporate environment, social and governance issues into a company's business strategy to the benefit of both stakeholders and the company. For example, Hilltribe Organics in northern Thailand provides farmers with the equipment to start a chicken farm. In turn, it acts as the farmers' agent to sell the organic eggs in the major marketplaces in Thailand (see http://hilltribeorganics.com/). In short, CSV is a win-win and systemic approach to social responsibility.

❷ Social Responsibility

One reason the structure of business social contracts differ ─ FP, CSR, CSV, NPO = is because, like the definition of a stakeholder, there is no consensus on the definition of social responsibility. Section ① describes how the concept of **social responsibility** has evolved over time. Today it refers to the purpose of a company as acting in the best interests of not only society, but also their ecosystem (environment).

There many different principles, frameworks, and criteria across countries; however, one important association that harmonizes rule is the International Organization for Standardization (ISO). The **ISO** is an international standard-setting body composed of representatives from various national standards organizations. It is the world's largest developer of voluntary international standards and facilitates world trade by providing common standards between nations.

The ISO has categorized best practices into core subjects in the ISO 26000 — social responsibility — guidelines. It is consistent with declarations and conventions by the United Nations and its constituents, notably the International Labour Organization (ILO). The United Nations Global Compact Office (UNGCO) and the Organization for Economic Co-operation and Development (OECD). Figure14-6 summarizes the core subjects covered by the ISO 26000.

Rather than to explain each core subject here, let's use an active learning approach — where students rather than the teacher take the initiative to explore a subject — and apply this framework to an actual case on the FUJJITSU Way.

● The FUJITSU Way

In 2002, the Fujitsu Group in Japan announced its sustainable development policy called The FUJITSU Way. We want to better understand Fujitsu's social responsibility activities, and so I have reproduced their FUJITSU Way statements in Figure14-7. Note that this information/data is qualitative and we will need to categorize it in order to analyze it.

Figure 14 – 6 ISO 26000 Social Responsibility

Social Responsibility Core Subjects and Descriptions	Checklist (Examples)
1. **Organizational governance**: This core subject refers to how business makes and implements strategic decisions.	☐ Decision-making processes should be structured so that the principles of social responsibility can be applied.
2. **Human Rights**: This core subject is based on the Universal Declaration of Human Rights (adopted by the UN General Assembly in 1948).	☐ Freedom of association and speech ☐ Equal opportunities and non-discrimination ☐ The right to health, education and safety
3. **Labor Practices**: This core subject refers to the ILO (International Labor Organization), the international governing body for labor practices.	☐ Hiring, training, promotion, lay off and relocation of workers ☐ Health and occupational safety ☐ Any policy for working conditions like working hours, child labor, etc.
4. **Environment**: The polluter pays principle (PPP) → The goal is to internalize the cost of pollution, quantify benefits and prevent pollution before mitigating impacts.	☐ Environmental responsibility. ☐ Precautionary approach: Use scientific data to prevent environment and human health threats from happening. ☐ Adhere to ISO 14001
5. **Fair Operating Practices**: This core subject focuses on the ethical conduct in a business's dealings with its stakeholders.	☐ Anti-corruption, bribery and lobbying ☐ Social responsibility in value chain ☐ Respect for property rights (physical and intellectual property)
6. **Consumer Issues**: This core subject deals with your business's responsibility for minimizing risks in the use of your service or product.	☐ Product safety and consumer education ☐ Data privacy and security ☐ Adhere to ISO 9001
7. **Community Involvement and Development**: Acknowledge the value of the communities your business is active in – including the places of your home base, branches, subsidiaries and your suppliers' locations.	☐ Health impacts of production processes, products and services ☐ Fulfil tax responsibilities ☐ Local employment through social investments, skills development and promoting culture and arts.

Source: Adapted from ISO https://www.iso.org/news/2011/03/Ref1558.html

Figure 14-7　The FUJITSU Way

What we strive for:	**What we value:**
Society and Environment In all our actions, we protect the environment and contribute to society.	Employees We respect diversity and support individual growth.
Profit and Growth We strive to meet the expectations of customers, employees and shareholders.	Customers We seek to be their valued and trusted partner.
Shareholders and Investors We seek to continuously increase our corporate value.	Business Partners We build mutually beneficial relationships.
Global Perspective We think and act from a global perspective.	Technology We seek to create new value through innovation.
	Quality We enhance the reputation of our customers and the reliability of social infrastructure.

Source: Fujitsu http://www.fujitsu.com/jp/about/philosophy

　In the Figure14-8 below, in the first column I am using the ISO 26000 framework as my guiding theory because it represents the consensus of a large number of people around the world on what constitutes social responsibility. In the second column I have applied it to the case of Fujitsu. These two steps are just like we did for the ARE Company case study.

　In addition, however, we introduce another critical thinking skill: **analyzing**—finding evidence, seeing relationships between parts of something. In the third column, the parts are what social contracts has Fujitsu adopted among the four types? And the something is in what core subject areas?

　Based on our analysis, we can that The FUJITSU Way takes a CSR approach; however, it is weak in creating shared value with its stakeholders. Nevertheless, it covers almost all of the core subject areas, indicating it understands the activities and projects necessary to carry out its social responsibilities. However, we need to examine the details for each core subject area for **evaluating** how well Fujitsu communicates them to its stakeholders.

Figure 14 – 8 Social Responsibility Analysis of The FUJITSU Way

Core CSR Subject	Applying	Analyzing			
		FP	CSR	CSV	NPO
1. Organizational Governance	• Profit and growth • Corporate value	◎			
2. Human Rights	• Diversity and individual growth		◎		
3. Labor Practices					
4. Environment	• Environmental protect		◎		
5. Fair Operating Practices	• Customers as partners • Business partners			◎	
6. Consumer Issues	• Customer and social infrastructure		◎		
7. Community Involvement and Development	• Global perspective		◎		

This would be a good critical thinking exercise for students!

Our initial analysis, however, suggests Fujitsu is relatively transparent in its social contracts and social responsibilities.

4. SUSTAINABILITY (持続可能性): Outcomes and Strategies

Usually a CSR approach is piecemeal and short-term. It would be interesting to examine Fujitsu's social responsibility activities and projects over time to see whether they are sustainable — another good critical thinking exercise for students! The **sustainability principle** refers to the triple bottom line outcomes taken under a company's shared values strategy that have an impact on its and society's options in the future.

❶ Triple Bottom Line

The **triple bottom line** (TBL) is an accounting framework that incorporates three dimensions of performance: social, environmental and financial. This differs from traditional reporting frameworks as it includes ecological (or environmental) and social measures that can be difficult to assign appropriate means of measurement. Figure14-9, the TBL dimensions are also commonly called the three Ps―people, planet and profits―to indicate where we would expect to find a positive impact on stakeholders and the company's economic bottom line.

Figure 14-9　Triple Bottom Line

Economic (Profits)	**Social** (People)	**Environmental** (Planet)
● ROI/ROA ● Key Performance Indicators (KPI)	● Workplace (living wage, workplace safety, etc.) ● Community development (health care, education, etc.) ● Global contribution (fair trade, etc.)	● Water supplies ● Solid wastes ● Air pollution

People inside and outside academia who have studied and practiced sustainability would agree with the general definition of TBL "captures the essence of sustainability by measuring the impact of an organization's activities on the world ... including both its profitability and shareholder values and its social, human and environmental capital.

The trick isn't defining TBL. The trick is measuring it. Figure14-9 shows some of the measures for each bottom line. **Economic Measures**: Economic variables ought to be variables that deal with the bottom line and the flow of money. It could look at income or expenditures, taxes, business climate factors, employment, and business diversity factors. **Social Measures**: Social variables refer to social dimensions of a community or region and could include measurements of education, equity and access to social resources, health and well-being, quality of life, and social capital. **Environmental Measures**:

Environmental variables should represent measurements of natural resources and reflect potential influences to its viability. It could incorporate air and water quality, energy consumption, natural resources, solid and toxic waste, and land use/land cover. Ideally, having long-range trends available for each of the environmental variables would help organizations identify the impacts a project or policy would have on the area.

❷ Shared Value

When the TBL approach is used to measure the outcomes of CSR activities and projects, we always find positive results — less pollution, decrease in poverty, healthier communities, etc. But if we evaluate CSR activities and projects over time, only around 10% are sustainable.

Another approach is creating shared value (CSV) where the TBL measures are incorporated into the business strategy of a company. Western companies tend to adopt a **balanced scorecard** — a strategic planning and management system that organizations use to communicate what they are trying to accomplish, align the day-to-day work that everyone is doing with strategy, prioritize projects, products, and services, and measure and monitor progress towards strategic targets. Japanese companies tend to use a ***hoshin kanri*** (management-by-policy) approach-- strategic planning process designed to ensure that the mission, vision, goals, and annual objectives are communicated throughout an organization, and implemented by everyone from top management to the shop floor (frontline) level. In short, A CSV approach focuses on process rather than outcomes.

For purposes of discussion, let's summarize this CSV process into four steps. **Stakeholder Values**: First, listen to the voice of the stakeholders to identify what they value and what are their needs. **Shared Value Strategy**: Second, develop a business strategy incorporating stakeholder values. **Daily

Management: Third, align the company strategy to the daily management at each level of the company. **Sustainability**: And fourth, measure the impact on **company performance**. Let's apply this simple model to the case of Uniqlo.

- **Uniqlo Social Business Framework**

Uniqlo is a well-known causal apparel store in Japan. In recent years it has begun to expand overseas. In its expansion into Bangladesh, it has encountered the demands from many stakeholders. In 2013, a garment factory in Savar, a suburb of Dhaka City, collapsed killing 1,134 people, mainly young female workers. It is considered the deadliest garment-factory accident in history, as well as the deadliest accidental structural failure in modern human history. At a meeting of retailers and NGOs a week after the collapse, a new *Accord on Factory and Building Safety in Bangladesh* was created and companies had a deadline of 16 May 2013 to sign it. Despite much criticism, Uniqlo decided not to sign the agreement.

Uniqlo agreed with the points in the Accord but did not think it went far enough to insure its implementation. Indeed, factory fires and accidents are quite common in the Bangladesh RMG (ready-made garment) industry. Instead of the CSR approach the Accord represents, then, Uniqlo decided to take a CSV approach. Figure14-10 presents Uniqlo's approach.

After engaging in dialogue with its stakeholders, Step 1 in our CVS approach, Uniqlo found that the main reason for the poor working conditions in the garment factories is because the intense competition in this industry leaves little profit for the small and medium-sized enterprises (SME) to improve their factory's facilities. Step 2, based on this dialogue, Uniqlo developed a "Social Business Framework" (SBF) to guide their business strategy. Step 3, they implemented the SBF involving six areas of it business operations ― (1) product design, (2) material procurement, (3) production at local factory, (4)

Figure 14−10 Uniqlo Social Business Framework

Triple Bottom Line	Understanding Finding the main ideas, summarizing,	Evaluating Judging the value of something based on criteria or standard
Economic	• Working environment with no discrimination • Safe and secure working environment for business partners	(diagram: Uniqlo cycle — 01 Product Design, 02 Material Procurement, 03 Production at Local Factories, 04 Store Sales, 05 Purchasing and Wearing, 06 Reinvestment of Profits)
Social	• Train global standard business leaders • Reinvest all profits in social businesses	
Environmental	✗	✗

Source: http://grameenuniqlo.com.bd/social-business-framework

store sales, (5) purchasing and wearing, and (6) reinvestment of profits. And finally in Step 4, it measures two TBL areas: economic (discrimination, safe and secure supply chain) and social (training, reinvestment of profits). Uniqlo does not provide detailed information on how the CSV approach impacts its performance. However, many company's adopting a CSV approach report initial losses but over time increases in profits and reputation. It is the old story about the tortoise (CSV) and the hare (CDR). Which approach reaches the finish line first?

5. SOCIAL RESPONSIBILITY in JAPAN

In Japan, the **Keidanren** (Nihon Keizai Dantai Rengo — Japan Business Federation) has primarily adopted a CSR approach (see http://www.keidanren.or.jp/policy/csr.html). In the recent past, however, the **GPIF** (Government Pension

Investment Fund) has adopted the ESG Criteria in selecting companies to make equity investments (see http://www.gpif.go.jp/operation/esg.html). The **Environmental, Social and Governance (ESG) Criteria** is a set of standards for a company's operations that socially conscious investors use to screen investments. Environmental criteria looks at how a company performs as a steward of the natural environment. Social criteria examines how a company manages relationships with its employees, suppliers, customers and the communities where it operates. Governance deals with a company's leadership, executive pay, audits and internal controls, and shareholder rights. Related to this ESG Criteria approach, the adoption of **Satoma Capitalism**—creating new exchange value that fosters local community development—has begun among companies concerned about their social responsibility to society.

Using your active learning initiative and critical thinking skills please explore further how companies are accountable, transparent, and sustainable in contributing to society.

EXERCISES 課題

In this chapter, students will engage in an active learning approach for understanding the role of companies in society. **Active learning** is where students rather than the teacher take the initiative to explore a subject. This means:
- ❖ BEFORE class, students must read the required materials and prepare the required assignments.
- ❖ DURING class, students engage in active learning techniques—group work, simulations, case studies, and etc.—to exchange information and opinions necessary for understanding a topic.
- ❖ AFTER class, students apply their new knowledge to write a report and/or prepare a presentation.

1. Understanding Stakeholders

   The purpose of this group work is **understanding** the different levels of

accountability between the modern corporation and stakeholders since the 19th century, and **applying** it to a case study
- ☐ Form a small group of 3 people.
- ☐ For each group select one Japanese company. Then go to its homepage and find information on its corporate social responsibility statement and activities.
- ☐ Next, discuss how to apply stakeholder theory to your case study company. Refer to Figure14-4 in this chapter and write in the APPLYING column in the matrix below who are your case study company's stakeholders.
  - ✓ As a critical thinking skill, **applying** refers to using a theory to a new situation. In this exercise you are applying the stakeholder theory to your company case study.
  - ✓ Use the ARE case study in Figure14-4 as a guide for doing this exercise.

Stakeholder Matrix

Critical Thinking Skill Stakeholders	**Understanding** Finding the main ideas, summarizing, explaining trends and significance	**Applying** Applying theories to a new situation
Economic		
Legal		
Social		

- ☐ Finally, discuss whether the company's CRS statement and activities addresses the needs of its stakeholders—that is, is the company **accountable**?
- ☐ Share your findings by making a short presentation to the class and/or writing a 1-2 page (including Table) report. Write your report in English and use the format in Chapter 13.

2. Evaluating Triple Bottom Line

The purpose of this group work is using a Triple Bottom Line framework for **evaluating** the impact a company has on society and determining its **sustainability**.
- ☐ Form a small group of 3 people.
- ☐ For each group select one Japanese company. Then go to its homepage and find information on its corporate social responsibility statement and activities.
- ☐ Next, discuss your **understanding** of the case study company's triple bottom line impact. Refer to Figure14-10 in this chapter and write in the

UNDERSTANDING column in the matrix below what measures you can use for your case study company.
- ✓ Use the Uniqlo case study in Figure14-10 as a guide for doing this exercise.

Triple Bottom Line Matrix

Triple Bottom Line	Critical Thinking Skill	Understanding Finding the main ideas, summarizing, explaining trends and significance	Evaluating Judging the value of something based on criteria or standard
Economic			
Social			
Environmental			

- ☐ Finally, **evaluate** whether the triple bottom line impact addresses the needs of its stakeholders.
    - ✓ As a critical thinking skill, **evaluating** refers to judging the value of something based on a criteria or standard. In this assignment, you are using the Triple Bottom Line <u>criteria</u> to evaluate the impact of your company case study on its stakeholders. Based on the evidence in the UNDERSTANDING column, what is your <u>judgement</u> about the sustainability of your company case study? Write your reasons in the EVALUATING column.
- ☐ Share your findings by making a short presentation to the class and/or writing a 1-2 page (including Table) report. Write your report in English and use the format in Chapter 13.

〈REFERENCES（参考文献）〉

Business Dictionary
　　http://www.businessdictionary.com/

國部克彦編集，神戸CSR研究会編集『CSRの基礎 ─ 企業と社会の新しいあり方』中央経済社，2017年。

Hopkins, Michael, *CSR and Sustainability: From the Margins to the Mainstream: A Textbook*, Routledge, 2016.

日本経済団体連合会『企業行動憲章 実行の手引き（第7版）』，2010年。
　　http://www.keidanren.or.jp/policy/csr.html#zenpan

日本経済団体連合会『解説ISO26000〜社会的責任に関する国際規格　日本経団連タイムス連載記事より』，2010年。
　　http://www.keidanren.or.jp/policy/csr.html#zenpan

ポーター，マイケル・E. 著，DIAMONDハーバード・ビジネス・レビュー編集部編集『経済的価値と社会的価値を同時実現する　共通価値の戦略 DIAMOND ハーバード・ビジネス・レビュー論文』ダイヤモンド社，2014年。

東京財団CSR研究プロジェクト『CSR白書2017─ソーシャルセクターとの対話と協働』公益財団法人東京財団，2017年。

Weblio
　　https://ejje.weblio.jp/

用語解説

Corporate Shared Value（共通価値の創造）
　共通価値の創造は，企業が事業を営む地域社会の経済条件や社会状況を改善しながら，みずからの競争力を高める方針とその実行と定義できる。

Corporate Social Responsibility（企業の社会的責任）
　企業は，利益追求，法令遵守だけでなく，あらゆるステークホルダー（利害関係者のことで，消費者をはじめ社会全体）の多様な要求に対し適切な対応をとる義務があることを示す。

International Business（国際経営）
　国境を越えて展開される経営活動。機能別にはマーケティング，製造，財務，人事，原材料調達などを国際的な場で行うことである。

IoT（internet of things）
　モノのインターネットを指し，製品がインターネットに接続され，さまざまな情報をやり取りする仕組み。

LLC（Limited Liability Company）
　米国の各州法に基づいて成立したLLC法律がベースとなっているが，コーポレーションとパートナーの長所を折衷した形態である。

Multinational Corporation（多国籍企業）
　2カ国以上の国に生産・販売拠点を所有または支配して，世界的規模で活動する巨大企業。

Regionalism（地域統合）
　地方や地域の主体性を重んじようとする考え方。中央に対する地域・地方の独自性の主張や，近隣の諸国間・地域間の協力にみられる。

stakeholder（ステークホルダー）
　企業が関わるさまざまな利害関係を担う相手のことをいう。事業を行う中で，企業はさまざまな企業や人と関わりを持つ。商品を販売する消費者や取引先・従業員・債権者や投資家など，その相手は多岐にわたる。

STP
　マーケティングを行う上で最初に検討すべきセグメンテーション，ターゲティング，ポジショニングの頭文字をとったもの。

Subsidiary（子会社）
　親会社に従属し，その支配を受ける会社。他の会社により総株主の議決権の過半数を保有されている会社，または財務および事業の方針の決定につき支配を受けている法人。⇔親会社。

Sustainability（サステナビリティ）
　広く環境・社会・経済の3つの観点からこの世の中を持続可能にしていくという考え方のことをいう。

VA（value analysis）
　製品やサービスの価値を最大にするための組織的活動である。具体的には既存の図面や仕様書の変更，製造方法の効率化，発注先の変更等によってコスト低減を行う。

VE（value engineering）
　製品やサービスの価値を最大にするための体系的手法のこと。製品やサービスの質を落

とさずにコストを低減することで価値の向上を図ること。

エージェンシー・コスト（agency cost）

経営者（プリンシパル）が株主（エージェント）の意向にそぐわない意思決定を行うことによって発生しうるコストのことをいう。これらのコストは、情報収集や分析の面において企業内部で多くの情報が手に入る経営者に比べて、株主が不利な立場にあることが大きな原因である。

科学，アート，クラフトとしての経営
（Managing as Science, Art, and Craft）

ミンツバーグの考えるマネジメントの基本的特徴を示す図で、経営はその多くでクラフトとアートの側面を持ち、科学の側面はわずかであるとされている。

科学的管理法（Scientific Management）

19世紀末から20世紀に米国で生まれた管理法。工学的な知識を利用して、作業を個々の動作に分解し、作業時間を測定し、不要な動作を無くし、最速の作業時間を基準として利用し、作業方法、原材料を特定し、その基準に従うことを作業者に求めることで、生産の効率を高め、企業と労働者双方に満足を提供することを目的とする管理方法。

価値連鎖（value chain）

価値を生み出す企業の諸活動（＝製造、物流、販売・マーケティング、人事・労務、研究開発、全般管理など）の組み合わせのこと。創出価値を高めるように価値活動を組み合わせなければならない。

株式譲渡制限会社（Incorporation Restricting Share Transfer）

会社にとって望まない人物に株式が譲渡されることを未然に防止するために、譲渡制限を設けた会社のことをいう。株主の中で誰かに株式の譲渡を希望する場合は、取締役会や株主総会からの許可を得なければならないなどの制限を設けるのが一般的である。

株式相互持合い（cross shareholdings）

戦後、日本の企業グループや企業系列に見られた企業間の投資形態である。当初乗っ取り防止策のための策略から出発したが、徐々にグループ企業や系列企業間の利害を調整するための安定株主工作に変質した。

株主価値（shareholders value）

企業価値の中から負債価値を差し引いた残余価値のことをいう。当該企業が将来期待できるキャッシュフローを現在の価値で換算したものが企業価値である。

環境戦略（environmental strategy）

社会戦略の1つ。自然環境問題に対する取り組みとしての改善活動を通じて、資源生産性を向上し競争力を獲得することを特徴とする。持続可能な世界を実現するために不可欠な企業の経営戦略。

カンパニー制組織（Company Organization）

事業部制組織の持つ問題に対応するために形成された組織形態で、自律性を高め組織単位としての成長性を高くすることを目的とする。

官僚制組織（Bureaucratic Organization）

マックス・ウエーバーの官僚制の理論の中で、組織形態としては命令と報告の上下の関係が形成される。その特徴は以下の通りとなっている。①固定的で普遍的な秩序づけ、②階層的組織で上位下達の指揮命令系統、③文書に基づく管理、④仕事内容は明文化され専門化される。

起業家精神（entrepreneurship）

コントロールできる経営資源を超越して、機会を追求する姿勢のこと。例えば、事業創造に高い意欲を持ち、リスクに対しても積極的に挑戦していく姿勢や発想である。

用語解説

議決権制度（voting rights）
　株主が持つ3つの権利，すなわち議決権・利益配当請求権・残余財産分配請求権の中の1つである。株主は当該企業の所有する株式数によって，一定の量の議決権を株主総会で行使できる。

競争優位（competitive advantage）
　業界における平均以上の収益を獲得し得る競争上の戦略的な地位のこと。コスト・リーダーシップ戦略を通じて獲得できる低コスト化による優位と，差別化戦略を通じて獲得できる差別化による優位がある。

クラウドファンディング（crowdfunding）
　群衆（crowd）と資金調達（funding）を組み合わせた造語である。例えば，あるプロジェクト等の資金を，主にインターネット経由で不特定多数の人々や組織から調達すること。

経営者支配（management control）
　現代金融市場の特徴である過度な株主分散が主因で巨大株式会社に発生している企業支配の問題であり，経営者規律づけなど本来株主が持つべき企業支配の権利を奪われてしまう現象のことをいう。

経営戦略（management strategy）
　企業が競争力を獲得・維持・強化し，成長・発展するための論理。全社戦略，事業戦略，職能別戦略という3つの階層を有しており，これら3つの戦略は相互関連性と論理一貫性を持って形成される。

経済人モデル（economic man model）
　労働者を，仕事の対価として経済的報酬を求める経済人として理解する人間観。1910年代から1920年代のアメリカの人事管理や1990年代以降の日本企業の成果主義賃金など，外発的動機付けを重視する管理制度が前提とする人間観。

研究開発（research and development）
　研究とは，未知の現象や物質を探求する基礎研究，新製品の実用化や新しいビジネス領域への応用を研究する応用研究を指す。開発とは，企業の事業計画を実現するのに必要とされる製品や技術を考える活動を指す。

コア・コンピタンス（core competence）
　他社が模倣することができない自社独自の中核的な競争能力のこと。企業内部に蓄積された事業のノウハウ，製品開発力，技術力など。または，そのような能力によって，他社に対して圧倒的な優位性を持つ事業のこと。

公式組織（Formal Organization）
　企業内での公式上の組織で，命令と報告の関係で形成され，能率と費用の視点からその活動が評価される。

行動科学（Behavioral Science）
　人の行動を研究する生物学から社会科学までの多数の分野からの学際的なアプローチを意味する。初期の段階では，産業心理学の視点からの研究が中心となっていたが，その後，新たな研究の視点が加わるようになっている。

コーポレート・ガバナンス・コード
　（corporate governance code）
　安倍政権が標榜した「日本再興戦略」の国の政策的な意味合いが強いが，投資と対話を通して企業の持続的発展を目指すという目的で制定された諸原則のことをいう。2014年に制定され，2017年に一度の改定が行われた。

雇用ポートフォリオ（employment portfolio）
　雇用の弾力化と流動化，総額人件費の管理（＝賃金水準の抑制）を目的として，雇用形態を多様化し，正規雇用と非正規雇用を組み合わせるための管理ツール。1990年代以降，日経連が導入を主張している。

コンツェルン(a business concern, 独Konzern)
　各々独立した企業の株式を親会社が所有し，実質的に支配する企業形態のことである。

コンビナート(an industrial complex)
　企業相互の生産性向上のために有機的かつ計画的に連結された企業集団のことをいう。これには，原料，燃料，工場施設などがあり，日本の場合は石油コンビナートが典型的な形態が多い。

作業の標準化(Standardization)
　誰でもが決められた時間，方法，原材料で作業を行うことで，決められた品質，コストの製品を実現できるようにすること。

産学官連携(industry-academia-government collaboration)
　民間企業，大学等の教育機関・研究機関，政府や地方公共団体がお互いの持つ強みを活かして新技術の開発や，新事業の創出を図る目的で連携すること。

シェアホルダー志向型(shareholder-oriented)
　最高経営責任者に，意思決定の基本的な指針として，株主利益向上が最大の目標に定められている形態である。一般的に，米国の株式会社の企業概念にこのような傾向が強い。

事業戦略(business strategy)
　特定の産業や市場における企業の競争方法に関わる意思決定であり，コスト・リーダーシップ戦略，差別化戦略，集中戦略などを含む独占的地位の確立方法，競争優位を獲得するための論理のこと。

事業部制組織(Divisional Organization)
　企業の対象とする市場が複数に拡大することにより，複数事業に対応し，製品と業務が複数になると，従来のライン・スタッフ組織では対応できなくなる。その事態に対応するため，自律性のある事業単位を，複数傘下に置く組織形態が形成される。そこでは，従来の組織が持っていた権限が分権化される。

資源の生産的サービス(service of productive resources)
　経営資源がある特定の用途や活動に利用されるときに発揮する機能のこと。生産的サービスの1つである経営者サービスは，その他の経営資源の潜在的サービスを駆動させるため，企業成長の鍵を握る。

自己実現人モデル(self-actualization man model)
　労働者を，経済的動機と社会的動機を総合する自己実現動機によって働く自己実現人として理解する人間観。欲求階層説，X理論・Y理論，動機付け＝衛生理論など行動科学的人事管理の前提となる価値観。

社会人モデル(social man model)
　労働者を，帰属する組織における仲間意識や連帯感を求める社会人として理解する人間観。ホーソン実験とそれに続く人間関係論によって形成された人間観。日本企業の終身雇用慣行に特徴的な人間観として議論される。

社会戦略(social strategy)
　環境の改善や社会の福祉問題の解決に貢献することを目的とする戦略。新事業の創造を通じて多様な社会問題の解決と新しい社会価値の創造に貢献することと，自らの事業活動の正当性を確保するための企業行動を含む。

社会的技能(Social Skill)
　人間関係論的方法に関係して，管理者は個人の置かれた状況を理解することが求められるが，それには一定の技能が必要とされる。それが社会的技能と表現されている。

社内ベンチャー組織(Corporate Venture Organization)
　社内の意欲ある人物に起業を許容する組織形態である。一定の予算と期間が決められ，試行錯誤で新たな事業の可能性を模索する組

織形態で，経営者直属にされる。

上場審査基準（criteria for listing）
　証券取引所に株式上場するために通過しなければならない最低限の基準である。これには，一般的に株主数，上場時価総額，利益の額，純資産の額，監査意見などがある。

職能別戦略（functional strategy）
　生産，マーケティング，財務，開発など各職能の内部の活動および職能間の調整と統合に関わる意思決定のこと。研究開発戦略，生産戦略，マーケティング戦略，ロジスティクス戦略，人事戦略，財務戦略，法務戦略など。

職能別組織（Functional Organization）
　仕事を行う組織の形態で，職能ごと（機能別）に分けられ，分業関係が形成された組織の形態。

人事管理（personnel management）
　1910年代にアメリカで生成した人材マネジメント。採用・配置，処遇・報酬，教育訓練，組織における人間関係，労使関係，モチベーションなどの管理を含む一連の活動のこと。労働者の福祉の実現を基本理念とする。

人的資源管理（human resource management）
　分析的手法によって策定した経営戦略を実践に移すための人材育成を目的として，1960年代にアメリカにおいて発展した人事管理。労働者を単なる労働力ではなく，能力開発のために投資する価値がある経営資源と理解する。

ステークホルダー志向型（stakeholder-oriented）
　最高経営責任者に，意思決定の基本的な指針として，企業を取り巻くさまざまな利害関係者間の利害のバランスをとることが最大の目標に定められている形態である。一般的に，日本の株式会社の企業概念にこのような傾向が強い。

ストレッチ戦略（strategy as stretch）
　現状とギャップのある目標を意図的に策定し，個人や組織の能力を拡張・向上（ストレッチ）することによって，その目標を達成する戦略。

スピル・オーバー（spillover）
　ある経済主体の便益がそのための費用を負担しない外部までにも及ぶ効果全般を指す。例えば，ある分野への投資の効果が外部性によって，他の生産要素や，関連企業の生産性を上昇させたりすること。

成果主義賃金（performance-based wages）
　仕事の成果（＝結果）のみを評価対象とする報酬制度。金銭的報酬と経済的安定という低次欲求を満たすために働くことを労働者に要請する。経済人モデルに立脚する賃金制度。日本への導入は概ね失敗に終わっている。

生産管理（production management）
　需要予測，生産計画，生産実施，生産統制を行う手続きおよびその活動の全体。狭義には，生産工程における生産統制を意味する。

製品開発の形態（type of development process）
　市場牽引型の製品開発，技術先行型の製品開発，市場不在型の製品開発などに分類される製品の開発形態。

セグメンテーション（Segmentation）
　市場細分化のことであり，市場をある切り口によって複数のセグメントに分割することをいう。切り口の例としては，地理的なもの，年齢や性別など人の属性に関わるもの，ライフスタイルなど心理的なもの，購入経験など行動に関わるものなどがある。

全社戦略（corporate strategy）
　新たな職能分野への進出を意味する垂直統合戦略と新製品分野への進出を意味する多角

化戦略がある。これらの戦略はいずれも長期目標の決定とその目標を実現するための行動および資源配分である。

戦略グループ（strategic group）
　業界において同質の戦略を採用している企業群のこと。同種の戦略を採用する企業間では，垂直統合度，製品の種類や価格帯と品質，標的市場などの重複度が高くなる。

組織的怠業（Systematic Soldiering）
　19世紀末から20世紀初頭の米国で，未熟練労働者で労働組合に加入していない多くの労働者により採用された方法。経営者による賃率切り下げへの対抗策として，意図して作業速度を遅らせ，賃率の切り下げに対抗した。

ソーシャル・イノベーション（social innovation）
　社会の課題等を解決するために必要とされる製品・サービスを創出するための仕組開発である。例えば，社会の課題解決にマッチした新しいビジネスモデルの構築。

ダイナミック・ケイパビリティ（dynamic capability）
　組織的で目に見えないため模倣困難な企業特殊資源・能力の開発・蓄積が，競争優位の獲得を，急激に変換する環境下で実践するための企業の動態的組織能力のこと。

ターゲティング（Targeting）
　市場の中のセグメントのうち，マーケティングの対象（ターゲット）とするセグメントを選択すること。1つのセグメントとは限らず複数のセグメントを選択する場合もある。

知識創造理論（theory of knowledge creation）
　個人が有する知識を組織として共有し，ここから新たな知識を創造する体系的活動。

同一労働同一賃金（equal pay for equal work）
　雇用形態，勤続年数，能力など属人的な要素に関係なく，同じ仕事内容もしくは同等の労働に対して同じ賃金を給付すること。性別や人種などによる差別を撤廃するために欧米諸国に定着している価値観。

道徳経済合一説（a philosophy of the union of morality and economy）
　企業の存続する意義が利潤の追求にあるとしても，その根底には道徳が必要であり，国や人類全体の繁栄のために責任をとらなければならないという意味であり，渋沢栄一の中心的な考え方である。

ドミナント・デザイン（dominant design）
　画期的な新製品が市場に展開され，次第に成熟化していく中で発生していく標準的・支配的なデザイン。

トヨタ生産システム（Toyota production system）
　過剰な在庫のムダ，作りすぎのムダ，過剰な人員のムダを徹底的に排除することで原価低減を図ることを目的とした生産システム。

取引コスト（transaction cost）
　経済取引を行うときに発生するコストである。例えば，店で製品を買う場合に発生するコストには，売価だけではなく，店に行くまでの交通費，製品を調べる（適正な価格かどうか等）労力も含まれる。

内発的動機づけ理論（Intrinsic Motivation）
　人の働くことへの動機づけは，金銭や物的な報酬によるのではなく，働くこと自体によることを明らかにしている動機づけの理論。

内部請負制度（Subcontracting System）
　熟練に依存する業務に関し，徒弟制で親方と弟子との関係が形成され，その関係が，企業内で維持され，利用される制度。この制度により，経営者の業務の多くが，親方に任され，経営者は管理業務の負担から解放される。

ニッチ（niche）
元来は隙間や壁のくぼみを表す言葉であるが，隙間市場等の市場細分化として捉えることができる。また，隙間市場で独自の事業活動を集中する戦略を含む場合もある。

日本的経営の三種の神器（Three pillars of Japanese management system）
戦後復興期から1980年代までの日本的雇用慣行を形成した終身雇用，年功制，企業別組合の総称。株式相互持合い，系列取引，メインバンク制とともに日本的経営を成立させる構成要素であった。

日本版スチュワードシップ・コード（Japanese version of the Stewardship code）
投資信託・年金基金などを含む機関投資家に対し行われた，守ることを要求した原則である。商法や会社法などのように守らないと罰するような強制力はない。同コードが要求する諸事項に従うか，さもないと従わない理由について説明することを求めている。

人間関係論（Human Relations）
作業効率に作用する要因として，作業員間の社会的感情の重要性を明らかにし，その社会的感情を配慮した経営の必要性を主張する理論。

人間関係論的方法（Human Relations Approach）
特定の個人の置かれた状況を理解することで作業の効率を高めるため，公式組織の他に非公式組織の状況を理解する管理方法。

バーリとミーンズ（Berle, A. and Means, G）
弁護士とハーバード大学の教授であった彼らの研究によって，1930年代の現代巨大企業は所有者である株主（プリンシパル）ではなく，エージェント（代理人）である経営者に支配されている経営者支配論を主張したことで有名である。

東インド会社（East India Company）
17世紀から18世紀に蔓延していた重商主義の下，イギリス，オランダ，フランス，デンマーク，スウェーデンなどの国々に存在していた会社として知られており，アジア地域との独占的な貿易権が与えられていた。これらの諸国の中でオランダ東インド会社が最初の株式会社として設立されたことで有名である。

非公式組織（Informal Organization）
公式組織に伴い，そこで働く人の関係から自然発生的に生まれる組織で，社会的感情の論理が働いているとされている。

フォード生産システム（Ford production system）
自動車のシャーシがラインを移動しながら，必要な部品が付けられていく移動式組立ラインにより大量生産を可能とした生産システム。

フレキシブル大量生産システム（flexible production system）
定期的モデルチェンジ，部品共通化，デザイン・開発部門の強化などにより考えられたゼネラル・モーターズ（GM）社による生産システム。

プロジェクト型組織（Project Organization）
官僚制組織の問題に対応する組織形態で，上意下達の組織ではなく，新たな知識を生み出すことを目的に作られた組織形態で，一定の期間と目的の下，企業横断的に形成され，経営者の直属にすることで，組織秩序が維持される組織形態。

プロセスイノベーション（process innovation）
ものづくりの方式に関するイノベーションであり，従来とはまったく異なる方式で生産を行うこと。

プロダクトイノベーション（product innovation）
　製品の品質改善や新製品によるイノベーションを指し，これまでにない製品の開発によって経済成長をけん引し，我々の社会生活に変化をもたらす。

ポジショニング（Positioning）
　ターゲットとするセグメントにおける自社商品の位置づけを明確化すること。他社の商品と何が異なるのか，差別化のポイントを明確化することである。

マーケティング（Marketing）
　マーケティングとは，利益を上げながら顧客や社会のニーズに応えることである。ニーズに応えることで顧客が商品やサービスを「欲しい，必要だ」という気持ちになり，売り手が無理な売り込みをしなくとも自然に購入する状態にすることがマーケティングの本質である。

マーケティング近視眼（Marketing Myopia）
　自分の事業にのみ注目してマーケティングを考えてしまうこと。自分の事業はあくまで顧客のニーズを満たすための1つの「手段」であり，常に顧客のニーズに着目する必要がある。

マーケティング・ミックス（Marketing Mix）
　→ 4 P

見えざる資産（invisible asset）
　情報の流れと蓄積をその本質とする目に見えない情報的資源のこと。長期間にわたって事業活動から創られる資源であり，複数の製品分野で同時多重利用が可能な資源。使用されることで新たな情報的資源を生み出す。

4 P
　マーケティングの具体的な施策を4つのPから始まる用語によって表現したもの。4 Pとは，製品（Product），価格（Price），流通（Place），販売促進（Promotion）である。4 Pはマーケティング手段の組み合わせであるため，マーケティング・ミックスとも呼ばれる。

ライン・スタッフ組織（Line & Staff Organization）
　スタッフと呼ばれる部門が，主要業務を執行する職能別組織に加えた組織形態である。スタッフ部門は執行部門の仕事への支援，アドバイス，さらにはサービスを提供する。

レバレッジ戦略（strategy as leverage）
　限られた経営資源を有効活用して目標を達成するための戦略。ストレッチ戦略と併用することによって，コア・コンピタンスを構築することが可能になる。

労働CSR（CSR on labor）
　働き方・働かせ方に関わる企業の責任。伝統的にはキャピタル・ウェルフェア，QWL，労働の人間化等が，現代的にはディーセントワーク，ワーク・ライフ・バランス，ダイバーシティ・マネジメント等の取り組みがある。

ロワー（lower）
　ミドルマネジメントの指揮監督の下で，現場作業者を主として作業現場で直接指揮監督する管理者層である。例えば，係長や現場監督等のように業務遂行を指揮，統制する管理者である。

索　引

A–Z

Active Learning ·············229
AEC ·····························226
applying ························238
ASEAN＋3 ····················226
ASEAN4 ························226
Association of Southeast
　Asian Nations ·············226
balanced scorecard ············246
business environment ········217
cardinal stakeholders ········235
CLMV ····························226
Common Market ··············224
company performance········247
core competence ···············222
corporate citizen ··············235
Corporate Social
　Responsibility ···············240
Cost ······························220
Creating Shared Value ······240
Culture ··························218
Customs Union················224
Daily Management ············246
decent work ·····················153
Delivery ·························221
economic dimension ········236
Economic Measures ········245
Economic Union ···············225
economies of scale ············228
ecosystem ·······················235
Environmental Measures ···245
Environmental, Social and
　Governance（ESG）········249
evaluating ·······················238
expatriates ······················212
foreign direct investment
　（FDI）···························213

for-profit company ············239
franchise ························212
Free Trade Area ···············224
GPIF（Government Pension
　Investment Fund）·········248
hoshin kanri（management-
　by-policy）approach ······246
IE ·································173
intellectual property ········212
International business········210
International Organization for
　Standardization（ISO）···241
international trade ············210
Investment ·····················218
IoT（internet of things）······176
joint venture（JV）············214
Keidanren（Nihon Keizai
　Dantai Rengo-Japan
　Business Federation）······248
legal dimension ···············236
license ···························213
local content ···················227
majority owner ················214
managers ·······················233
market ··························219
―――― entry ···················220
merger and acquisition
　（M&A）························216
minority owner················215
modern corporation···········233
multinational corporation
　（MNC）························213
NGOs（non-government
　organizations）···············236
non-profit organization
　（NPO）·····················99, 239
obligation ·······················235
OJT······························158

parent company ···············214
PEST Analysis ·················217
Policy ····························217
PPM ·······························89
production cost ···············211
production network···········227
profit ····························234
QCD＋S Function ············220
Quality ··························220
QWL ·····························153
R&D ·····························195
regional headquarters ········228
Regionalism ····················224
Regionalization··················226
Regulation ······················218
right ····························235
royalty ··························213
Satoma Capitalism ············249
Science ··························219
Service ···························221
share（stock）··················233
shareholders····················233
social contract ·················239
Social Darwinism··············234
social dimension ··············236
Social Liberalism ··············234
Social Measures ···············245
social responsibility ···235, 241
stakeholder capitalism ······235
stakeholder theory ············235
Stakeholder Values ············246
strategic fit ····················222
subsidiaries ····················211
Sustainability ·················247
―――― principle ············244
SWOT分析（SWOT analysis）
　························152, 221
Technology ····················219

The FUJITSU Way ………241	岩田智 ……………………99	環境改善 …………………101
trade ……………………218	インダストリー4.0 ………177	環境戦略 …………………101
transparency principle ……239	ウェスタン・エレクトリック社	環境負荷の低減 …………101
triple bottom line（TBL）…244	……………………………145	関係特殊の技能 …………126
understanding …………237	ウェーバー（Weber, M.）…106	監査等委員会設置会社 …26, 42
Uniqlo ……………………247	ウォール・ストリート・	監査役設置会社 …………26
VA（Value Analysis）……129	ルール ……………………41	感情（Sentiments）………71
value-added ……………211	ウォンツ …………………182	────の論理 …………145
VE（Value Engineering）…129	請負企業社員 ……………158	間接雇用 …………………158
voice of the customer …220	占部都美 …………………98	関東経営者協会 …………157
VRIOフレームワーク ……94	衛生要因 …………………149	カンパニー制組織（Company
welfare capitalism ………144	永続事業体（going concern）	Organization）…………113
wholly owned subsidiary	……………………………86	かんばん方式 ……………175
（WOS）…………………214	円高 ………………………157	管理 …………………………2
X理論・Y理論 ………147, 148	応用研究 …………………195	────・監督者訓練 …146
	汚染防止 …………………101	────的意思決定 ………88
ア	オープン・システム ………98	官僚制組織（Bureaucratic
アージリス（Argyris, C.）…163		Organization）…………105
アート，クラフト，そしてサイ	**カ**	機械化 ……………………145
エンスとしてのマネジメント	外国人労働者 ……………162	企業 …………………………3
（Managing as Art, Craft, and	会社支配 …………………36	起業家精神 ………………58
Science）…………………15	外発的動機づけ …………149	企業形態 …………………19
後工程引取り ……………175	外部成長 …………………92	企業合同 …………………28
アメリカ労働総同盟 ……146	外部不経済 ………………98	企業社会戦略 ……………99
アルバイト ………………158	外部労働市場 ……………158	企業成長……87, 89, 92, 95, 97
安全 ………………………148	価格（Price）……………188	────マトリックス ……89
────な職場環境 ……161	科学的管理法（Scientific	企業統合 …………………27
────欲求 …………147, 160	Management）	企業内保育所 ……………162
アンゾフ（Ansoff, H. I.）	………7, 143, 144, 151, 172	企業の社会的責任（CSR;
…………………88, 91, 99	格差社会 …………………161	corporate social responsibility）
安定株主 …………………157	学習 …………………95～97	………………………98, 99
────政策 ……………41	拡大化戦略 ………………88	────戦略 ……………99
委員会等設置会社 ………42	価値（rule）………………90	企業の人間的側面 ………145
意思決定…86, 88, 92, 99, 159	────活動 …………90, 91	企業文化（Corporate Culture）
移籍 ………………………157	────提供軸の創造 …205	……………………………73
伊丹敬之 …………………96	────連鎖（value chain）	企業別組合 …153, 154, 158, 160
一元制システム …………37	……………………90, 91	企業連合 …………………28
5つの競争要因 …………90	合併 ………………………89	技術先行型の製品開発 …199
一般職コース ……………159	家庭生活 ……………161, 162	記述的性質 ………………87
移動式組立方式 …………204	金井一頼 …………………99	基準労働賃金 ……………155
移動式組立ライン ………170	株式会社 …………20, 25, 31	基礎研究 …………………195
移動障壁 …………………91	株式相互持合い …41, 153, 156	期待理論（Expectancy
イノベーション …………202	株主総会の形骸化 ………157	Theory）…………………73
医療・年金制度 …………162	株主代表訴訟 ……………42	規範的性質 ………………87
岩崎彌太郎 ………………20	過労死 ……………………162	基本給 ……………………155

索　引　●——— 263

客観的権威（Objective Authority）…………118
キャッシュ・フロー …………89
キャリア形式 …………………159
教育訓練 …143, 150～152, 159
業界構造 …………90, 93, 101
────分析 ……………90, 91
業績給 ……………………158
業績考課 …………………156
競争戦略論 …………………92
競争等位 ……………………94
競争優位 ………90, 93, 95～97
競争力 …86, 91, 93, 97, 99, 100, 143, 151～153
競争劣位 ……………………94
協調的労使関係 …………144
協働意欲 …………………145
共同化 ……………………207
協働システム ……………116
業務的意思決定 ……………88
勤続給 ……………………155
勤続年数 ………155, 156, 160
クラウドファンディング ……62
経営 …………………………2
────環境 ……………87, 101
────管理 …………………2
────協議会 ……………154
────計画 …………………87
────権 …………………154
────行動 …………………87
経営資源
　………96, 97, 143, 150, 152
────の特性 ………………93
経営者サービス ……………92
経営者支配 …………………37
経営成果 ……………89, 91
経営戦略（strategy）
　………86, 87, 98, 151, 153
────論 …………………100
経営哲学 ……………………87
経営目的 …………………143
経営目標（management goal）
　………………………86, 149
経営理念（Corporate philosophy）………86, 87

計画部 ……………………143
経験曲線効果 ………………89
経済価値 ……………94, 95
経済資源の特性 ……………94
経済人モデル …147, 150, 160
────の人間観 …………146
経済的動機 …147, 149, 150
継続的な改善 ……………101
継電器組み立て作業実験 ……69
啓発された自己利益 ………99
契約社員 …………………158
系列取引 …………………153
権威（Authority）…………119
コア・コンピタンス
　（core competence）………96
広域終身雇用 ……………157
合議制 ……………………22
合資会社 ……………………23
公式組織（Formal Organization）
　…………………70, 145, 147
工場管理法 ………………172
工数計画 …………………168
構造づくり（Initiation of Structure）………………72
合同会社 ……………………24
行動科学（Behavioral Science）……………72, 147
────的人事管理
　………………147, 149, 151, 160
行動準則 …………………145
高度経済成長期 ………153, 154
高度専門能力活用型グループ
　…………………………158
合弁 ………………………151
合本主義 ……………………20
合名会社 ……………………23
高齢労働者 ………………162
顧客価値 ……………96, 101
国際労働機関（ILO: International Labour Organization）……161
国立科学アカデミー全国学術研究協議会 ………………145
個人 ………………………116
────生活 …………………162
コスト・リーダーシップ戦略 …90

コース別雇用管理 …………159
個別的労使関係 …………160
コーポレート・ガバナンス …34
　　　　　　・コード ………46
コミュニケーション ………117
雇用 ………143, 144, 150, 152
────慣行 …………153, 159
雇用管理 …………………144
────者訓練制度 …………144
雇用形態 ………158, 160, 162
雇用柔軟型グループ ………158
雇用政策 …………………159
雇用調整 ……………157～159
雇用の弾力化 ………158, 159
雇用ポートフォリオ ………158
雇用保険 …………………162
コングロマリット …………88
コンツェルン ………………28
コンピテンシー（行動特性）
　…………………………160
コンビナート ………………28
コンプライアンス（法定遵守）
　…………………………162

サ

再就職 ……………………157
在宅勤務 …………………162
採用 ………………143, 144, 159
作業研究 …………………173
作業工程の分割 …………145
作業条件 ……………145, 149
作業能率 …………………145
サーブリッグ記号 …………172
差別化戦略 …………………90
差別化による優位 …………90
差別的出来高賃金 …………143
サボタージュ ……………151
産学官連携 ………………135
産休・育休 ………………162
残業ゼロ …………………162
産業別組合 ………………154
────会議 ………………146
三種の神器 ……153, 157, 159
参入障壁 ……………………91
シェン（Shuen, A.）…………97

ジェンダー平等 ……………161
時間給 ……………………158
時間研究 ……………143, 172
事業活動の領域・範囲
　（domain）………………86
事業戦略（business strategy）
　……………………………86
事業の多角化 ………………109
事業部制組織（Divisional
　Organization）………61, 110
資源生産性 …………………101
資源配置 ………………93, 97
資源ベース視角（RBV：
　Resource Based View）の
　戦略 ………………………93
──の戦略論 ………………98
資源ベースの企業観 ………93
資源ベースの吸収戦略 ……93
資源ベースの経営戦略 ……152
資源ベースの戦略論 ………92
資源ベース論 ………………92
自己実現 ……………………148
自己実現人モデル ……150, 160
──の人間観 ………149, 151
自己実現動機 ………149, 150
自己表現の欲求 ……………147
自社型雇用ポートフォリオ…158
市場開発（戦略）………88, 89
市場競争 ……………………86
市場牽引型の製品開発 ……198
市場浸透（戦略）………88, 89
市場不在型の製品開発 ……200
自然人 ………………………18
持続可能性 …………………101
持続可能な開発 ……………101
持続可能な世界 ……………101
持続的競争優位 ……………152
時短 …………………………162
失業率 ………………………161
執行役員制 …………………42
シナジー（synergy）
　…………………88, 89, 91
渋沢栄一 ……………………20
使命（mission）……………87
指名委員会等設置会社 ………26

社外取締役 …………………43
──の資格 …………………43
準則主義 ……………………40
上場企業 ……………………35
少数支配 ……………………37
社会価値 ……………………99
社会貢献 ……………………99
社会人モデル ………147, 150
──の人間観 ………………146
社会生活 ……………………162
社会戦略 ……………………99
社会的感情 …………………145
──の論理 …………………71
社会的技能（Social Skill）…71
社会的市場計画 ……………98
社会的正当性 ………………99
社会的戦略 …………………99
社会的動機 …………147, 149, 150
ジャストインタイム生産方式
　……………………………174
社内ベンチャー組織
　（Corporate Venture
　Organization）……………115
社内報 ………………………146
従業員態度調査（モラール・
　サーベイ）…………………146
従業員代表制 ………………146
就業規則 ……………………156
集権的職能別組織 …………87
終身雇用（長期継続雇用）
　…………………153, 155〜158
集団的労使関係 ……………160
集中戦略 ……………………90
就労環境 ……………………162
出向 …………………………157
需要予測 ……………………165
春闘 …………………………154
情意考課 ……………………156
承認の欲求 …………147, 148
消費者行動の変革 …………101
情報的資源 …………………97
照明度実験 …………………67
処遇 ………143, 144, 150, 152, 154, 159
職業生活 ……………161, 162

職種別組合 …………………154
職能給 ………………………156
職能資格制度 ………155, 160
職能別職長制 ………………143
職能別戦略（functional
　strategy）…………………86
職能別組織（Functional
　Organization）……………107
職場懇談会 …………………146
職場秩序 ……………………154
職場における人間関係 ……150
職務拡大（job enlargement）
　……………………………151
職務給 ………………156, 158, 160
職務充実（job enrichment）
　………………………149, 151
職務遂行能力 ………155, 160
職務転換（job rotation）……151
職務不満足要因 ……149, 160
職務満足要因 ………………149
女性差別 ……………………162
──撤廃条約 ………………159
所属と愛の欲求 ……147, 148
所得格差 ……………………161
進化経路（paths）……………97
新規学卒一括採用 …………156
人材開発 ……………………151
人事管理（PM：personnel
　management）………143, 144, 146, 149, 151, 154, 162
──の発展 …………………144
人事考課 ……………………156
人事査定 ……………………154
人事相談制度 ………………146
新時代の「日本的経営」
　………………………153, 158
人的資源（human resource）
　…………………143, 151, 152
──管理（HRM：human
　resource management）
　………143, 150, 151, 153, 162
人的資本（human capital）…150
──論 …………………150, 151
垂直統合戦略………………88, 101
スチュワードシップ …………46

―――・コード ……………46
ステークホルダー行動主義 …40
ステークホルダー・マネジメント
　……………………………99
ステージ・ゲート・システム…201
ストライキ ……………151
ストレッチ戦略 …………96
スピル・オーバー効果 ……128
成果主義 ……………156
―――賃金 ……………160
生活給 …………………155, 160
生活保障給 ……………155
生活保障的能力主義 ……156
正規雇用 ………154, 155, 158
性差別 …………………162
―――の是正措置 ………159
生産管理 ……………154, 165
―――闘争 ……………153
―――の機能 …………168
生産計画 ………………165
生産コンセプト ………183
生産資源の集合体 ………92
生産実施 ………………165
生産性 ……145, 147, 149, 167
生産的サービス ………92, 93
生産統制 ……………167, 168
生産能率 ………………144
生産の同期化 …………145
生産の平準化 …………175
製造リードタイム ……168
正当性戦略 ……………100
青年重役会（ジュニア・
　ボード・システム）……146
製品（Product）…………188
―――開発（戦略）……88, 89
―――コンセプト ……183
―――の開発形態 ……198
―――の多角化
　（Diversification）………109
―――ポートフォリオ・
　マネジメント（PPM; Product
　Portfolio Management）
　……………………89, 152
性別役割分業 …………162
生理的欲求 …………147, 148

セグメンテーション ……185
説得（Persuasion）………119
セーフティネット ………162
セラー・キーフォーバー法…88
セル生産方式 …………204
全国雇用管理者協会 ……144
全国産業復興法 ………146
戦後復興期 …………153, 157
全社戦略（corporate strategy）
　………………………86
漸進的イノベーション …101
全体環境システム ………98
選択・淘汰の過程 ………86
全日本自動車産業労働組合
　（全自）………………154
専門職コース …………159
戦略グループ …………91, 95
戦略策定 ………90, 91, 152
戦略的意思決定 ………88
戦略的経営（strategic
　management）………151
戦略的社会性 …………99
戦略的人的資源管理（SHRM；
　strategic human resource
　management）………152
総額人件費の管理（賃金水準の
　抑制）………………158, 160
総合職コース …………159
総合品質経営（TQM）…101
相対的コスト優先 ……90
創発的行動 …………87
属人給 …………………156
組織学習論 ……………92, 95
組織過程・管理過程
　（processes）…………97
組織形態 ………………87
組織構造 ………………89
組織的怠業（systematic
　soldiering）…………7, 144
組織能力論 ……………92, 95
ソーシャル・イノベーション
　………………………63

タ

退職 ……………………157

ダイナミック・ケイパビリティ
　（dynamic capability）…97
ダイバーシティ・マネジメント
　（diversity management）…162
第4次産業革命 ………177
大量生産方式 …………145
多角化 ………………93, 151
―――戦略 …88, 89, 101, 152
ターゲティング ………185
多元制システム ………37
タフト＝ハートレー法 …146
多様化 …………………160
多様性 …………………162
団結権 …………………146
短時間勤務 ……………162
単純労働 ………………145
男女共同参画社会基本計画
　………………………159
男女共同参画社会基本法 …159
男女雇用機会均等法 ……159
団体交渉 ……………154, 160
―――権 ………………146
―――制度 ……………146
団体行動権 ……………146
段取り替え時間の短縮 …175
単能工 …………………145
知識創造理論 …………206
チャンドラー（Chandler. Jr.,
　A. D.）………………87, 91
長期勤続者 ……………146
長期継続雇用 …………157
長期雇用 ………………158
長期蓄積能力活用型グループ
　………………………158
超高齢化社会 …………162
長時間労働 ……………162
調達リードタイム ……168
直接雇用 ………………158
直系（Line）組織形態 …107
賃金格差 ………………159
賃金交渉 ………………154
手当 ……………………155
提案制度 ………………146
定期昇給（制度）……154, 156
ティース（Teece, D. J.）…97

ディーセントワーク（decent work） ……………… 161, 162
定置組立方式 ……………… 169, 204
定年制 ………………………… 156
テイラー（Taylor, F. W.）
　　　　　　　　………… 6, 143
敵対的買収 ……………………… 41
テレワーク …………………… 162
電産型賃金体系 ………… 154, 156
転籍 ……………………………… 157
転属 ……………………………… 157
転用可能性 ……………………… 97
同一労働同一賃金 …………… 156
動機 ……………………………… 147
動機づけ ………………… 160, 163
　　──衛生理論
　　　　　　　…… 147, 149, 160
　　──要因 ………………… 149
　　──理論 …………………… 73
当座企業 ………………………… 33
動作研究 ………… 143, 172, 173
同時多重利用 …………………… 97
独立取締役 ………………… 43, 46
特許主義 ………………………… 32
特許法人 ………………………… 32
ドミナント・デザイン ……… 205
トヨタ生産システム ………… 174
トヨタ生産方式 ……………… 174
トラスト ………………………… 28
取引コスト …………………… 132

ナ

内発的動機づけ（Intrinsic Motivation） …… 78, 149, 160
内部請負制度 ………………… 144
内部告発制度 ………………… 162
内部成長 …………………… 89, 92
内部労働市場 ………………… 146
内面化 ………………………… 208
仲間意識 ………………… 146, 150
流れ作業（方式）……… 145, 151
成り行き管理 ………………… 144
ナレッジマネジメント ……… 206
ニーズ ………………………… 181
ニッチ …………………………… 59

日本経営者団体連盟（日経連）
　　　　　　　………… 155, 158
日本的経営 …………………… 153
日本的雇用慣行 ……………… 162
日本電気産業労働組合（電産）
　　　　　　　………………… 154
ニューディール政策 ………… 146
任意団体 ………………………… 19
人間観 ……… 143, 144, 149, 163
人間関係管理 ………………… 146
人間関係論（Human Relations） ……………………… 66
　　──的方法（Human Relations Approach） …… 66
人間工学 ………………………… 66
人間行動の一般原理 ………… 147
人間的接触 …………………… 145
人間的側面 …………………… 151
年功昇進 ……………………… 156
年功制 ……………… 153〜156, 158
年功賃金制度 ………………… 154
年俸制 ………………………… 158
能率（Efficiency）……… 117, 147
　　──増進運動 …………… 144
　　──の論理 ……………… 145
能力開発 ………… 150, 152, 158
能力給 ………………………… 155
能力考課 ……………………… 156
能力主義 ……………………… 155
　　──管理 ………………… 155

ハ

配慮（Consideration）………… 72
派遣社員 ……………………… 158
ハーズバーグ（Herzberg, F.）
　　　　　　　………… 147, 149
8単産共闘会議 ……………… 154
ハート（Hart, S. L.）………… 101
パートタイマー ……………… 158
パートナーシップ ……………… 99
バーナード（Barnard, C. I.）の組織論 ……………………… 105
バーニー（Barney, J. B.）
　　　　　　　…………… 93, 95
バブル崩壊 ……………… 156, 157

ハメル（Hamel, G.）…………… 96
バーリとミーンズ ……………… 35
半自律的作業集団（semi-autonomous work group）
　　　　　　　………………… 151
販売コンセプト ……………… 183
販売促進（Promotion）……… 188
東インド会社 …………………… 32
非公式組織（Informal Organization）…… 70, 118, 145
ピサノ（Pisano, G.）…………… 97
ビジョン ………………… 87, 101
非正規雇用 ……………… 158, 161
表出化 ………………………… 207
標準化（standardization）……… 8
標準作業 ……………………… 143
　　──量（＝課業）……… 143
費用と能率の論理 ……………… 71
費用の論理 …………………… 145
5フォースモデル ……………… 91
ファミリー・フレンドリー
　　　　　　　………………… 162
ファヨール ……………………… 5
フィランソロピー ……………… 99
フォード生産システム
　　　　　　　…… 144, 151, 170
複線型雇用管理 ……………… 158
福利厚生制度 ………………… 144
不当労働行為 ………………… 162
プラハラッド（Prahalad, C. K.）………………………… 96
フレキシブル大量生産システム
　　　　　　　………………… 170
フレックス制 ………………… 162
プロジェクト型組織（Project Organization）……………… 115
プロセスイノベーション …… 204
プロセス重視人事 …………… 160
プロダクトイノベーション … 204
分権化 …………………………… 89
分権的事業部制組織 …………… 87
平準化 ………………………… 175
ベース・アップ ……………… 154
ベルトコンベア ………… 145, 151

索　引　● 267

変革型リーダーシップ論
　（Transformational
　Leadership）……………75
ベンチマーク ……………96
ペンローズ（Penrose, E. T.）
　………………92, 93, 95
報酬 ………143, 144, 150, 152
法人 ………………………18
────格 …………………18
法律的所有 ………………37
ポジショニング（論）…92, 185
ボストン・コンサルティング・
　グループ ………………89
ホーソン（工場）実験（Hawthorn
　Experiment）………66, 145
ポーター（Porter, M. E.）
　………90, 91, 93, 95, 98, 100
ボルボ ……………………151
本人給 ……………………155

マ

マグレガー（McGregor, D.）
　………………………147, 148
マーケティング …………180
────近視眼 ……………185
────計画 ………………192
────コンセプト ………183
────・マネジメント
　………………………185, 189
────・ミックス ………188
マズロー（Maslow, A. H.）
　………………79, 147, 148, 160
────の欲求五段階説 …181
見えざる資産 ……………97
未成熟─成熟理論 ………163
未然防止 …………………101
未利用の（経営）資源…92, 152
ミンツバーグ（mintzberg, H.）
　……………………………9
無関心圏（Zone of
　Indifference）……………120
無形の資源（intangible asset）
　…………………………152
無限責任 …………………21

無断欠勤 …………………151
メイヨー（Mayo, G. E.）
　………………………66, 145
メインバンク制 …………153
メセナ ……………………99
面接実験 …………………68
目標管理 …………………160
モチベーション ……150, 152
────の管理 ……………149
もの言わぬ株主 …………157
模倣・学習 ………………86
モラール ……………144, 160
────の向上 ……………160
森本三男 …………………99

ヤ

役割（職責）給 …………160
屋台生産方式 ……………204
誘因（Incentive/
　Inducements）………117, 119
有期雇用 ……………156, 158
有形の資源（tangible asset）
　…………………………152
有限責任 …………………21
有効性（Effectiveness）……117
横山恵子 …………………99
欲求階層論（Hierarchy of
　Needs）……79, 147, 148, 160
欲求（Needs）理論 ………73
4 L ………………………162

ラ

ライン・スタッフ組織（Line &
　Staff Organization）………108
ランドラム＝グリフィン法…146
利益還元計画 ……………98
利害関係者 ………………99
利害のない取締役 ………43
利潤極大化の原則 ………99
リストラ ……………156, 157
リーダーシップ・スタイル研究
　…………………………163
リーダーシップの状況適合モデ
　ル（Contingency Model）…74

リッカート（Likert, R.）……163
流通（Place）……………188
流動化 ……………………159
リーン生産 ………………96
リンデ（Linde, C van der）…100
ルーティン ………………98
ルメルト（Rumelt, R.）……89
レクリエーション ………146
レスリスバーガー
　（Roethlisberger, F. J.）
　………………………66, 145
レバレッジ戦略 …………96
連結化 ……………………208
連帯感 ………………146, 150
労使関係 …143, 146, 150, 154
────の管理 ………144, 146
労使協議 …………………154
労働CSR …………………153
労働移動 ……………144, 151, 155
労働基準法違反 …………162
労働協約 …………………156
労働組合 …146, 153, 157, 160
労働組合運動 ……144, 146, 154
労働組合法 ………………153
労働三権 …………………161
労働者の人間的側面 ……153
労働者の福祉 ……………152
労働生活の質（QWL: quality
　of working life）…………151
労働争議 ……………153, 157
労働疎外 …………………145
────症候群 ……………151
労働の人間化（humanization
　of work）………………151, 153
労働問題 …………………153
ロワー ……………………61

ワ

ワークシェアリング ……162
ワグナー法 ………………146
ワーク・ライフ・バランス
　（work-life balance）……162
ワーナーフェルト（Wernerfelt,
　B. A.）…………………93, 95

《著者紹介》（名前順）

神谷　渉（かみや・わたる）担当：第11章
　　玉川大学経営学部准教授

立木デニス（たちき・でにす）担当：第13章，第14章
　　玉川大学経営学部特任教授

永井一志（ながい・かずし）担当：第10章，第12章
　　玉川大学経営学部教授

長谷川英伸（はせがわ・ひでのぶ）担当：第4章，第8章
　　玉川大学経営学部准教授

文　載皓（むん・ちぇほー）担当：第2章，第3章
　　常葉大学総合経営学部准教授

山田雅俊（やまだ・まさとし）担当：第6章，第9章
　　玉川大学経営学部教授

《編著者紹介》

芦澤成光（あしざわ・しげみつ）担当：第1章，第5章，第7章
　玉川大学経営学部特任教授　博士（経営学）
　専攻：経営戦略論

主要著作
『全社レベル戦略のプロセス』単著（白桃書房）
『EU自動車メーカーの戦略』共著（学文社）
『現代経営戦略要論』共編著（創成社）
『経営戦略論』共編著（創成社）
『現代経営管理論の基礎』共編著（学文社）

（検印省略）

2018年4月20日　初版発行　　　　　略称－大学1年生（経）

大学1年生のための経営学

編著者　芦　澤　成　光
発行者　塚　田　尚　寛

発行所　東京都文京区　　株式会社　創　成　社
　　　　春日2-13-1

　　　　電　話　03 (3868) 3867　　FAX 03 (5802) 6802
　　　　出版部　03 (3868) 3857　　FAX 03 (5802) 6801
　　　　http://www.books-sosei.com　振　替　00150-9-191261

定価はカバーに表示してあります。

©2018 Shigemitsu Ashizawa　　組版：でーた工房　　印刷：エーヴィスシステムズ
ISBN978-4-7944-2523-2 C3034　製本：宮製本所
Printed in Japan　　　　　　　　落丁・乱丁本はお取り替えいたします。

———— 経営・マーケティング ————

大学1年生のための経営学	芦澤 成光	編著	2,500円
大学生のための国際経営論	岩谷 昌樹	著	2,800円
環境経営入門 －理論と実践－	金原 達夫	著	1,800円
ビジネスデザインと経営学	立教大学大学院 ビジネスデザイン研究科	編	3,000円
働く人のキャリアの停滞 －伸び悩みから飛躍へのステップ－	山本 寛	編著	2,650円
働く人のためのエンプロイアビリティ	山本 寛	著	3,400円
イチから学ぶビジネス －高校生・大学生の経営学入門－	小野 正人	著	1,700円
脱コモディティへのブランディング －企業ミュージアム・情報倫理と「彫り込まれた」消費－	白石 弘幸	著	3,100円
やさしく学ぶ経営学	海野 博 畑 隆	編著	2,600円
豊かに暮らし社会を支えるための 教養としてのビジネス入門	石毛 宏	著	2,800円
おもてなしの経営学［実践編］ ―宮城のおかみが語るサービス経営の極意―	東北学院大学経営学部 おもてなし研究チーム みやぎ おかみ会	編著 協力	1,600円
おもてなしの経営学［理論編］ ―旅館経営への複合的アプローチ―	東北学院大学経営学部 おもてなし研究チーム	著	1,600円
おもてなしの経営学［震災編］ ―東日本大震災下で輝いたおもてなしの心―	東北学院大学経営学部 おもてなし研究チーム みやぎ おかみ会	編著 協力	1,600円
イノベーションと組織	首藤 禎史 伊藤 友章 平安山 英成	訳	2,400円
経営情報システムとビジネスプロセス管理	大場 允晶 藤川 裕晃	編著	2,500円

（本体価格）

———— 創成社 ————